PRÉCIS

DE

LA GÉOGRAPHIE

HISTORIQUE

DU MOYEN AGE.

EXTRAIT

DE LA LETTRE DE M. LE MINISTRE DE L'INSTRUCTION PUBLIQUE

RELATIVE

A L'ADOPTION

DE

L'ESSAI DE GÉOGRAPHIE HISTORIQUE ANCIENNE,

ET DU

PRÉCIS DE LA GÉOGRAPHIE HISTORIQUE DU MOYEN AGE.

Paris, le 17 Novembre 1837.

MONSIEUR,

« Le Conseil royal de l'Instruction publique a examiné, dans sa séance du 15 octobre, la demande que vous avez formée à l'effet d'obtenir que votre *Essai de Géographie historique ancienne* et votre *Précis de la Géographie du moyen âge* soient adoptés pour l'enseignement classique.

« Je vous annonce que le Conseil a décidé que ces ouvrages, *qui se recommandent par la méthode, l'exactitude et le mérite de l'exposition*, sont et demeurent autorisés pour l'usage des classes dans les Colléges royaux et communaux.

« Cette décision, à laquelle j'ai donné mon approbation, sera notifiée incessamment à MM. les Recteurs des diverses Académies.

« Recevez, Monsieur, l'assurance de ma parfaite considération.

« Pour le Ministre de l'Instruction publique,

« Le Conseiller Vice-Président,

« VILLEMAIN. »

A M. ANSART, *Professeur au collége royal de Saint-Louis.*

Les deux exemplaires voulus par la loi ayant été déposés à la Direction de l'Imprimerie, je poursuivrai, selon la rigueur des lois, tout contrefacteur ou débitant d'édition contrefaite.

Sera réputé contrefait tout exemplaire qui ne sera pas revêtu des griffes de M. ANSART et de M⁰ Vᵉ MAIRE-NYON.

PRÉCIS

DE LA

GÉOGRAPHIE

HISTORIQUE

DU MOYEN AGE,

comprenant

LA SOLUTION DE TOUTES LES QUESTIONS GÉOGRAPHIQUES
RENFERMÉES DANS LE PROGRAMME ARRÊTÉ PAR L'UNIVERSITÉ
POUR L'ENSEIGNEMENT DE L'HISTOIRE DU MOYEN AGE,

ADOPTÉ PAR LE CONSEIL ROYAL DE L'INSTRUCTION PUBLIQUE;

PAR F. ANSART,

Docteur ès-lettres, Professeur au Collége royal de Saint-Louis,
Membre de la commission centrale de la Société de Géographie
et de la Société de l'Histoire de France.

SECONDE ÉDITION,

REVUE, CORRIGÉE ET AUGMENTÉE,
SURTOUT POUR LA GÉOGRAPHIE HISTORIQUE DE LA FRANCE,

ET

accompagnée d'un Atlas historique.

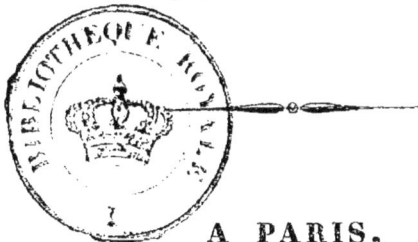

A PARIS,

A LA LIBRAIRIE CLASSIQUE DE Mme Ve MAIRE-NYON,

QUAI CONTI, N° 13.

1839

LES OUVRAGES SUIVANTS DU MÊME AUTEUR,

Également adoptés par le Conseil Royal de l'Instruction publique,

savoir :

ESSAI DE GÉOGRAPHIE HISTORIQUE ANCIENNE ET MODERNE, suivi de tables alphabétiques assez complètes pour tenir lieu d'un Dictionnaire de Géographie historique ancienne et moderne, 2 vol. in-8. 11 fr. » c.

ATLAS HISTORIQUE ANCIEN ET MODERNE, *dressé pour l'usage des Colléges*, et renfermant toutes les cartes Anciennes, du Moyen Age, et Modernes, nécessaires pour suivre un cours complet d'Études historiques et géographiques, 1 vol. in-folio, composé de 33 cartes, relié. 24 fr. » c.

Ces deux ouvrages ont été divisés, pour en faciliter l'usage dans les Colléges, chacun en trois parties, qui se vendent séparément, savoir :

1º Cours de *Sixième*, de *Cinquième* et de *Quatrième* des Colléges :

ESSAI DE GÉOGRAPHIE HISTORIQUE ANCIENNE, comprenant, ainsi que l'Atlas, l'*Histoire Ancienne* et l'*Histoire Romaine*, 1 vol. in-8. 5 fr. 50 c.

ATLAS HISTORIQUE ANCIEN, 1 vol. in-fol. de 9 cartes. 5 fr. 50 c.

— Le même ATLAS ANCIEN, avec 7 tableaux de *texte*, offrant la *Chronologie* et le *Résumé sommaire* des faits principaux de l'Histoire ancienne et romaine, 1 vol. in-fol., cartonné. 8 fr. » c.

2º Cours de *Troisième* des Colléges :

PRÉCIS DE LA GÉOGRAPHIE HISTORIQUE DU MOYEN AGE, 1 vol. in-8. 2 fr. 75 c.

ATLAS HISTORIQUE DU MOYEN AGE, 1 vol. in-fol. de 12 cartes. 10 fr. » c.

— Le même ATLAS DU MOYEN AGE, avec 24 tableaux de *texte*, offrant la *Chronologie*, l'*Histoire résumée* et les *Généalogies* des principales maisons souveraines de cette époque, 1 vol. in-fol., cartonné. 15 fr. » c.

3º Cours de *Seconde* et de *Rhétorique* des Colléges :

PRÉCIS DE LA GÉOGRAPHIE HISTORIQUE MODERNE, 1 vol. in-8. 2 fr. 75 c.

ATLAS HISTORIQUE DES TEMPS MODERNES, 1 vol. in-fol. de 12 cartes. 10 fr. » c.

— Le même ATLAS MODERNE, avec 24 tableaux de *texte*, offrant la *Chronologie*, l'*Histoire résumée* et les *Généalogies* des principales maisons souveraines pendant cette époque, 1 vol. in-fol., cartonné. 15 fr. » c.

CAHIERS DE GÉOGRAPHIE HISTORIQUE, extraits de l'*Essai de Géographie historique* et rédigés d'après les questions du Programme prescrit par le Conseil Royal de l'Instruction publique pour l'enseignement de l'histoire dans les classes de Sixième, Cinquième, Quatrième, Troisième, Seconde et Rhétorique des Colléges ; six cahiers in-8 (un pour chaque classe), accompagnés chacun de quatre petites cartes géographiques. Prix de chaque cahier : 1 fr. 25 c.

PRÉCIS DE GÉOGRAPHIE ANCIENNE ET MODERNE COMPARÉE, 14ᵉ édition, 1 vol. in-12, cartonné. 3 fr. 25 c.

Cet ouvrage se compose de deux parties qui se vendent séparément sous les titres suivants, savoir :

Précis de Géographie ancienne comparée, 1 vol. in-12, cart. 1 fr. 80 c.

Petit Abrégé de Géographie moderne, 1 vol. in-12, cart. 1 fr. 80 c.

A chacune des deux parties de cet ouvrage se rattache un Atlas formé de cartes extraites du grand Atlas historique du même auteur, savoir :

Atlas Ancien, dressé pour l'usage des Colléges, 2ᵉ édit., 1 vol. in-fol., contenant 9 cartes, cartonné. 5 fr. 50 c.

Atlas moderne, dressé pour l'usage des Colléges, 2ᵉ édit., 1 vol. in-fol., contenant 8 cartes, cartonné. 5 fr. 50 c.

Les deux parties réunies forment l'*Atlas Ancien et Moderne*, dressé par M. Ansart, pour l'usage des Colléges, 2ᵉ édit., 1 vol. in-fol., composé de 17 cartes, cartonné. 10 fr. » c.

Chaque carte de ces divers Atlas, prise séparément : 75 c.

Paris. — Imprimerie de CASIMIR, rue de la Vieille-Monnaie, 12.

AVERTISSEMENT.

Lorsque je publiai, il y a cinq ans, la première édition de cet ouvrage, je prévins les élèves auxquels il était destiné que je n'avais ni dû ni voulu faire un livre qui les condamnât en quelque sorte à reproduire servilement dans leurs compositions un texte appris de mémoire. Jamais, en effet, je n'ai pu songer à les dispenser d'un travail qui doit leur servir à faire preuve d'intelligence. Ce n'est donc pas non plus dans l'intention de substituer mon travail au leur que j'indique à la fin de cet avertissement les parties de l'ouvrage où se trouvent contenus, non pas les réponses aux questions géographiques contenues dans le programme universitaire, mais bien les matériaux desquels ils pourront extraire les réponses *sommaires* que leur demande ce programme. Rechercher et présenter réunis ces matériaux est donc le but que j'ai dû me proposer dans mon travail. Je pourrais croire que j'y avais réussi, si je ne considérais que la bienveillance avec laquelle il a été accueilli par les maîtres comme par les élèves, et l'approbation que le Conseil royal de l'Instruction publique lui a accordée en termes si flatteurs pour moi ; mais je n'ai pas dû me dissimuler que mes juges m'avaient tenu compte des difficultés d'une entreprise tentée alors pour la première fois, et que leur indulgence même rendait plus stricte pour moi l'obligation de travailler à faire disparaître les imperfections inévitables peut-être dans un premier essai. Déjà aussi d'autres sont entrés dans la carrière que j'avais ouverte. De jeunes collègues, au mérite desquels je me plais à rendre un hommage mérité, sont devenus mes rivaux : j'accepte, non sans

la redouter, je l'avoue, mais sans m'en plaindre, cette rivalité qui doit tourner au profit de la science et de l'enseignement.

Les personnes qui voudront prendre la peine de comparer
cette édition avec celle qui l'a précédée, reconnaîtront, je
l'espère, que je n'ai rien négligé pour rendre mon livre à la
fois plus exact et plus complet. La géographie de la France
féodale surtout m'a paru devoir être traitée avec plus de dé-
veloppement, et quoique je n'aie présenté dans cet ouvrage
qu'un bien court extrait du travail spécial auquel je me livre
sur cet objet, j'ose croire qu'il prouvera combien j'ai fait
d'efforts pour me montrer digne des honorables suffrages
qui m'ont été accordés.

Il me reste à dire quelques mots des *Cartes* auxquelles je
renvoie pour l'intelligence du texte, et qui forment l'*Atlas
historique* dont je donne ci-dessous le tableau complet. Une
partie de ces cartes, et surtout de celles qui se rapportent à
la géographie du moyen âge, sont extraites du grand Atlas
historique publié en allemand par MM. Kruse, et dont M. Le Bas,
membre de l'Institut, et moi, avons donné une édition française *. Le soin avec lequel je les ai revues et les nombreuses
additions que j'y ai faites permettront de les consulter avec
utilité. J'ose donc les recommander à tous ceux qui voudront
graver solidement dans leur mémoire les divisions géographiques du moyen âge. On ne saurait trop le répéter, ce
n'est que sur les cartes que s'apprend la Géographie.

---

* ATLAS HISTORIQUE UNIVERSEL, traduit de l'allemand de KRUSE, par
MM. Le Bas et Ansart, *adopté par le Conseil royal de l'Instruction
publique;* 1 vol. in-folio, composé de 73 cartes géographiques et tableaux
historiques et généalogiques. Prix: cartonné, 32 fr.; en demi-reliure, 36 fr.

Cet Atlas, outre les cartes ci-après indiquées, renferme une suite de
tableaux historiques, chronologiques et généalogiques, qui présente l'a-
brégé le plus méthodique et le plus complet de l'Histoire ancienne et
moderne.

TABLEAU DES CARTES

QUI COMPOSENT

L'ATLAS HISTORIQUE.

Iʳᵉ PARTIE.

Cours de Sixième, de Cinquième et de Quatrième.

HISTOIRE ANCIENNE ET HISTOIRE ROMAINE.

1. Monde Ancien.
2. Palestine.
3. Égypte.
4. Grèce.
5. Empire des Perses.
6. Empire d'Alexandre.

7. Italie.
8. Gaule.
9. Empire Romain.
   Plusieurs cartes nouvelles seront ajoutées très-prochainement à cette partie.

IIᵉ PARTIE.

Cours de Troisième.

HISTOIRE DU MOYEN AGE.

1. Europe au 4ᵉ siècle.
2. — au 5ᵉ siècle.
3. — au 6ᵉ siècle.
4. — au 7ᵉ siècle.
5. — au 8ᵉ siècle.
6. — au 9ᵉ siècle.

7. — au 10ᵉ siècle.
8. — au 11ᵉ siècle.
9. — au 12ᵉ siècle.
10. — au 13ᵉ siècle.
11. — au 14ᵉ siècle.
12. — au 15ᵉ siècle.

IIIᵉ PARTIE.

Cours de Seconde et de Rhétorique.

HISTOIRE MODERNE ET HISTOIRE DE FRANCE.

1. Mappemonde.
2. Europe au 16ᵉ siècle.
3. — au 17ᵉ siècle.
4. — en 1788.
5. — en 1812.
6. — en 1835.
7. Asie.

8. Afrique.
9. Amérique Septentrionale.
10. Amérique Méridionale.
11. Océanie.
12. France par provinces et par départements.

QUESTIONS

DE

GÉOGRAPHIE

COMPRISES

DANS LE PROGRAMME ADOPTÉ PAR L'UNIVERSITÉ

POUR

L'ENSEIGNEMENT DE L'HISTOIRE DU MOYEN AGE.

———

Géographie du Monde barbare à la fin du IVe siècle.
Chiffres 74—95.

Partage de l'Empire à la mort de Théodose le Grand.
Chiffres 3—73.

Géographie Politique de l'Europe à l'avénement de Justinien Ier.
Chiffres 96—136.

Limites de l'Empire d'Orient à la mort de ce prince.
Chiffres 137—140.

Divisions et limites de l'Empire Musulman à l'époque de l'établissement du Khalifat de Cordoue.
Chiffres 154—176.

Géographie Politique de l'Europe, de l'Asie occidentale et de l'Afrique septentrionale, avant la première Croisade.
Chiffres 271—284.

GÉOGRAPHIE HISTORIQUE
DU MOYEN AGE.

CHAPITRE PREMIER.

NOTIONS GÉNÉRALES

SUR LA GÉOGRAPHIE DU MOYEN AGE;

SES GRANDES DIVISIONS HISTORICO-GÉOGRAPHIQUES.

1. NOTIONS GÉNÉRALES. — Le Moyen Age est l'époque pendant laquelle prennent naissance presque tous les états que nous voyons encore aujourd'hui figurer sur la scène du monde. L'étude de sa géographie a donc une importance toute spéciale. Mais les détails en seraient immenses, si l'on voulait suivre la formation et les accroissements successifs de chaque état ; les matériaux eux-mêmes manqueraient souvent, car il est presque toujours impossible de s'en rapporter aux chroniqueurs de l'époque, qui, étrangers pour la plupart aux plus simples notions géographiques, ne fournissent que des données presque toujours incertaines, et souvent inconciliables, soit avec la géographie physique, soit même entre elles. J'ai donc cru devoir borner mon travail à éclaircir la géographie politique de quelques-unes des époques les plus importantes pour l'histoire générale de l'Europe. La France réclamait dans ce travail une part proportionnée à son importance : je me suis efforcé de remplir aussi cette partie de ma tâche. L'énumération contenue dans le chiffre suivant donnera une idée générale de la manière dont j'ai cru devoir envisager la géographie historique du Moyen Age, et des matières comprises dans cette portion de mon ouvrage.

2. DIVISION GÉNÉRALE. — Les époques où la géographie générale de l'Europe et de la France présente le plus d'intérêt m'ont semblé pouvoir être résumées sous les neuf grandes divisions suivantes, savoir :

I. Géographie politique de l'*Empire Romain* après le partage opéré entre Arcadius et Honorius, l'an 395 de l'ère chrétienne, et la division géographique et ethnographique du *Monde Barbare* à la fin du qua-

1

trième siècle, avant la grande invasion dont les développements successifs composent en quelque façon les diverses périodes de la géographie du moyen âge.

II. Géographie politique de l'*Europe à l'époque de l'avénement de Justinien Ier*, l'an 527, après l'accomplissement de la première période de la grande invasion. Quelques détails sur les conquêtes successives des *Francs* ont trouvé place dans ce chapitre, qui se termine par l'indication de l'extension qu'ont éprouvée les *limites de l'Empire d'Orient* pendant la durée du règne de Justinien, par suite des conquêtes faites pendant ce règne.

III. Géographie politique de l'*Europe après la conquête des Avares* dans l'Europe centrale *et des Lombards* en Italie, à la fin de la seconde période de la grande invasion du Nord.

IV. Géographie politique de l'*Empire Musulman* à l'époque de l'établissement du khalifat de Cordoue. Dans ce chapitre se trouvent présentés en résumé tous les grands résultats des conquêtes des Arabes ou de l'invasion méridionale.

V. Géographie politique de l'*Empire de Charlemagne* à l'avénement et à la mort de ce prince. L'indication que nous y avons ajoutée des parties tout à fait diverses dont se composait ce vaste empire permet d'y contempler dès lors le berceau des nouveaux états qui vont sortir de son sein.

VI. Géographie politique de l'*Europe à la mort d'Otton le Grand*, époque à laquelle se trouvent définitivement constitués presque tous les grands états qui doivent jouer un rôle dans la politique européenne.

VII. Géographie politique de l'*Europe*, de l'*Asie occidentale* et de l'*Afrique septentrionale avant la première croisade*. Nous compléterons ce chapitre par l'indication des *royaumes et des principautés fondés par les Croisés* jusqu'à la fin de la quatrième croisade, époque à laquelle se trouve démontrée l'impossibilité d'arrêter du côté de l'Orient les derniers efforts de l'invasion barbare.

VIII. Géographie politique de la *France* et de l'*Angleterre, après le traité de Bretigny et à la mort de Charles V*, les deux époques où les succès divers de la lutte entre ces deux grandes puissances donnent le plus d'intérêt à la connaissance de leur géographie respective.

IX. Géographie politique de l'*Europe* et de l'*Empire des Turks Ottomans à l'époque de la prise de Constantinople*, événement beaucoup moins important par la chute de l'Empire d'Orient, que parce qu'il assure l'établissement des Turcs en Europe. Alors se trouve implanté sur le sol de cette portion du monde le peuple qui forme le dernier élément de l'invasion barbare ; à cet événement se termine par conséquent la géographie historique du Moyen Age.

CHAPITRE II.

EMPIRE ROMAIN *.

SA GÉOGRAPHIE POLITIQUE SOUS HONORIUS ET ARCADIUS.

MONDE BARBARE.

SA DIVISION GÉOGRAPHIQUE ET ETHNOGRAPHIQUE AVANT
LA GRANDE INVASION.

§ I. EMPIRE ROMAIN.

5. LIMITES. — L'Empire Romain, à la mort de Théodose (l'an 595 de J.-C.), avait à peu près les mêmes bornes que sous Auguste. Ainsi le temps avait prouvé la sagesse du conseil donné par cet empereur à ses successeurs, de ne point dépasser ces limites que la nature semblait avoir assignées à la domination romaine : c'étaient, à l'O., l'Océan Atlantique ; au S., les sables brûlants de la Libye et de l'Arabie ; à l'E., l'Euphrate inférieur et le Tigre dans la partie supérieure de son cours ; du côté du N. enfin, le Caucase, le Pont-Euxin, le Danube, le Rhin, et les mers qui séparent du continent la grande île de Bretagne, dont toute la partie méridionale reconnaissait aussi les lois de l'Empire. Mais déjà ces vastes frontières avaient été entamées par les Barbares du Nord, et nous indiquerons plus loin les établissements accordés au sein même de l'Empire à quelques-unes de leurs tribus.

4. DIVISION. — La division que Théodose avait établie dans l'Empire en associant à la couronne son fils Honorius, division dont l'établissement de la Tétrarchie imaginée par Dioclétien ** avait donné le premier exemple, et qui avait été plus d'une fois reproduite depuis avec diverses modifications ; cette division, disons-nous, devint définitive à la mort de Théodose, et l'Empire Romain fut désormais

---

* Consulter dans l'ATLAS DU MOYEN AGE la carte de l'Europe vers la fin du quatrième siècle.
** Consulter ma GÉOGRAPHIE HISTORIQUE ANCIENNE, chiffres 1205 et suiv.

partagé en deux empires distincts, celui d'*Orient* et celui d'*Occident*, que nous décrirons l'un après l'autre.

5. SUBDIVISIONS. — Chacun des deux empires était divisé en *Préfectures*, gouvernées par des Préfets du prétoire nommés par les empereurs. Chacune de ces préfectures se subdivisait en *Diocèses*, *Diœcesis*, administrés par des *Vicaires* ou Vice-Préfets, qui recevaient
les ordres des Préfets ; ces Diocèses se subdivisaient eux-mêmes en
Provinces, régies, suivant leur importance, par des Proconsuls, des
Consulaires, des Présidents ou des Correcteurs. Les capitales des
deux empires, Constantinople et Rome, jouissaient du privilége de
n'être comprises dans aucune province et d'avoir chacune un gouverneur particulier, qui, sous le nom de Préfet de la ville, *Præfectus
urbis*, jouissait d'un pouvoir au moins égal à celui des Préfets qui
gouvernaient les grandes préfectures. Il y avait de plus dans toutes
les provinces frontières des chefs militaires nommés Ducs, *Duces*,
dont nous indiquerons les résidences.

EMPIRE D'ORIENT.

6. BORNES. — L'Empire d'Orient comprenait, comme son nom
l'indique, la portion orientale de l'Empire, dont il avait les limites
à l'E., au N.-E. et au S.-E. ; il était séparé de l'empire d'Occident,
à l'O., savoir : en Europe, par les rivières du Drin, *Drinus* (auj.
Drin noir), affluent de la Save, rivière tributaire du Danube, et de
la *Barbana* (auj. Bojana), qui tombe dans le lac *Labeatis* (auj. de
Scutari) ; en Afrique, par la Grande Syrte et par les déserts qui s'é-
tendent au S. de ce golfe. Au N. du Pont-Euxin, la partie méridionale de la *Chersonèse Taurique*, où se trouvaient les villes de
Cherson et de *Théodosie*, dépendait aussi de cet Empire.

7. CAPITALE. — CONSTANTINOPLE, fondée par Constantin sur les
ruines de l'antique *Byzance*, à l'endroit où le Bosphore de Thrace se
joint à la Propontide, était, depuis l'an 330, une des capitales de
l'Empire Romain, et devint, à la mort de Théodose, celle de l'Empire d'Orient. L'avantage de sa situation entre l'Europe et l'Asie, et
sur un bras de mer qui permet aux vaisseaux de toutes les parties du
monde d'arriver dans son port, l'un des plus beaux, des plus sûrs et
des plus vastes qui existent, lui a conservé jusqu'aujourd'hui son
titre de capitale. Comme Rome, elle est bâtie sur sept collines, qui
s'élèvent par degrés les unes au-dessus des autres depuis les bords de
la mer ; son fondateur n'avait épargné ni peine ni dépense pour que
la splendeur de ses monuments, le nombre de ses habitants et les
agréments de son séjour la rendissent la rivale de Rome. On y remarquait un Capitole, des palais pour l'empereur et les princesses,
pour les assemblées du sénat, pour le trésor public et pour celui du

prince, des aqueducs, des thermes, des portiques, un arsenal, deux grandes places publiques, enfin un *Milliaire d'or*, d'où partaient, comme de celui de Rome, tous les grands chemins de l'Empire d'O-rient ; onze églises seulement avaient été bâties par Constantin, mais le nombre en avait été beaucoup augmenté depuis : ce fut l'empe-reur Constance qui fonda la plus célèbre de toutes, celle de *Sainte-Sophie*.

8. DIVISION. — L'Empire d'Orient se divisait en 2 préfectures, savoir : celle d'*Orient* et celle d'*Illyrie ;* ces préfectures se subdivi-saient en 7 diocèses, qui renfermaient 60 ou 61 (55) provinces que nous allons indiquer successivement *.

PRÉFECTURE D'ORIENT.

9. ÉTENDUE ET DIVISION. — La préfecture d'Orient, beaucoup plus étendue que celle d'Illyrie, comprenait à elle seule toutes les possessions de l'Empire d'Orient en Asie et en Afrique, et un tiers environ de celles d'Europe ; elle se divisait en 5 diocèses subdivisés eux-mêmes en 50 provinces. Ces diocèses étaient ceux d'*Orient*, d'*Égypte*, d'*Asie*, de *Pont* et de *Thrace*.

10. DIOCÈSE D'ORIENT. — Le diocèse d'Orient, gouverné par un Comte, *Comes Orientis*, auquel l'importance de son gouvernement donnait le premier rang parmi les Vicaires de la préfecture d'Orient, se composait des anciennes provinces de *Syrie*, de *Phénicie*, de *Palestine*, avec une petite portion de la *Mésopotamie*, les deux *Cili-cies*, l'*Isaurie* et l'île de *Cypre*. Il était divisé en 15 provinces, dont les 5 premières étaient assez importantes pour être gouvernées par des Consulaires ; les 10 autres l'étaient par des Présidents. La Pales-tine Salutaire, la Phénicie Libanique, la Syrie Euphratèse, la Salutaire, l'Osrhoëne et l'Arabie, placées sur les limites de l'Em-pire, avaient des Ducs pour commander les troupes chargées de leur défense. Ces 15 provinces, nommées dans le rang auquel leur impor-tance leur donnait droit dans le diocèse, étaient : 1° la *Palestine Première ;* 2° la *Phénicie Maritime ;* 3° la *Syrie Première ;* 4° la *Cili-cie Première ;* 5° l'île de *Cypre ;* 6° la *Palestine Salutaire ;* 7° la *Palestine Seconde ;* 8° la *Phénicie Libanique ;* 9° la *Syrie Euphra-tèse ;* 10° la *Syrie Salutaire ;* 11° l'*Osrhoëne ;* 12° la *Mésopotamie ;* 15° la *Cilicie Seconde ;* 14° l'*Arabie ;* 15° l'*Isaurie*. Pour rendre cette énumération plus facile à retenir, nous décrirons ces provinces en suivant un ordre plus géographique et en procédant du S. au N.

---

* L'énumération de ces provinces nous est fournie par la *Notitia utraque dignitatum cum Orientis tum Occidentis*, espèce d'almanach impérial dont la date remonte à peu près à l'époque que nous avons choisie pour donner la description de l'Empire Romain ; mais le commentaire ajouté à cet ouvrage par le savant Pancirole ne nous a été que d'une faible utilité, à cause des nombreuses erreurs géographiques que renferme ce travail d'ailleurs si estimable.

11. I. La PALESTINE TROISIÈME ou *Salutaire* *, *Palæstina Salutaris*, formée de la partie la plus méridionale de la Palestine, divisée par Théodose en 5 provinces, et de l'Arabie Pétrée, paraît avoir eu pour métropole PETRA (auj. Krak ou Karak), ancienne capitale des *Nabathéens*.

II. La PALESTINE PREMIÈRE, au N.-O. de la Troisième, s'étendait des côtes de la mer au lac Asphaltite, et avait pour métropole CÉSARÉE, *Cæsarea* (auj. Kaïsariéh), qui avait quitté son ancien nom de *Turris Stratonis* depuis qu'Hérode en avait fait une ville magnifique avec un port sur la *Grande Mer*. — *Jérusalem*, nommée depuis Adrien *Ælia Capitolina*, ne tenait plus que le second rang dans cette province.

III. La PALESTINE SECONDE, à l'E. de la Première, dans le centre de l'ancienne *Judée*, avait pour métropole SCYTHOPOLIS, qui conservait aussi son ancien nom de *Beth-San* (auj. encore El-Baïsan), sur le *Jourdain*.

IV. L'ARABIE, à l'E. de la précédente, était composée des provinces situées à l'E. du Jourdain. Le gouverneur de cette province frontière de l'Empire réunissait le titre de Duc à celui de Président, et par conséquent le commandement des troupes au pouvoir civil. Métropole BOSTRA ** (auj. Basra), ancienne capitale de l'*Auranitide*.

V. La PHÉNICIE MARITIME, dont le nom indique la position, paraît avoir eu d'abord pour métropole la célèbre ville de TYR (auj. Tsour); mais Théodose le Jeune éleva à cette dignité BÉRYTE, *Berytus* (auj. Beïrout), qui paraît l'avoir conservée.

VI. La PHÉNICIE LIBANIQUE, ou du Liban, *Phœnice Libani*, ou Libanésienne, *Libanesia*, à l'E. de la précédente, dont elle fut démembrée par Théodose le Grand, était composée surtout de l'ancienne *Cœlésyrie* et de l'ancienne *Palmyrène*. Métropole DAMAS, *Damascus* (qui conserve son nom), vers le S. de la province, et remarquable dès cette époque par sa fabrique d'armes. — ÉMÈSE, *Emesa* (auj. Hems) sur l'*Oronte*, tenait par son importance le second rang dans cette province, où l'on remarquait encore la célèbre *Palmyre*, déjà bien déchue de sa splendeur.

12. VII. La SYRIE SECONDE ou *Salutaire*, au N. des deux précédentes, était composée en grande partie de l'ancienne *Apamène*, qui tirait son nom de sa métropole APAMÉE, *Apamea* ou *Apamia* (auj. Famiéh), au milieu d'un lac formé par l'*Oronte*.

---

* Le surnom de *Salutaire* que portaient plusieurs provinces de l'un et de l'autre Empire leur venait des eaux thermales qui s'y trouvaient.

** Un concile tenu à Constantinople en 394 décida sur les prétentions de deux évêques à ce siége métropolitain.

VIII. La Syrie Première ou Consulaire, *Consularis*, au N. de la Seconde, renfermait la ville la plus grande et la plus peuplée du diocèse, la célèbre Antioche, *Antiochia* (auj. Antakiéh), sur l'Oronte; elle était la résidence ordinaire du Comte d'Orient et la métropole de la Syrie Première; elle renfermait d'importantes fabriques d'armes et de machines de guerre.

IX. La Syrie Euphratèse ou Euphratienne, *Euphratensis*, au N.-E. de la Première et de la Seconde, devait son nom à sa position sur les rives du grand fleuve de l'*Euphrate*, et était formée de l'ancienne *Cyrrhestique* et de l'ancienne *Comagène*. Métropole Hiéropolis, qui conservait aussi son nom syrien de *Bambyce* (encore auj. Bambig ou Mambedsch), à quelque distance de l'*Euphrate*.

15. X. L'Osrhoène était située à l'E. de la précédente, sur la rive gauche de l'Euphrate, et par conséquent à l'extrémité orientale de l'Empire. Métropole Édesse, distinguée des autres villes qui portaient ce nom par le surnom de *Callirhoë* qu'elle devait à ses belles eaux (auj. Orfa), au N. de la province. Elle renfermait des fabriques de boucliers et des arsenaux. — Au S.-E. d'Édesse on remarquait la ville de *Théodosiopolis*, relevée par l'empereur, dont elle prit le nom, sans quitter toutefois celui de *Resaina* (encore auj. Ras-Aïn), qui signifie source des eaux, et qu'elle devait à 500 ruisseaux qui sortaient de son territoire et se réunissaient pour former le *Chaboras* (auj. Khabour).

XI. La Mésopotamie, située au N.-E. de la précédente et du territoire de l'Empire, ne comprenait qu'une faible partie de l'extrémité septentrionale de la vaste contrée dont elle portait le nom, et qui était connue sous le nom de *Sophène*. Métropole Amide, *Amida* (auj. Diarbékir), sur le Tigre.

14. XII. La Cilicie Seconde, composée de la partie orientale de la Cilicie de Plaines, *Campestris*, ou Cilicie proprement dite, occupait l'extrémité orientale de la côte septentrionale de la mer Intérieure. Métropole Anazarbe, *Anazarbus* ou *Anazarba* (auj. Ac-Saraï), près du petit fleuve *Pyramus*.

XIII. La Cilicie Première était composée de la partie occidentale de la Cilicie de Plaines et de l'E. de la Cilicie Trachée ou Montagneuse, *Trachea* ou *Aspera*, à l'O. de la précédente. Métropole Tarse, *Tarsus* (auj. Tarsous), sur le *Cydnus*.

XIV. L'Isaurie, à l'O. de la Cilicie, comprenait, outre l'ancienne province dont elle portait le nom, toute la portion occidentale de l'ancienne *Cilicie Trachée*. Cette province, presque entièrement couverte de montagnes dont les populations étaient fort remuantes, était occupée par deux légions placées sous les ordres de son gouverneur, qui joignait ainsi à son titre celui de Comte militaire. Métropole

SÉLEUCIE, distinguée par le surnom de Trachée, *Trachea*, et appelée plus souvent encore *Séleucie d'Isaurie* (aujourd'hui Sélefkiéh), sur la côte de la mer.

XV. L'île de CYPRE, *Cyprus* (aujourd'hui Cipro), était séparée des dernières provinces que nous venons de nommer par le large canal appelé *Aulon Cilicius*. Cette grande et belle île avait pour métropole CONSTANTIA (aujourd'hui Costanza), située sur un golfe de la côte orientale, et qui avait quitté son ancien nom de *Salamine*, *Salamis*, pour prendre celui de l'un des fils de Constantin.

45. DIOCÈSE D'ÉGYPTE. — Le diocèse d'Égypte, le plus riche de l'Empire et le plus précieux pour lui à cause des immenses convois de blé qu'en tirait la capitale, avait un gouverneur qui, depuis le temps d'Auguste, portait le titre de *Préfet augustal*, et qui prenait rang immédiatement après le Comte d'Orient ; mais comme il ne pouvait être choisi que dans l'ordre des chevaliers, il n'avait point sous ses ordres de Consulaires pour le gouvernement des provinces de son diocèse, qui étaient au nombre de six, savoir : la *Libye Supérieure*, la *Libye Inférieure*, la *Thébaïde*, l'*Égypte*, l'*Arcadie* et l'*Augustamnique*. Les cinq premières étaient administrées par des Présidents et la dernière par un Correcteur. Celle d'Égypte était la résidence d'un Comte militaire qui avait sans doute sous ses ordres les deux Ducs chargés de la défense des provinces frontières de la Libye Supérieure et de la Thébaïde. Nous allons décrire dans leur ordre géographique ces six provinces, en commençant par celles du N. de l'Égypte.

46. I. L'AUGUSTAMNIQUE, *Augustamnica*, ou Augustanique, *Augustanice*, se composait de la partie N.-E. de l'Égypte Inférieure, comprise entre les embouchures du Nil et les limites de la Palestine et de l'Arabie. — PÉLUSE, *Pelusium* (aujourd'hui Tinéh), ville si importante par sa position sur la limite du désert, paraît en avoir été la métropole.

II. L'ÉGYPTE proprement dite, à l'O. de la précédente, était composée de tout le Delta du Nil et du pays situé entre les embouchures du fleuve et la Libye. — ALEXANDRIE, *Alexandria* (aujourd'hui encore Alexandrie ou Skanderiah), était tout à la fois la métropole de la province, la résidence du Préfet augustal et celle du Comte militaire. Sa population et son importance la rendaient comme la seconde capitale de l'Empire d'Orient.

III. L'ARCADIE, ainsi nommée par Théodose en l'honneur de son fils Arcadius, se composait de toute l'Égypte centrale, ancienne *Heptanomide*, depuis la pointe du Delta jusqu'aux confins de la Thébaïde. Métropole MEMPHIS (auj. Menf, en ruines), sur la rive gauche du Nil.

IV. La THÉBAÏDE, au S.-O. de l'Arcadie, comprenait toute l'Égypte supérieure et était gardée par huit légions. Métropole ANTINOÉ, l'antique *Besa* (qui conserve aujourd'hui ce nom), sur la rive droite du Nil, devenue la ville la plus importante de cette province, depuis les embellissements qu'y fit exécuter l'empereur Adrien en l'honneur de son favori Antinoüs, dont il lui avait donné le nom. — *Thèbes*, qui donnait encore le sien à cette province, avait cessé d'exister comme cité, mais couvrait encore les deux rives du Nil de ses ruines immenses (au milieu desquelles s'élèvent aujourd'hui les villages de Karnac et Louksor, sur la rive droite, et de Médinet-Abou et Gournou, sur la rive gauche).

17. V. La LIBYE INFÉRIEURE, à l'O. de l'Égypte proprement dite, s'étendait le long de la mer Intérieure. Métropole PARÆTONIUM (aujourd'hui Al-Baretoun), sur la côte.

VI. La LIBYE SUPÉRIEURE, à l'O. de l'Inférieure, comprenait l'ancienne *Cyrénaïque* et était la province la plus occidentale de l'empire d'Orient. Métropole CYRÈNE, à deux lieues de la mer, sur laquelle était son port, nommé *Sosuza*, l'ancienne *Apollonie* (aujourd'hui Marza-Sousa).

18. DIOCÈSE D'ASIE. — Le diocèse d'Asie, *Diœcesis Asiana*, était ainsi nommé parce qu'il comprenait toute la portion de l'Asie Mineure qui avait été la première soumise à la domination romaine. Il se divisait en deux parties : le *diocèse d'Asie* proprement dit, qui était gouverné par un Vicaire et comprenait huit provinces ; et le *proconsulat d'Asie*, gouverné par un Proconsul qui relevait directement du Préfet du prétoire d'Orient, et qui comprenait les trois provinces les plus rapprochées de la mer Égée. Les huit du diocèse d'Asie se rangeaient dans l'ordre suivant, savoir : 1° la *Pamphylie* ; 2° la *Lydie* ; 3° la *Carie* ; 4° la *Lycie* ; 5° la *Lycaonie* ; 6° la *Pisidie* ; 7° la *Phrygie Pacatiane* ; 8° la *Phrygie Salutaire* ; les deux premières gouvernées par des Consulaires, et les six autres par des Présidents. Les trois provinces dépendantes du proconsulat d'Asie étaient l'*Asie* proprement dite, gouvernée par le Proconsul lui-même ; l'*Hellespont*, soumis à un Consulaire, et les *Iles*, à un Président.

19. PROVINCES DU DIOCÈSE. — Ces provinces, placées dans leur ordre géographique, en procédant d'orient en occident, pouvaient se ranger ainsi :

I. La PAMPHYLIE, à l'O. de l'Isaurie, s'étendait le long de la côte. Métropole PERGE, *Perga* (probablement aujourd'hui Kara-Hissar ou le Château Noir), à peu de distance du golfe de Pamphylie. On y distinguait encore : — *Attalia* (aujourd'hui Sataliah), au fond du même golfe, et *Aspende*, *Aspendus* (aujourd'hui Ménougat), plus à l'E.

II. La LYCAONIE, au N. de la Pamphylie, avait pour métropole ICONIUM (aujourd'hui Koniéh), près d'un petit lac.

III. La PISIDIE, au S.-O. de la Lycaonie, avait pour métropole ANTIOCHE, surnommée de Pisidie, *Antiochia Pisidiœ* (aujourd'hui Ak-Chéher), à l'E. de la province.

20. IV. La PHRYGIE SALUTAIRE, au N.-O. de la Lycaonie, avait pour métropole SYNNADE, *Synnada* (aujourd'hui Saïd-Gazelle), au S.-E. de la province. Les marbres que l'on tirait des environs étaient célèbres à cette époque.

V. La PHRYGIE PACATIANE, au S.-O. de la Salutaire, devait son surnom à l'un de ses gouverneurs et avait pour métropole LAODICÉE (aujourd'hui Eski-Hissar, vieux château, ou Ladikiéh), sur le *Lycus*, petite rivière qui se jette dans le *Méandre*.

VI. La LYCIE, au S. de la Phrygie, dans une sorte de péninsule, avait pour métropole MYRA (aujourd'hui Makré), port sur la côte méridionale.

21. VII. La CARIE, au N.-O. de la Lycie, dans l'angle formé par la mer Intérieure et la mer Égée, avait pour métropole APHRODISIADE, *Aphrodisias* (aujourd'hui Gheira), située dans l'intérieur du pays, et qui devait son nom au culte qu'on y avait rendu à Vénus. On ignore à quelle époque elle avait remplacé dans la dignité de métropole l'antique *Halicarnasse*, *Halicarnassus* (aujourd'hui en ruines sous le nom de Boudroun, château), située sur la côte septentrionale du petit golfe Céramique.

VIII. La LYDIE, au N. de la Carie, ne comprenait que l'intérieur de l'ancienne province du même nom, et avait pour métropole la célèbre ville de SARDES (aujourd'hui Sart), près de la rive gauche du fleuve *Hermus*, l'antique capitale des rois de ce pays ; on y fabriquait des armes offensives et défensives.

22. PROVINCES DU PROCONSULAT. — Les trois provinces du proconsulat d'Asie étaient les suivantes :

I. L'ASIE proprement dite, au N.-O. de la Lydie, comprenait une partie de l'ancien royaume de Pergame, c'est-à-dire les côtes de la mer Égée connues plus anciennement encore sous les noms d'*Ionie* et d'*Éolide*. Métropole ÉPHÈSE, *Ephesus* (aujourd'hui Aïa-Solouk), port, au S. de la province, et depuis longtemps la ville la plus importante de cette partie de l'Asie. — PERGAME, *Pergamum* (aujourd'hui Bergamo), sur le *Caïstre*, au N. de la province, ville grande et florissante que sa dignité d'ancienne capitale d'un royaume opulent avait mise en état de le disputer à la métropole elle-même.

II. L'HELLESPONT, au N. de l'Asie proprement dite, devait son nom au bras de mer le long duquel elle s'étendait. Métropole CY-

ZIQUE, *Cyzicus* (aujourd'hui Zisick), à l'entrée d'une petite péninsule au S. de la Propontide. — ABYDOS (aujourd'hui Avido), sur le
détroit de l'Hellespont, était après elle une des villes les plus importantes de la province.

III. La province des ILES était composée de toutes les îles répandues le long de la côte d'Asie, jusques et y compris celle de RHODES,
dont la capitale était, pendant l'hiver, la résidence du gouverneur,
qui, pendant l'été, devait parcourir toutes ces îles.

25. DIOCÈSE DE PONT. — Le diocèse de Pont, *diœcesis Pontica*,
ainsi nommé parce qu'il se composait surtout de l'ancien royaume du
Pont, comprenait toute la partie N. de l'Asie Mineure, depuis
le Bosphore de Thrace et la Propontide, à l'O., jusqu'aux limites
de l'Empire, du côté de l'Arménie, à l'E. ; il était administré par
un Vicaire et comprenait les 11 provinces suivantes : 1° la *Galatie*;
2° la *Bithynie*; 3° l'*Honoriade*; 4° la *Cappadoce Première*; 5° la *Cappadoce Seconde*; 6° l'*Hélénopont*; 7° le *Pont Polémoniaque*; 8° l'*Arménie Première*; 9° l'*Arménie Seconde*; 10° la *Galatie Salutaire*;
11° la *Paphlagonie*. Les deux premières étaient gouvernées par des
Consulaires, les huit suivantes par des Présidents, et la dernière par
un Correcteur. Nous décrirons ces provinces dans leur ordre géographique, en procédant de l'E. à l'O.

24. I. Le PONT POLÉMONIAQUE, *Pontus Polemoniacus*, composé
de la partie orientale de l'ancienne province du *Pont*, avait formé,
sous les premiers empereurs, un royaume qui prit le nom des Polé-
mons, ses souverains. Sa métropole était : NÉOCÉSARÉE, *Neocœsa-
rea* (aujourd'hui Niksara), sur le *Lycus*, affluent du *Thermodon*; ou
TRÉBIZONDE, *Trapezus* (aujourd'hui Tarabesoun), sur la côte du
Pont-Euxin. — *Polemonium*, *Cérasonte*, *Cerasus*, sur la côte, Co-
mane, *Comana Pontica*, dans l'intérieur, se distinguaient parmi ses
villes importantes.

II. L'HÉLÉNOPONT, *Helenopontus*, ou Pont d'Hélène, ainsi nommé
par l'empereur Constantin en l'honneur de sa mère, se composait de
la partie occidentale du Pont et avait pour métropole AMASÉE, *Amasia* (aujourd'hui Amasiah), sur l'*Iris*, ancienne résidence des rois
du Pont.

25. III. L'ARMÉNIE PREMIÈRE, au S. des deux précédentes, composée du nord de l'ancienne *Arménie Mineure*. Métropole SÉBASTE
(aujourd'hui Sivas), l'ancienne *Cabira*, sur l'*Halys*.

IV. L'ARMÉNIE SECONDE, au S. de la précédente. Métropole
MÉLITÈNE (aujourd'hui Malathija), près de l'Euphrate, ancienne
capitale d'une petite province du même nom qui formait la partie
N.-E. de la Cappadoce.

26. V. La CAPPADOCE PREMIÈRE, à l'O. des deux provinces précédentes, formée de la partie centrale de l'ancien royaume de Cappadoce. Métropole CÉSARÉE, *Cæsarea*, surnommée *ad Argeum*,
parce qu'elle était au pied du mont Argée (aujourd'hui Kaïsariéh).
Elle avait été, sous le nom de *Mazak* ou *Mazaca*, la capitale des
rois de la Grande Cappadoce; on y fabriquait des cuirasses.

VI. La CAPPADOCE SECONDE, au S. de la Première, dont elle
avait été démembrée par l'empereur Valens [*]. Métropole TYANE,
Tyana (aujourd'hui Nikdéh), vers le S., patrie du fameux impos-
teur Apollonius.

27. VII. La GALATIE SECONDE ou SALUTAIRE, au N.-O. de la
Cappadoce Seconde, avait été formée par Théodose de l'ancienne
Galatie méridionale. Métropole PESSINONTE, *Pessinus* (aujourd'hui
Bosan), sur le *Sangarius*.

VIII. La GALATIE PREMIÈRE, au N. de la Seconde, était composée de l'ancienne Galatie septentrionale. Métropole ANCYRE, *An-
cyra* (aujourd'hui Angouri), au N.-E. de Pessinonte.

28. IX. La PAPHLAGONIE, entre la Galatie Première et la côte du
Pont-Euxin, comprenait tout l'ancien pays de ce nom. Métropole
GANGRA (aujourd'hui Kiangari), au S., ancienne résidence du roi
Déjotarus.

X. L'HONORIADE, *Honorias*, à l'O. de la Paphlagonie, le long
du Pont-Euxin, avait été formée de la partie N.-E. de la Bithynie
par Théodose [**], qui donna à cette nouvelle province le nom de son
fils Honorius : métropole CLAUDIOPOLIS (aujourd'hui Castomena),
à peu de distance de la côte du Pont-Euxin. — *Héraclée* (aujour-
d'hui Harakiéh), sur le Pont, tenait après elle le rang le plus
distingué dans la province.

XI. La BITHYNIE, à l'O. de l'Honoriade, entourait une partie de
la Propontide, mais ne comprenait, comme nous venons de le dire,
que la partie S.-O. de l'ancien royaume de ce nom. Et cependant
cette portion de la Bithynie avait été elle-même divisée par l'empereur Valens en deux provinces distinguées entre elles par les noms
de *Première* au N. et de *Seconde* au S. La *Bithynie Première*
avait pour métropole : — NICOMÉDIE, *Nicomedia* (aujourd'hui Nik-

---

[*] Ce démembrement donna lieu à une contestation entre saint Basile, archevêque de Césarée,
et l'évêque de *Tyane*, qui, en vertu de la division nouvelle, voulut s'attribuer les droits de métropolitain. Le concile de Cappadoce (juin 372) termina ce différend en multipliant le nombre
des évêchés, afin que chacun des deux métropolitains eût ses suffragants. (*D. Maran. vita
S. Basilii*, etc.)

[**] Plusieurs auteurs attribuent la création de cette province à Théodose le Jeune, qui, disent-
ils lui donna le nom de son oncle Honorius ; il est plus vraisemblable de supposer que Théodose le Grand, ayant donné à l'une des provinces de l'Égypte le nom d'Arcadius, son fils aîné,
voulut donner à une autre province le nom de son second fils.

mid), au fond du golfe d'*Astacus*; ville importante par ses manufactures d'armes offensives et défensives, et qui avait été rendue par Dioclétien une des plus magnifiques de l'Orient. La métropole de la *Seconde Bithynie* était NICÉE, *Nicæa* (aujourd'hui Is-Nik), près d'un beau lac, célèbre par le premier concile général qui y fut tenu en 325 ; — *Pruse*, *Prusa* (aujourd'hui Boursa), au S.-O. de Nicée, ancienne résidence des rois, tenait après elle le premier rang dans la Seconde Bithynie.

29. DIOCÈSE DE THRACE. — Le diocèse de Thrace comprenait toute la partie de la préfecture d'Orient dont il portait le nom. Il était gouverné par un Vicaire, et se divisait en 6 provinces, savoir : 1° l'*Europe* ; 2° la *Thrace* proprement dite ; 3° l'*Hœmi-mont* ; 4° le *Rhodope* ; 5° la *Mœsie Seconde* ; 6° la *Scythie*. Les deux premières étaient gouvernées par des Consulaires et les 4 autres par des Présidents. La *Mœsie* et la *Scythie*, placées sur la frontière du Danube, avaient de plus des Ducs chargés de veiller à leur défense. — Nous décrirons ces provinces d'après leur position géographique, en commençant par celles de l'E. et du S.

30. I. L'EUROPE, située le long du Bosphore de Thrace et de la Propontide, conservait le nom qu'avait porté, dès les temps les plus reculés, cette partie de la Thrace, et qui paraît s'être étendu de cette petite province à la partie du monde que nous habitons. Quoiqu'elle renfermât, comme nous l'avons dit ailleurs (5), la capitale de l'Empire, elle avait sa métropole particulière : — HÉRACLÉE, *Heraclea* (aujourd'hui Erekli), qui avait d'abord porté le nom de Périnthe, *Perinthus*, sur la côte septentrionale de la Propontide.

II. La province du RHODOPE, à l'O. de l'Europe, devait son nom à la chaîne de montagnes qui la traversait. Métropole TRAJANOPOLIS (aujourd'hui Arichovo), sur la rive droite de l'Hèbre, l'une des villes fondées par Trajan dans l'intérieur de la Thrace ; — *Abdera* (aujourd'hui Polystilo ou Asperosa), ville considérable, sur la côte septentrionale de la mer Égée, était le port le plus commerçant de cette province.

III. L'HÆMI-MONT, *Hœmi-mons* ou *Hœmi-montus*, ou la province du Mont Hæmus, qui la bornait au N., devait son origine à Théodose. Métropole ADRIANOPLE, *Adrianopolis* (aujourd'hui Andrinople), sur l'*Hèbre*. Cette ville, où se trouvaient d'importantes manufactures d'armes, était devenue remarquable à l'époque qui nous occupe par le siège qu'elle eut à soutenir contre les Goths et par la bataille que l'empereur Valens perdit contre eux, l'an 378, à quelque distance vers le S.-E., auprès de la petite ville de *Nicé* (aujourd'hui Koulouleu).

IV. La THRACE proprement dite, à l'O. de l'Hæmi-mont, ne

comprenait que l'extrémité occidentale de la contrée de ce nom. Métropole PHILIPPOPOLIS (aujourd'hui Filibe ou Philippopoli), sur l'Hèbre supérieur.

51. V. La MŒSIE SECONDE ou INFÉRIEURE, au N. de l'Hæmi-mont et de la Thrace, s'étendait le long des rives du Danube : métropole MARCIANAPOLIS (aujourd'hui Péréjaslav), à l'E., remarquable par une défaite qu'y firent éprouver aux Romains, en 577, les Visigoths, qui, depuis l'an 576, avaient été admis dans ces provinces au nombre de plus d'un million.

VI. La PETITE SCYTHIE, au N. de la Mœsie Seconde, était renfermée dans une presqu'île formée par la partie inférieure du cours du Danube et le Pont-Euxin. Métropole TOMÈS, *Tomi* (aujourd'hui Baba-Dagh), sur le Pont-Euxin. — *Salices*, ou les Saules, village au N. de la province, est remarquable par une victoire que les Goths y remportèrent sur les Romains en 577.

PRÉFECTURE D'ILLYRIE.

52. ÉTENDUE ET DIVISIONS. — La préfecture d'*Illyrie*, qu'on nommait souvent *Illyrie Orientale* pour la distinguer de l'un des diocèses de l'Empire d'Occident, qui portait aussi le nom d'*Illyrie* (45), comprenait la plus grande partie des possessions européennes de l'Empire d'Orient, et se divisait en deux diocèses, celui de *Dacie*, au N., et celui de *Macédoine*, qui comprenait toute l'ancienne Grèce, au S. Ces deux diocèses renfermaient ensemble 11 provinces. Ce fut dans cette importante préfecture qu'Alaric obtint en 598 la dignité de Maître de la milice.

53. DIOCÈSE DE DACIE. — Le diocèse de Dacie, qui avait pris son nom d'une province formée sous ce nom par Aurélien d'un démembrement de la Mœsie, était gouverné par un Vicaire et se divisait en cinq provinces, savoir : 1° la *Dacie Intérieure*; 2° la *Dacie Riveraine*; 3° la *Mœsie Première*; 4° la *Dardanie*; 5° la *Prévalitane*, avec une partie de la *Macédoine Salutaire*. La première était gouvernée par un Consulaire et les quatre autres par des Présidents. La Dacie Riveraine et la Mœsie Première, situées le long du Danube, avaient des Ducs chargés de veiller à leur défense ; mais depuis l'an 576, de nombreux corps de Visigoths y avaient été admis. Nous allons décrire ces provinces en suivant leur ordre géographique du N. au S.

54. I. La DACIE RIVERAINE, *Dacia Ripensis*, était ainsi nommée parce qu'elle s'étendait le long des rives du Danube, vis-à-vis de l'ancienne *Dacie*, située au delà de ce fleuve. Métropole RATIARIA ou *Rœtiaria* (aujourd'hui Arzer Palanca), sur le Danube ; elle avait une fabrique d'armes.

II. La DACIE INTÉRIEURE, *Dacia Mediterranea* ou *Interior*, au S. de la précédente, avait pour métropole SARDIQUE, *Sardica* ou *Serdica*, nommée aussi *Triaditza* (nom qu'elle a conservé), au S.-E. de la province, remarquable par un concile qui y fut tenu sous Constance. Maximin était né dans les environs.

III. La MŒSIE PREMIÈRE ou *Supérieure*, à l'O. de la Dacie Riveraine, ne comprenait plus, depuis le démembrement des deux provinces que nous venons de nommer, que la partie occidentale de l'ancienne contrée dont elle avait gardé le nom. Métropole VIMINACIUM ou *Biminacium* (aujourd'hui en ruines, près de Gradistie), sur le Danube, au N.-E. de la province.

55. IV. La DARDANIE, au S. de la Mœsie Supérieure, conservait le nom de l'une des anciennes provinces du royaume de Macédoine. Métropole SCUPI (aujourd'hui Uskup), au S.-E., sur le fleuve *Axius*.

V. La PRÉVALITANE, au S.-O. de la Dardanie, avait été formée d'une partie de l'ancienne Illyrie. Métropole SCODRA (aujourd'hui Scutari), à la pointe méridionale du lac *Labeatis* (aujourd'hui de Scutari), à peu de distance de la mer Ionienne, que cette province touchait au S.-O. — Il paraît qu'elle comprenait aussi la partie septentrionale d'une autre province nommée la *Macédoine Salutaire*, qui se trouvait partagée, sans que l'on en sache la raison, entre les deux diocèses de Dacie et de Macédoine.

56. DIOCÈSE DE MACÉDOINE. — Le diocèse de Macédoine, dont le nord était formé par l'ancienne contrée de ce nom et par l'Épire, et le midi par l'ancienne Grèce tout entière, comprenait six provinces, dont la plus considérable, celle d'*Achaïe*, qui se composait de toute la Grèce centrale et méridionale, formait, sans doute à cause de son importance et de son ancienne célébrité, un proconsulat, comme celui d'Asie (18), indépendant du Vicaire qui gouvernait le diocèse. Les cinq autres provinces placées sous sa juridiction étaient, dans l'ordre de leur importance : 1° La *Petite Macédoine* ; 2° la *Crète* ; 5° la *Thessalie* ; 4° l'*Épire Ancienne* ; 5° l'*Épire Nouvelle*, avec la partie méridionale de la *Macédoine Salutaire*. Les deux premières étaient administrées par des Consulaires, et les quatre autres par des Présidents. Nous les décrirons dans leur ordre géographique en procédant du N. au S.

57. I. La PETITE MACÉDOINE, au S.-O. du diocèse, découpée par plusieurs golfes profonds qui terminent la mer Égée au N.-O., se composait de l'ancienne Macédoine proprement dite. Métropole THESSALONIQUE, *Thessalonica* (aujourd'hui Saloniki), au fond du golfe Thermaïque, qui tirait son nom de celui de *Therma*, qu'avait d'abord porté cette ville ; elle avait une manufacture d'armes. —

Édesse, Edessa, et *Pella,* les anciennes capitales de ce pays, quoique bien déchues, avaient encore quelque importance.

58. II. La Nouvelle Épire, *Epirus Nova,* à l'O. de la Petite Macédoine, fut formée par Théodose le Grand de la partie septentrionale
de l'Épire, et reçut pour métropole Dyrrachium (aujourd'hui Durazzo), sur un petit golfe de la mer Ionienne. — La partie méridionale de la *Macédoine Salutaire* (55) fut jointe à cette province ,
probablement avec sa métropole nommée Stobi (aujourd'hui Istib),
qui continua, malgré le démembrement de la province, à être la résidence d'un Gouverneur ayant le titre de Président.

III. L'Ancienne Épire, *Epirus Antiqua,* au S. de la précédente, se composait, comme l'indique son nom, de la partie méridionale de l'ancienne province d'Épire. Métropole Nicopolis (aujourd'hui Prévésa), au S., sur le golfe d'Ambracie (aujourd'hui de
l'Arta), fondée par Auguste en mémoire de la victoire d'Actium.

59. IV. La Thessalie, à l'E. de l'Ancienne Épire, embrassait
toute l'ancienne province de ce nom. Métropole Larisse, *Larissa*
(aujourd'hui Ieni-Scheher), sur le *Pénée.*

V. La Crète (aujourd'hui Candie), au S. de la mer Égée, la
plus grande des îles de la Grèce. Métropole Gortyne, *Gortyna*
(dont on trouve les ruines magnifiques près du village de Novi Cas-
telli), non loin de la côte méridionale de l'île ; on y peut citer encore :
— *Cnosse, Cnossus* (aujourd'hui Ginossa ou Enadiéh), sur la côte
septentrionale. Une longue sécheresse avait fait périr une grande
partie de la population de cette île, lorsque Hélène, mère de Constantin, y aborda à son retour de la Terre-Sainte et y fit envoyer de
nouveaux colons appelés de l'Égypte, de la Syrie, de la Cilicie et des
contrées voisines.

40. Le Proconsulat d'Achaïe formait, comme nous l'avons
dit, dans le diocèse de Macédoine, une sixième province, qui, ayant
été, sous la république, déclarée par la loi Clodia province Procon-
sulaire, et ayant toujours conservé depuis cette dignité, se trouvait
ainsi, par le rang de son Gouverneur, soustraite à la juridiction du
Vicaire du diocèse de Macédoine, et ne relevait que du Préfet du
prétoire d'Illyrie.— Corinthe, *Corinthus* (encore subsistante aujour-
d'hui), sur l'isthme auquel elle donne son nom, en était la métropole.
— *Athènes, Athenæ,* à l'E., conservait encore une partie de la splendeur que lui avait attirée sa réputation littéraire, qui la fit épargner
par Alaric, lorsqu'il ravageait la Grèce à la tête de ses Visigoths.

EMPIRE D'OCCIDENT.

41. Bornes. — L'empire d'Occident comprenait toute la portion
occidentale de l'Empire Romain, depuis le Drin et la Barbana (6),

en Europe, et depuis la Grande Syrte, en Afrique, jusqu'à l'océan Atlantique ; toute la partie méridionale de la grande île de Bretagne, jusqu'au rempart d'Antonin, en faisait également partie.

42. CAPITALES. — ROME, qui n'avait encore rien perdu de sa splendeur ni de son immense population, était toujours considérée comme la première capitale de l'Empire Romain ; mais, déjà même avant Constantin, elle avait cessé d'être la résidence unique des Empereurs ; elle en perdit tout à fait le privilége par la fondation de Constantinople, et la séparation des deux Empires ne le lui rendit pas. — MILAN, *Mediolanum*, au centre de la vaste plaine de la Gaule Cisalpine, parut la résidence la plus convenable aux Empereurs, qui voulaient se trouver à portée de surveiller les mouvements des barbares du Danube. Constantin avait illustré le séjour qu'il y fit par la proclamation du fameux édit en faveur des chrétiens, l'an 313. Plus tard, lorsque l'invasion des Visigoths eut forcé le timide Honorius à fuir cette capitale, l'inexpugnable RAVENNE, *Ravenna*, située au milieu des marais de la mer Adriatique, lui offrit un asile sûr contre les attaques des barbares qui dévastèrent l'Italie pendant le reste de son règne. Les avantages de sa situation conservèrent longtemps à cette ville le privilége d'être une résidence royale : elle fut le dernier siége de la puissance romaine en Italie.

43. DIVISIONS. — L'empire d'Occident se divisait, comme celui d'Orient, en 2 préfectures, celle d'*Italie*, à l'E., et celle des *Gaules*, à l'O. Ces préfectures se subdivisaient en 7 diocèses et en 58 provinces, que nous allons décrire successivement.

PRÉFECTURE D'ITALIE.

44. ÉTENDUE ET DIVISION. — La préfecture d'Italie comprenait, outre la vaste péninsule dont elle portait le nom, tout ce que l'empire d'Occident possédait en Europe entre la chaîne des Alpes et le Danube et à l'E. de la mer Adriatique, et de plus toute la partie de l'Afrique qui s'étendait le long de la mer Intérieure, depuis la Grande Syrte jusqu'au fleuve *Malva*, limite occidentale de la Mauritanie Césarienne. Cette préfecture se subdivisait en 4 diocèses, savoir : ceux de *Rome*, d'*Italie*, d'*Afrique* et d'*Illyrie*, qui comprenaient ensemble 50 provinces. Pour décrire ces diocèses, que nous venons de nommer dans le rang que leur avait fait assigner leur importance, nous suivrons l'ordre géographique dans lequel ils se présentent, en marchant d'abord d'orient en occident, et ensuite du nord au midi.

45. DIOCÈSE D'ILLYRIE. — Le diocèse d'Illyrie, distingué de la préfecture d'Illyrie appartenant à l'empire d'Orient par la désignation spéciale d'Illyrie Occidentale, *Illyricum Occidentale*, embrassait toute la partie orientale de la préfecture d'Italie, c'est-à-dire les contrées à l'E. de la mer Adriatique, des Alpes Juliennes et de l'*Ænus*

2

(aujourd'hui Inn), rivière qui se jette dans le Danube ; il comprenait ainsi l'ancienne Illyrie proprement dite, avec la Dalmatie, la
Pannonie et le Norique, et se divisait en 6 provinces, savoir : 1° la
Pannonie Seconde; 2° la *Savie*; 5° la *Pannonie Première*; 4° le *Norique Intérieur*; 5° le *Norique Riverain*; 6° la *Dalmatie*. La première
était régie par un Consulaire, la seconde par un Correcteur *, et les
quatre autres par des Présidents. Comme toutes ces provinces, ex-
cepté le Norique Intérieur et la Dalmatie, se trouvaient le long de la
frontière du Danube, des Ducs étaient chargés de veiller à leur sû-
reté. Il paraît que celui de la Savie avait ses cantonnements dans une
sorte de province particulière désignée sous le nom de *Valérie*, et qui
s'étendait tout le long du cours du fleuve, à l'E. de la Savie et de la
Pannonie Seconde. Cette province de la Valérie ne paraît dans le ca-
talogue de celles de l'Empire que comme une *Limite militaire*. Nous
allons décrire les provinces du diocèse d'Illyrie, en suivant leur ordre géographique, du S.-E. au N.-O.

46. I. La DALMATIE, au S. du diocèse, sur la côte de la mer
Adriatique, conservait son nom ancien ; mais elle comprenait de plus
toute la partie septentrionale de l'ancienne Illyrie, qui était connue
sous le nom de *Liburnie*, et qui ne paraît pas avoir formé une province particulière. Métropole SALONE, *Salona* (qui conserve son
nom), dans une belle plaine, près de la mer. C'est à une lieue vers
le S.-O. que Dioclétien, qui était né dans cette ville, fit bâtir l'immense palais connu sous le nom d'*Aspalatos* (aujourd'hui Spalatro),
où il vint finir ses jours, et qui servit aussi de retraite à Julius Nepos,
l'un des derniers empereurs d'Occident.

47. II. La SAVIE, au N. de la Dalmatie, tirait son nom de la
Save, *Savus*, qui la traversait, et se composait de la partie S.-E. de
l'ancienne Pannonie. Métropole SISCIA (aujourd'hui Sisseck), dans
une île du *Colapis* (aujourd'hui Kulpa), près de son confluent avec
la Save. Théodose y battit Maxime en 588. — *Sirmium* (aujourd'hui
Sirmich), au S.-E. de la province, était une des villes les plus considérables de l'Empire ; elle avait vu naître et mourir plusieurs empereurs, et il s'y était tenu des conciles célèbres, lorsque les
Huns la ruinèrent au v° siècle. — *Cibalis* (aujourd'hui Sviléi), plus
au N.-O., était remarquable par la victoire de Constantin sur Lici-
nius, en 514; et *Mursa* (aujourd'hui Esseck), plus au N.-O. encore, sur les bords de la Drave, par celle que remporta Constance
sur Magnence, en 551, et qui coûta à l'Empire 54,000 de ses meil-
leurs guerriers. — *Acincum* ou *Aquincum*, ainsi nommée de ses eaux

---

* Il paraît que dans l'empire d'Occident le rang des Correcteurs (qu'il serait plus exact de
traduire Co-recteurs) était supérieur à celui des Présidents ; c'était le contraire dans l'empire
d'Orient.

thermales (aujourd'hui All-Ofen, près de Bude), sur le Danube, paraît avoir été la principale ville de la *Valérie* (45), et renfermait, ainsi que Sirmium, une fabrique d'armes.

III. La PANNONIE SECONDE, au N.-O. de la Valérie, ne comprenait plus que la partie occidentale de l'ancienne *Pannonie Inférieure,* dont la Savie était un démembrement. La métropole était peut-être BREGETIO (aujourd'hui Szony), sur le Danube, où mourut Valentinien Ier.

IV. La PANNONIE PREMIÈRE, à l'O. de la Seconde, se composait en grande partie de l'ancienne *Pannonie Supérieure.* Sa métropole paraît avoir été SABARIA (aujourd'hui en ruines, près de Sarvar), à l'E. de la province. — *Pœtovio* (aujourd'hui Pettau), plus au S., sur la Drave, est remarquable par la seconde victoire remportée par Théodose sur les troupes de Maxime, trois jours après celle de Siscia.

48. V. Le NORIQUE RIVERAIN, *Noricum Ripense,* à l'O. de la Pannonie Première, dont il était séparé par le mont *Cetius,* s'étendait, comme son nom l'indique, le long des rives du Danube. Métropole LAURIACUM (aujourd'hui Lorch), sur le Danube. Une flotte y était en station sur le fleuve pour empêcher les Barbares de le franchir. On y fabriquait aussi des boucliers. — *Boiodurum* (aujourd'hui Innstadt, vis-à-vis de Passau), plus haut, sur le fleuve, était aussi une ville importante.

VI. Le NORIQUE INTÉRIEUR, *Noricum Mediterraneum,* au S. du Riverain, se composait de la partie méridionale de l'ancienne province du même nom. Sa métropole était peut-être VIRUNUM (aujourd'hui en ruines, près de Klagenfurt), au N. de la Drave. — D'autres attribuent ce titre à SOLVA (aujourd'hui Zol-Feld), un peu à l'E. de la précédente.

49. DIOCÈSE D'ITALIE. — Le diocèse d'Italie, situé au N. de la contrée dont il portait le nom, ne s'étendait du côté du midi que peu au delà des bornes de l'ancienne *Gaule Cisalpine;* mais il renfermait en outre toute l'ancienne *Rhétie* et l'ancienne *Vindélicie,* comprises entre les Alpes et le Danube. Il était gouverné par un Vicaire et se divisait en 7 provinces, savoir : 1° la *Vénétie,* avec l'*Istrie;* 2 l'*Émilie;* 3° la *Ligurie;* 4° la *Flaminie,* avec le *Picenum Annonaire;* 5° les *Alpes Cottiennes;* 6° la *Rhétie Première;* 7° la *Rhétie Seconde.* Les 4 premières étaient administrées par des Consulaires, et les 5 autres par des Présidents. Un Duc était chargé de la défense des deux Rhéties; mais la seconde seule touchait à la limite du Rhin. Nous décrirons ces provinces dans leur ordre géographique, du N. au S.

50. I. La RHÉTIE SECONDE, au N. du diocèse, était formée de

l'ancienne Vindélicie, dont elle avait conservé la métropole, Au-GUSTA des Vindéliciens, *Augusta Vindelicorum* (aujourd'hui Augs-bourg), à peu près au centre de la province.

II. La RHÉTIE PREMIÈRE, au S. de la Seconde, se composait de l'ancienne Rhétie proprement dite, séparée de l'Italie par la portion des Alpes qui lui devait le nom d'Alpes Rhétiques, ou Rhétiennes, *Alpes Rhæticæ*. Métropole CURIA (aujourd'hui Coire), au pied des Alpes.

51. III. Les ALPES COTTIENNES, *Alpes Cottiæ*, au S.-O. de la Rhétie, au milieu des plus hauts sommets des Alpes, partie dans l'I-talie et partie dans la Gaule, conservaient le nom donné à ce petit pays du temps d'Auguste, qui y laissa régner Cottius. Néron ayant réduit cette contrée en province romaine, elle en garda le titre. Mé-tropole SEGUSIO (aujourd'hui Suze), à l'issue de l'un des défilés qui donnent passage, à travers les Alpes, de l'Italie dans la Gaule.

IV. La LIGURIE, au S.-O. des Alpes Cottiennes, était une vaste et belle province qui ne comprenait pas seulement la côte étroite de la Ligurie proprement dite, entre les Apennins et la mer, mais de plus une grande partie du centre de la Gaule Cisalpine. Sa métropole était alors MILAN, *Mediolanum* (42); mais, outre cette ville, il faut y nommer encore : — *Asta* (aujourd'hui Asti), au S.-O., sur le *Tana-rus* (Tanaro), place forte où Honorius avait cherché un asile contre l'invasion des Visigoths, quand Stilicon accourut à son secours et battit ces Barbares dans les plaines de *Pollentia* (aujourd'hui Pol-lenza), plus haut sur la même rivière.

52. V. La VÉNÉTIE, à l'E. de la Ligurie, et séparée, au N.-E., du diocèse d'Illyrie par les Alpes Juliennes, *Alpes Juliæ*, au pied desquelles campa longtemps Alaric avec ses Visigoths, conservait son nom ancien et comprenait aussi la petite péninsule de l'ISTRIE, *Istria*, au S.-E. Sa métropole était AQUILÉE, *Aquileia*, au fond de la mer Adriatique, à peu de distance de l'embouchure du petit fleuve *Sontius* (aujourd'hui Isonzo). Placée au point de réunion de toutes les routes qui amenaient de l'Orient et du N.-E. en Italie, cette ville acquit une haute importance : aussi vit-on combattre sous ses mu-railles tous ceux qui se disputèrent l'Empire. Constantin II y périt en faisant la guerre à son frère en 540; Théodose y battit Maxime en 588, et Eugénius en 594; enfin Attila la renversa de fond en com-ble en 452, et cette catastrophe fut le terme de sa prospérité. — *Vé-rone*, au S.-O. de la province, après avoir été témoin d'une victoire remportée sur Alaric par Stilicon, fut, avec les villes voisines de *Vi-cence* et de *Padoue*, du nombre de celles dont la destruction par Attila donna naissance à la ville de *Venise*, fondée, au milieu des lagunes de la côte de l'Adriatique, par leurs habitants fugitifs, en 452.

53. VI. L'ÉMILIE, *Æmilia,* au S.-O. de la Vénétie, comprenait la plus grande partie de l'ancienne *Gaule Cispadane,* et devait son nom à la route ou voie *Æmilia* qui traversait son territoire et conduisait d'*Ariminium* à PLAISANCE, *Placentia,* sa métropole, située sur la rive droite du Pô.

VII. La FLAMINIE, au S.-E. de l'Émilie, s'étendait le long de la mer Adriatique et comprenait la partie S.-E. de la Cispadane, vers les embouchures du Pô, la plus grande partie de l'ancienne Ombrie et la côte de l'ancien *Picenum,* désignée à cette époque sous le nom de *Picenum Annonaire, Picenum Annonarium,* sans doute à cause de sa fertilité. La Flaminie devait son nom à la voie Flaminia, qui allait de Rome à *Ariminium* (auj. Rimini), une des villes de cette province, dont la métropole était la célèbre RAVENNE (42), au N.-O. d'Ariminium.

54. DIOCÈSE DE ROME. — Le diocèse de Rome se composait de toute l'Italie centrale et méridionale, et de toutes les îles grandes et petites qui avoisinent l'Italie. Quoiqu'il portât le nom de la capitale de l'Empire, et que cette ville fût probablement la résidence ordinaire du Vicaire qui le gouvernait, son administration était, sauf les deux exceptions que nous signalerons (55), tout à fait indépendante du Préfet de Rome. Les provinces, au nombre de 10, qui dépendaient de ce diocèse, se rangeaient dans l'ordre suivant, savoir : 1° la *Campanie*; 2° la *Toscane*; 5° le *Picenum Suburbicaire*; 4₀ la *Sicile*; 5° l'*Apulie* avec le *Calabre*; 6° le *Bruttium* avec la *Lucanie*; 7° le *Samnium*; 8° la *Sardaigne*; 9° la *Corse*; 10° la *Valérie.* Les quatre premières étaient gouvernées par des Consulaires, la cinquième et la sixième par des Correcteurs, et les quatre dernières par des Présidents. Nous les décrirons en procédant du N. au S.

55. I. La TOSCANE ou TUSCIE, *Tuscia,* au N.-O. du diocèse, conservait son nom ancien et aussi son ancienne étendue. Elle se divisait en *Annonaire* et *Suburbicaire*; mais il nous est impossible de fixer les limites de ces divisions. La Toscane *Suburbicaire,* comme le *Picenum Suburbicaire,* dont nous allons parler, étaient considérés, ainsi que leur surnom l'indique, comme des dépendances de la ville de Rome, et relevaient de son Préfet, dont le pouvoir semble s'être étendu tout autour de la ville jusqu'au centième mille, *centesimus lapis* (plus de 33 lieues). Métropole FLORENCE, *Florentia,* sur l'*Arnus* (auj. Arno), au N.-O. de la province.—Ce fut au S.-E. de cette province, près d'un lieu appelé les Roches Rouges, *Saxa Rubra,* et du pont *Milvius* (auj. Ponte-Mole) jeté sur le Tibre à 3 lieues au N. de Rome, que Maxence fut vaincu et périt en combattant contre Constantin, l'an 312.

II. Le PICENUM SUBURBICAIRE, entre la Toscane, à l'O., et le

Picenum Annonaire, à l'E., paraît avoir été composé de l'O. du *Picenum* et de la portion de l'ancienne *Ombrie* qui s'étendait sur les pentes occidentales de l'Apennin, jusqu'à une distance assez rapprochée de Rome : ce qui lui avait valu le surnom de *Suburbicaire*. — SPOLÈTE, *Spoletium*, au N.-E. de Rome, paraît en avoir été la métropole.

56. III. La VALÉRIE, au S.-O. du Picenum Suburbicaire, se composait de l'ancienne *Sabine* et d'une partie du Latium, et devait son nom à la voie *Valeria*, qui la traversait. Elle ne doit pas être confondue avec celle du diocèse d'Illyrie (45 et 47). Métropole AMITERNE, *Amiternum* (auj. Pescara), au S.-E. de Spolète.—Au S.-O. de cette province s'étendait le vieux LATIUM, *Latium vetus*, berceau de la puissance romaine, et qui, comme nous l'avons déjà dit, n'était pas compté au nombre des provinces, et était administré par le Préfet de la ville.

IV. Le SAMNIUM, à l'E. de la Valérie, conservait son nom ancien et s'étendait jusque sur la côte de la mer Adriatique. On ne connaît pas avec certitude sa métropole, qui était peut-être CORFINIUM (auj. S.-Pelino), à l'E. de Rome.

57. V. La CAMPANIE, au S. du Samnium, conservait aussi son ancien nom et sa réputation de fertilité.—NAPLES, *Neapolis*, sur un petit golfe de la côte, en était la ville la plus importante, et probablement la métropole.—*Bénévent*, *Beneventum*, au N.-E. de Naples, y tenait aussi un rang distingué.

VI. L'APULIE, au N.-E. de la Campanie, ne formait qu'une même province avec la CALABRE, *Calabria*, située plus au S.-E., le long de la côte de la mer Adriatique. — LUCÉRIE, *Luceria* (auj. Lucera), paraît avoir été la métropole de la province. — *Tarente*, *Tarentum*, sur le golfe auquel elle donne son nom, tenait le premier rang entre les villes de la Calabre.

VII. Le BRUTTIUM, qui n'occupait, à proprement parler, que la péninsule qui termine l'Italie au S.-O., comprenait de plus la LUCANIE, *Lucania*, située entre cette presqu'île et la Campanie. — CONSENTIA (auj. Cosenza), dans le Bruttium, paraît avoir été la métropole de la province. — *Pæstum* (auj. Pesti), au N.-O., sur un petit golfe auquel elle donnait son nom, était la principale ville de la Lucanie.

58. VIII. La SICILE, *Sicilia*, la plus belle, la plus fertile et la plus riche des îles de l'Italie, formait une province qui comprenait aussi les petites îles répandues sur ses côtes.—SYRACUSE, *Syracusæ*, port sur la côte orientale, quoique bien déchue de son ancienne splendeur, et réduite à l'un de ses anciens quartiers, en était encore la métropole.

IX. La SARDAIGNE, *Sardinia,* au N.-O. de la Sicile, et qui l'égalait presque en étendue et en fertilité, n'était qu'une province peu importante, dont la métropole était CARALIS (auj. Cagliari), port au fond d'un golfe de la côte méridionale.

X. La CORSE, *Corsica,* au N. de la Sardaigne, était, après la Valérie, la moindre des provinces du diocèse. — ALÉRIE, *Aleria* (qui conserve son nom), port sur la côte orientale, paraît en avoir été la métropole.

59. DIOCÈSE D'AFRIQUE. — Le diocèse d'Afrique, dont nous avons indiqué plus haut (44) l'étendue, comprenait, comme ceux d'Asie et de Macédoine (18 et 56), un *proconsulat* composé de l'Afrique proprement dite, ou pays de Carthage, et, de plus, 5 provinces, savoir : 1° la *Byzacène;* 2° la *Numidie;* 5° la *Tripolitane;* 4° la *Maurétanie Sitifienne;* et 5° la *Maurétanie Césarienne.* Les deux premières étaient gouvernées par des Consulaires, et les trois autres par des Présidents. Le Comte ou Gouverneur militaire d'Afrique avait sous lui deux Ducs, un dans la Tripolitane et l'autre dans la Maurétanie Césarienne, chargés de contenir les populations remuantes de l'Atlas. Nous commencerons par décrire le proconsulat d'Afrique; nous nommerons ensuite les autres provinces, dans leur ordre géographique, de l'E. à l'O.

60. PROCONSULAT D'AFRIQUE. — L'Afrique proprement dite ne se composait que du pays qui entourait Carthage. Sa fertilité, qui, depuis que les blés d'Égypte étaient envoyés à Constantinople, la rendait le principal grenier de Rome, et l'importance de la ville de CARTHAGE, qui pouvait encore à cette époque prétendre au second rang dans l'empire d'Occident, avaient fait soustraire cette province à la juridiction du Vicaire d'Afrique, et lui avaient fait laisser son Proconsul, qui relevait directement du Préfet du prétoire d'Italie. Outre la ville de CARTHAGE, sa métropole, on distinguait encore dans cette province : — *Utique, Utica* (aujourd'hui en ruines, près de Porto-Farina), sur la côte septentrionale; — *Adrumète, Adrumetum* (aujourd'hui Hammamet), sur la côte orientale.

61. I. La TRIPOLITANE, *Tripolitana,* la plus orientale des provinces du diocèse d'Afrique, au S. et à l'O. de la Grande Syrte, devait son nom à ses trois villes principales, situées toutes trois sur la côte, savoir : — LEPTIS LA GRANDE, *Leptis Magna* (aujourd'hui Lébida), sa métropole; — OEa (aujourd'hui Tripoli), à l'O. de Leptis; — *Sabrata* (aujourd'hui Sabart ou le Vieux Tripoli), plus à l'O. encore.

II. La BYZACÈNE, à l'O. de la Petite Syrte, était aussi nommée BYZACIUM, du nom de sa métropole (aujourd'hui Béghni), située sur une rivière qui tombe dans la Petite Syrte.

62. III. La NUMIDIE, à l'O. de l'Afrique propre, conservait son nom ancien, mais ne comprenait plus que la partie orientale de la contrée à laquelle ce nom s'étendait autrefois.—CONSTANTINE, l'ancienne Cirta, qui devait à Constantin le nom qu'elle a conservé, était la métropole de cette province, sur la côte de laquelle on remarquait encore la ville forte d'*Hippone, Hippo-Regius* (aujourd'hui Bone), illustrée, peu de temps après l'époque qui nous occupe, par l'épiscopat de saint Augustin.

IV. La MAURÉTANIE SITIFIENNE, *Mauretania Sitifensis*, à l'O. de la Numidie, se composait de la partie occidentale de cette ancienne contrée et d'une petite partie de la Maurétanie. Elle devait son nom à sa métropole, SITIFI (aujourd'hui Sétif), située dans l'intérieur du pays.

V. La MAURÉTANIE CÉSARIENNE, *Mauretania Cæsariensis*, à l'O. de la Sitifienne, comprenait la plus grande partie de l'ancienne Maurétanie orientale, et devait aussi son nom à sa métropole, CÉSARÉE, *Cæsarea* (aujourd'hui Vacur), port sur la mer Intérieure.

PRÉFECTURE DES GAULES.

63. ÉTENDUE ET DIVISIONS. — La préfecture des Gaules comprenait, outre la Gaule Transalpine : 1° l'*Espagne* tout entière avec les *îles Baléares*, et la *Maurétanie Tingitane*, dans le N.-O. de l'Afrique; 2° la portion méridionale de la grande île de *Bretagne* jusqu'au mur d'Antonin. Ces trois contrées formaient les trois diocèses dont se composait la préfecture des Gaules, savoir : ceux d'*Espagne*, des *Gaules* et de *Bretagne*, qui comprenaient ensemble 29 provinces, et même 30, comme nous le verrons plus bas (69). Nous décrirons ces diocèses dans l'ordre où nous venons de les nommer.

64. DIOCÈSE D'ESPAGNE. — Le diocèse d'Espagne, gouverné par un Vicaire, était composé, comme nous venons de le dire, de l'Espagne proprement dite, des îles *Baléares* et de la Maurétanie Tingitane, et se subdivisait en sept provinces, savoir : 1° la *Bétique*; 2° la *Lusitanie*; 3° la *Gallécie*; 4° la *Tarraconaise*; 5° la *Carthaginoise*; 6° la *Tingitane*; 7° les *îles Baléares*. Les trois premières étaient gouvernées par des Consulaires, et les quatre autres par des Présidents. Nous les décrirons en commençant par la Tingitane et en avançant du S. au N.

65. I. La TINGITANE ou Maurétanie Tingitane, *Mauretania Tingitana*, séparée à l'E. par le fleuve *Malva* de la Césarienne et de la Préfecture d'Italie, s'étendait à l'O. jusqu'à l'océan Atlantique, et devait son nom à sa métropole, TINGIS (aujourd'hui Tanger), à l'entrée occidentale du détroit de Gadès, qui séparait au N. cette province de l'Espagne, dans le diocèse de laquelle elle était comprise.

II. La Bétique, *Bœtica*, composée de la partie la plus méridionale de l'Espagne, devait son nom au *Bœtis* (Guadalquivir), qui la traversait. Métropole Hispalis (aujourd'hui Séville), sur la rive gauche du fleuve. — *Cordoue, Corduba,* tenait aussi un rang distingué dans la province.

III. La Lusitanie, *Lusitania*, au N.-O. de la Bétique, le long de la côte de l'Océan, avait pour métropole Emerita Augusta (aujourd'hui Merida), sur l'*Anas* (aujourd'hui Guadiana).

66. IV. La Carthaginoise, *Carthaginiensis*, au N.-E. de la Bétique, le long de la côte de la mer Intérieure, devait son nom à sa métropole, Carthage la Neuve, *Carthago Nova* (aujourd'hui Carthagène), port sur la mer Intérieure.

V. La Tarraconaise, *Tarraconensis,* au N.-O. de la Carthaginoise, devait aussi son nom à sa métropole, Tarracone, *Tarraco* (aujourd'hui Tarragone), sur la côte de la mer Intérieure. Cette ville, qui fut sous les Romains la plus importante de l'Espagne, était sans doute la résidence du Vicaire et du Comte militaire du diocèse.

VI. La Gallécie, *Gallœcia* (aujourd'hui la Galice), occupait l'angle N.-O. de l'Espagne et devait son nom aux *Gallœci*, ou *Callaïci*, peuple vaillant qui avait longtemps défendu son indépendance contre les Romains. Métropole Bracara Augusta (aujourd'hui Braga), au N. du *Durius* (Douro).

VII. Les Iles Baléares, situées vis-à-vis de la côte orientale de l'Espagne. — Palma, dans celle de *Majorque, Major,* en était peut-être la métropole. — Le Port de Magon, *Portus Magonis* (aujourd'hui Port-Mahon), était la ville principale de l'île de *Minorque, Minor.*

67. Diocèse des Gaules. — Le diocèse des Gaules, gouverné par un Vicaire, comprenait toute la Gaule Transalpine, renfermée entre les Pyrénées et le golfe de Gaule au S., les Alpes et le Rhin à l'E., le détroit de Gaule et l'océan Britannique au N., et l'océan Atlantique à l'O.; il se divisait en dix-sept provinces, d'après la *Notice de l'Empire*; mais la première de ces provinces (69) se trouvait déjà subdivisée elle-même en deux autres à l'époque où nous la décrivons. Ces provinces, nommées dans l'ordre de leur importance, étaient : 1° la *Viennoise*, divisée vers la fin du iv° siècle en *Première* et *Seconde;* 2° la *Lyonnaise Première;* 3° la *Germanie Première;* 4° la *Germanie Seconde;* 5° la *Belgique Première;* 6° la *Belgique Seconde;* 7° les *Alpes Maritimes;* 8° les *Alpes Pennines et Grées;* 9° la *Grande Séquanaise;* 10° l'*Aquitaine Première;* 11° l'*Aquitaine Seconde;* 12° la *Novempopulane;* 13° la *Narbonaise Première;* 14° la *Narbonaise Seconde;* 15° la *Lyonnaise Seconde;* 16° la *Lyonnaise Troisième;* 17° la *Lyonnaise Quatrième* ou *Sénonie.* La Germanie Première, la

Belgique Seconde et la Grande Séquanaise avaient des Ducs chargés
de leur défense ; un autre Duc avait pour mission de protéger contre
l'incursion des pirates toutes les côtes du N.-O., désignées sous le
nom d'*Armoricanus* et *Nervicanus tractus*. Nous décrirons les dix-
sept provinces en procédant du S.-O. au N.-E.

68. I. La NOVEMPOPULANE, *Novempopulana*, au pied des Pyrénées et au S.-O. de la Gaule et de l'Aquitaine, dont elle était considérée comme la troisième province, devait son nom aux 9 peuples qui
l'occupaient. Métropole EAUZE, *Elusa*, au centre de la province.
Elle céda au IXᵉ siècle son titre de métropole à AUCH, *Ausci*, au
S.-E.

II. L'AQUITAINE SECONDE, *Aquitania Secunda*, au N. de la Novempopulane, le long des côtes de l'Océan, s'étendait jusqu'à la
Loire et avait pour métropole BORDEAUX, *Burdigala*, sur la Garonne.

III. L'AQUITAINE PREMIÈRE, *Aquitania Prima*, à l'E. de la
Seconde, avait pour métropole BOURGES, *Bituriges* ou *Avaricum*,
au N. de la province.

69. IV. La NARBONAISE PREMIÈRE, *Narbonensis Prima*, au S.
de l'Aquitaine Première, entourait le golfe de Gaule, des Pyrénées
au Rhône. Son nom, que porta pendant quelque temps une vaste province qui comprenait en outre les quatre suivantes, lui venait de sa
métropole NARBONNE, *Narbo Martius*, située près de la côte.

V. La VIENNOISE, *Viennensis*, ou Troisième Narbonaise, à l'E.
de la Première, s'étendait le long de la rive gauche du Rhône depuis
son embouchure jusqu'à sa sortie du lac Léman. Elle fut, comme nous
l'avons dit (67), partagée vers la fin du IVᵉ siècle en 2 provinces *,
savoir : la *Première Viennoise*, formée de la partie septentrionale, qui
conserva pour métropole VIENNE, *Vienna*, sur le Rhône, qui avait
donné son nom à toute la province ; et la *Seconde Viennoise*, composée
de la partie méridionale, qui eut pour métropole ARLES, *Arelas* ou
Arelate, qui fut même la résidence du Préfet du prétoire des Gaules.
Les monuments dont elle fut décorée, son commerce et sa population
la rendirent si importante, qu'Ausone l'appelle la Rome des Gaules,
Gallula Roma Arelas.

VI. La NARBONAISE SECONDE, *Narbonensis Secunda*, à l'E. de
la Viennoise, avait pour métropole les EAUX SEXTIENNES, *Aquæ*

---

* Par suite de ce partage, il s'éleva entre les évêques de Vienne et d'Arles, au sujet des limites
de leurs juridictions respectives, des contestations que le concile de Turin (en 451) essaya vainement de terminer, et qui ne l'étaient point encore au moment de l'invasion des Barbares.
En 417, le pape Zozime donna à l'évêque d'Arles le vicariat du saint-siége dans les Gaules, avec
le droit d'ordonner dans les *Deux Viennoises* et la *Narbonaise*; mais son successeur Boniface
affranchit Vienne et Narbonne de la primatie d'Arles.

Sextiæ (aujourd'hui Aix en Provence), ville qui devait son nom à l'abondance de ses eaux thermales, vers le S.-O. de la province. — *Marseille*, *Massilia*, y tenait un rang distingué par son commerce.— *Forum Julii* (aujourd'hui Fréjus), port au S.-E. de la province, servait de station à une des flottes de l'Empire.

VII. Les ALPES MARITIMES, *Alpes Maritimæ*, à l'E. de la Narbonaise Seconde, dans la chaîne même des Alpes, étaient aussi considérées comme une des provinces de la Narbonaise. Métropole EMBRUN, *Ebrodunum*, vers la source de la *Durance*.

VIII. Les ALPES-PENNINES et GRÉES, *Alpes Penninæ* et *Graiæ*, au N.-E. des Alpes Maritimes, étaient aussi considérées comme une des provinces de la Narbonaise. Métropole TARENTAISE, *Darantasia* (aujourd'hui Moûtiers en Tarentaise), au milieu de hautes montagnes.

70. IX. La LYONNAISE PREMIÈRE, *Lugdunensis Prima*, au N. de la Viennoise, devait son nom à sa métropole, LYON, *Lugdunum*, au confluent de la Saône et du Rhône, une des plus grandes et des plus importantes villes des Gaules.— *Mâcon*, *Matisco*, sur la Saône, *Arar* ou *Saucona*, et *Autun*, *Augustodunum*, plus au N.-O., possédaient des fabriques de flèches et de cuirasses. — La dénomination de Lyonnaise, qui avait remplacé celle de *Celtique*, s'appliqua pendant assez longtemps à toute la Gaule centrale, qui comprenait, outre la Première Lyonnaise, les 5 provinces suivantes :

X. La LYONNAISE QUATRIÈME, *Lugdunensis Quarta*, au N.-O. de la Première, portait plus souvent encore le nom de SÉNONIE, *Senonia*, qu'elle devait à sa métropole, SENS, *Senones*, sur l'Yonne, *Icauna*. — *Paris*, *Parisii* ou *Lutetia*, sur la Seine, commençait à avoir une assez grande importance depuis qu'elle avait été, en l'an 355, la résidence de Julien.

XI. La LYONNAISE TROISIÈME, *Lugdunensis Tertia*, à l'O. de la Quatrième, comprenait toute la presqu'île connue sous le nom d'*Armorique*, dont les nations belliqueuses ne tardèrent pas à recouvrer leur indépendance. Métropole TOURS, *Turones* ou *Cæsarodunum*, sur la Loire.

XII. La LYONNAISE SECONDE, *Lugdunensis Secunda*, au N.-E. de la Troisième. Métropole ROUEN, *Rotomagus*, sur la Seine.

74. XIII. La BELGIQUE SECONDE, *Belgica Secunda*, au N.-E. de la Seconde Lyonnaise, le long du détroit de Gaule (aujourd'hui Pas-de-Calais). Métropole REIMS, *Remi* ou *Duro-Cortorum*, vers le S.-E. de la province ; l'une des manufactures d'armes de la Gaule. — *Soissons*, *Suessiones*, à l'O. de Reims, et *Amiens*, *Ambianum*, sur la Somme, renfermaient aussi des fabriques d'armes défensives et de machines de guerre.

XIV. La Belgique Première , *Belgica Prima*, à l'E. de la Seconde. Métropole Trèves, *Treveri*, ville riche et considérable qui avait été avant Arles la résidence du Préfet du prétoire des Gaules. Elle possédait d'importantes manufactures d'armes et de machines de guerre.

XV. La Grande Séquanaise , *Maxima Sequanorum*, au S.-E. de la Première Belgique : métropole Besançon , *Vesontio*, sur le Doubs, *Dubis*.

XVI. La Germanie Première ou Supérieure, *Germania Prima* ou *Superior*, à l'O. de la Belgique Première, le long des bords du Rhin, avait pour métropole Mayence, *Mogontiacum*, sur le fleuve. — *Argentoratum* (aujourd'hui Strasbourg), plus au S., près du Rhin, résidence d'un Comte militaire, et l'une des fabriques d'armes des Gaules, était remarquable par une victoire qu'y remporta Julien sur huit rois Alemans en 357.

XVII. La Germanie Seconde ou Inférieure, *Germania Secunda* ou *Inferior,* au N.-O. de la Première, s'étendait le long de la rive gauche du Rhin jusqu'à son embouchure. Métropole Cologne, *Colonia Agrippina*, sur les bords du fleuve. Une portion considérable de cette province était déjà occupée par deux tribus de la Confédération des *Francs*, dont nous parlerons plus bas (77) : c'étaient celles des *Francs Ripuaires* et des *Saliens.*—Les *Saliens*, *Salii*, qui avaient franchi le Rhin dans la partie inférieure de son cours, avaient été arrêtés dans leur marche par l'activité et la bravoure de Julien ; mais le jeune César, après les avoir battus, leur avait accordé la permission de s'établir sur les terres dévastées de cette partie de la Gaule, où ils demeurèrent les sujets de Rome jusqu'à l'époque peu éloignée où ils s'élancèrent à la conquête de la Gaule tout entière. — Les *Ripuaires, Ripuarii*, admis, comme les précédents, par les empereurs sur les terres de la Gaule, dans la province que nous décrivons, se montrèrent jusqu'à l'époque même de la grande invasion barbare les gardiens fidèles des rives du Rhin, dont ils disputèrent vivement le passage aux nouveaux envahisseurs de la Gaule.

72. Diocèse de Bretagne. — La Bretagne Romaine, qui comprenait, comme nous l'avons déjà dit, la partie méridionale de la grande île de ce nom jusqu'au *Rempart d'Antonin*, formait un diocèse gouverné par un Vicaire et subdivisé en cinq provinces, dont il est extrêmement difficile d'indiquer la position et les villes principales. Ces provinces étaient : 1° la *Grande Césarienne* ; 2° la *Valentie* ; 3° la *Bretagne Première* ; 4° la *Bretagne Seconde* ; 5° la *Flavie Césarienne.* Les deux premières avaient pour gouverneurs des Consulaires et les trois autres des Présidents. Deux Comtes militaires et un Duc

étaient préposés à la défense de ce diocèse éloigné. Nous en décrirons les provinces en procédant du S. au N.

73. I. La FLAVIE CÉSARIENNE, *Flavia Cæsariensis*, qui devait, à ce que l'on croit, son nom à Flavius Constance Chlore, père de Constantin, occupait probablement le S.-O. de l'île ; mais il est impossible d'en indiquer avec certitude la métropole, qui était peut-être VENTA BELGARUM (aujourd'hui Winchester), qui devait son nom à la nation des *Belges*, la plus puissante de cette partie de la Bretagne, et dont cette ville était la capitale.

II. La BRETAGNE PREMIÈRE, *Britannia Prima*, comprenait tout le S.-E. de l'île, jusque sur les bords du détroit qui la séparait de la Gaule. Métropole DUROVERNUM (aujourd'hui Canterbury ou Cantorbéry), au S.-E. de la province. — *Londres, Londinium*, sur la Tamise, *Tamesis*, tenait déjà dans l'île un rang distingué par suite des richesses qu'elle devait à son commerce.

III. La BRETAGNE SECONDE, *Britannia Secunda*, paraît avoir été formée de la portion occidentale de l'île, comprise entre le bras de mer qui la sépare de l'Hibernie (aujourd'hui Irlande) et le cours de la *Sabrina* (aujourd'hui Severn). On ne peut indiquer avec certitude sa métropole, qui était peut-être ISCA SILURUM (aujourd'hui Caer-Léon), près de l'embouchure de la *Sabrina*, et ancienne capitale de la nation des *Silures*, dont elle portait le nom.

IV. La GRANDE CÉSARIENNE, *Maxima Cæsariensis*, semble avoir compris le pays au N. des deux précédentes. Métropole EBORACUM (aujourd'hui York), au centre de la province, résidence ordinaire du Vicaire de la Bretagne. Les empereurs Septime Sévère et Constance Chlore y séjournèrent aussi assez longtemps et y moururent tous les deux.

V. La VALENTIE, *Valentia*, paraît avoir été la plus septentrionale des provinces du diocèse de Bretagne, et avoir compris tout l'espace renfermé entre le *Rempart d'Adrien* et de Septime Sévère, au S., et celui d'Agricola, relevé et fortifié par Antonin, au N. Elle devait son nom, à ce que l'on prétend, au Comte Théodose, qui, après l'avoir reconquise, la nomma ainsi en l'honneur de Valentinien III; mais elle fut définitivement perdue pour l'Empire en 593.

§ II. MONDE BARBARE A LA FIN DU IVe SIÈCLE *.

74. DIVISION GÉNÉRALE. — Le Monde Barbare, à la fin du IVe siècle de notre ère, pouvait se diviser en trois grandes parties :

---

* Consulter dans mon ATLAS DU MOYEN AGE les cartes de l'*Europe vers la fin du quatrième siècle* et de l'*Europe à la fin du cinq uièm e*

1° les *Contrées septentrionales*, placées au N. de l'Europe et de l'Asie ;
2° les *Contrées situées en Asie*, à l'E. et au S.-E. de l'Empire romain ;
5° enfin les *Contrées de l'Afrique*, qui s'étendaient au S. de ce même
empire. Nous allons les décrire successivement.

I. CONTRÉES SEPTENTRIONALES.

75. CONTRÉES ET NATIONS PRINCIPALES.—Au N. et au N.-E. des
provinces qui formaient l'Empire romain, au delà du Rhin, du Danube, du Pont-Euxin et de la chaîne du Caucase, s'étendent, jusqu'aux rivages des mers qui bornent au N. l'ancien continent, de
vastes plaines en partie couvertes de forêts épaisses. Ces pays immenses, fort peu connus des Anciens, qui en ignoraient les limites,
étaient désignés par eux d'une manière assez confuse sous les vagues
dénominations de *Germanie*, de *Sarmatie* et de *Scythie*. Ils confon-
daient de même, sous les noms de *Germains*, *Sarmates* et *Scythes*,
toutes les peuplades nomades qui erraient dans ces régions sauvages
dont elles se disputaient la possession. Tant que la puissance romaine
subsista dans toute sa force, elle ne s'aperçut qu'à peine des révolutions arrivées dans ces contrées ; mais au IVe siècle de notre ère,
lorsque l'Empire affaibli commençait à ne plus pouvoir protéger ses
frontières, les peuples vaincus dans les luttes qui s'élevèrent entre les
Barbares vinrent chercher un refuge sur les terres des deux Empires,
où l'appât d'un riche butin les fit bientôt suivre par leurs vainqueurs.
A la fin du IVe siècle, toute la partie orientale de ces vastes contrées
venait d'être envahie par les *Huns*, qui, asservissant ou chassant tous
les peuples qui les occupaient, s'y étaient formé un empire dont il est
impossible de déterminer exactement les limites à l'E. et au N. ; mais
la partie occidentale, ou l'ancienne *Germanie*, était restée libre, et
se trouvait partagée entre un grand nombre de nations indépendantes
dont nous allons faire connaître les principales, en les nommant dans
l'ordre où elles se trouvaient rangées de l'O. à l'E. à l'époque qui
nous occupe. Nous décrirons ensuite l'*Empire des Huns*, qui embrassait la plus grande partie de l'ancienne *Sarmatie* et de l'ancienne
Scythie *.

---

* Les élèves qui étudieront cet ouvrage ne devront pas s'étonner des différences assez grandes
qu'il leur offrira pour l'énumération des peuples septentrionaux, s'ils le comparent avec le
Précis de l'histoire du moyen âge de M. Desmichels. Cet auteur a cru devoir indiquer à la fois
tous les peuples d'origine Germanique, Slave ou Scythique, quelle que soit l'époque à laquelle
ils sont devenus célèbres ; nous avons dû nous borner à nommer ici ceux qui avaient quelque
célébrité à l'époque de la grande invasion. On remarquera aussi de notables différences entre la
description du *Monde Barbare*, telle que nous la donnons ici, et celle que nous en avons présentée dans notre *Géographie historique ancienne*, chiffres 1212 et suivants : la raison en est que
les époques auxquelles se rapportent ces deux descriptions sont tout à fait différentes, quoique
séparées par moins d'un quart de siècle. Pendant la première, les *Goths* dominent dans le
Monde Barbare occidental ; pendant la seconde, nous verrons les *Huns*, leurs farouches vainqueurs, s'étendre au loin sur les débris de leur empire renversé.

GERMANIE.

76. SON ÉTENDUE. — La Germanie s'étendait depuis les côtes de l'océan Germanique (aujourd'hui mer d'Allemagne) et du vaste golfe qu'il forme, et auquel les anciens donnaient le nom de *Codanus Sinus* (aujourd'hui mer Baltique), au N., jusqu'aux rives du Danube, au S. Elle avait le Rhin pour limite, à l'O., et était séparée de la Sarmatie, à l'E., par la Vistule. On considérait ordinairement comme en faisant partie la péninsule nommée *Chersonèse Cimbrique* (aujourd'hui Jutland), et même celle qui était désignée sous le nom de *Scandinavie* (aujourd'hui Suède et Norvége) par les Anciens, qui la regardaient comme une île de l'Océan septentrional.

77. PEUPLES QUI L'HABITAIENT. — Les peuples les plus remarquables qui habitaient la Germanie avant l'invasion des Barbares dans l'Empire étaient de l'O. à l'E. :

Les FRISONS ou FRISIENS, *Frisii*, au N.-O. de la Germanie (aujourd'hui la partie occidentale du royaume des Pays-Bas), entre l'océan Germanique et le lac *Flevo*, traversé par une des branches du Rhin, et qui est devenu depuis le golfe du Zuider-Zée ;

Les FRANCS, *Franci*, au S.-E. des Frisons (aujourd'hui la province prussienne du grand-duché du Bas-Rhin, avec les duchés de Hesse et de Nassau), confédération puissante formée d'un grand nombre de peuples de la Germanie occidentale, et parmi lesquels se distinguaient, outre les *Saliens* et les *Ripuaires*, dont nous avons déjà parlé (71), les Chamaves, *Chamavi*, les Sicambres, *Sicambri*, les Bructères, *Bructeri*, les Attuariens, *Attuarii*, qui couvraient la rive droite du Rhin, et les Cattes, *Catti*, plus reculés dans l'intérieur[*].

Les ALEMANS, *Alemanni*, dans l'angle S.-O. de la Germanie (aujourd'hui le grand-duché de Bade et le royaume de Wurtemberg), autre confédération de peuples germains, parmi lesquels se distinguaient les *Usipiens*, *Usipii*, au N. de la Lippe, *Luppia*; les Tenchtères, *Tenchteri*, au S. de la même rivière; les *Bucinobantes*, sur les bords du Main, *Mœnus*, et les Juthonges, *Juthungi*, ou Vithonges, *Vithungi*, vers les sources du Danube. Tous ces peuples s'étaient signalés par de continuelles incursions dans la Gaule, d'où ils avaient été constamment repoussés jusqu'à la fin du IVe siècle.

Les HERMONDURES, *Hermunduri*, qui continuaient à habiter à l'E. des Alemans (dans le centre du royaume actuel de Bavière). Ils sont plus connus par les relations commerciales qu'ils entretenaient avec l'Empire Romain que par leurs exploits guerriers.

---

[*] Consulter, pour de plus amples détails sur tous ces peuples, la *Géographie historique ancienne*, chiffres 1211 et suivants.

78. Les SAXONS, *Saxones*, qui étaient encore une confédération
de peuples originaires des contrées entre le *Codanus Sinus* et l'Elbe
(aujourd'hui duché de Holstein, au Danemark, et territoire de Hambourg). Mais depuis que la Confédération Franque avait commencé
à déborder sur la Gaule, ils avaient eux-mêmes franchi l'Elbe, et occupant les terres que celle-ci abandonnait, ils s'étaient étendus sur
les deux rives du Wéser et jusque sur les bords du Rhin inférieur, se
mêlant aux populations restées dans ces contrées, où ils ne tardèrent
pas à dominer. Déjà même ils s'étaient, comme les Francs et les Alemans, signalés par leurs incursions dans la Gaule, cette riche proie
alors convoitée par tous les Barbares; mais leur plus grande célébrité ne date que de l'époque, postérieure de plus de trois siècles, où
ils défendirent avec la bravoure la plus opiniâtre leur indépendance
contre Pépin le Bref et Charlemagne.

Les ANGLES, *Angli*, qui devaient encore rester plus d'un siècle et
demi établis à l'entrée de la Chersonèse Cimbrique (aujourd'hui Jutland), qu'ils finirent par quitter alors pour voguer à la conquête de
la grande île qui a pris leur nom, tandis que leurs obscurs voisins les
JUTES, *Jutæ*, demeurèrent paisiblement confinés dans le fond de cette
même péninsule, qui conserve encore aujourd'hui le leur.

Les VARINS, *Varini*, ou VARNES, *Varni*, qui continuaient à habiter * les rivages du golfe *Codanus* ou mer Baltique (dans l'O. de
la Poméranie actuelle).

Les RUGIENS, *Rugii*, leurs voisins à l'E. (dans l'E. de la Poméranie actuelle, près du rivage de laquelle se trouve l'île de Rugen, à
laquelle ils ont laissé leur nom). Il ne paraît pas qu'ils eussent encore,
à l'époque dont nous parlons, quitté les bords de la Baltique, comme
ils le firent peu de temps après, pour aller chercher de nouvelles demeures dans la contrée qui prit d'eux le nom de *Rugiland* ou Pays
des Rugiens **, et située entre les montagnes méridionales du *Boiohemum* (la Bohême actuelle) et le Danube (aujourd'hui la partie N.-E.
du royaume de Bavière et le N. de l'archiduché d'Autriche).

79. Les SUÈVES, *Suevi*, qui avaient occupé toute la Germanie centrale (aujourd'hui toutes les provinces centrales du royaume de Prusse,
les principautés de Saxe, etc.), qui avait pris d'eux le nom de SUÉVIE,
Suevia (qui se conserve dans celui de la Souabe, province située toutefois plus au S.-O. que le pays anciennement habité par les Suèves).
Leur confédération, longtemps la plus puissante de la Germanie, se
trouvait complétement dissoute à la fin du ive siècle, par suite de la

---

* Procope, *Rer. goth.* lib. II.
** Paul Warnefrid, lib. I, c 19.

dispersion des peuples divers dont elle se composait. Ceux qui conservaient ce nom, réduits à une nation peu considérable, habitaient alors au voisinage des Alemans et des Bourguignons (dans une partie du pays qui a pris d'eux le nom de Souabe).

Les LANGOBARDS ou LONGOBARDS, *Longobardi*, plus célèbres sous le nom de *Lombards*, n'avaient pas encore quitté les rives occidentales de l'Elbe (aujourd'hui la province prussienne du Brandebourg), où ils étaient peut-être venus de la Scandinavie.

80. Les BURGONDES, *Burgundi*, ou BOURGUIGNONS, *Burgundiones*, plus au S.-O. En effet, poussés par les Goths, ils s'étaient éloignés des bords de la mer Baltique et de la Vistule pour se rapprocher du Rhin, qu'ils avaient même déjà franchi pour tenter de s'emparer des riches provinces de la Gaule orientale, qu'ils surent conquérir peu après l'époque qui nous occupe, et qui durent à la civilisation déjà assez avancée de cette tribu suévique un sort plus heureux que les autres contrées envahies par les Barbares. Au IVe siècle, ils étaient continuellement en guerre avec les Alemans, aux dépens desquels ils s'étaient établis dans la Germanie occidentale, et auxquels ils disputaient surtout la propriété des sources de la *Saala*, dont les propriétés salines justifient l'importance que les peuples riverains ont de tout temps attachée à leur possession *.

Les MARCOMANS, *Marcomanni*, au S.-E. des Bourguignons; ils étaient venus des sources du Danube s'établir dans le pays appelé *Boiohemum* (aujourd'hui la Bohême), d'où ils avaient chassé les *Boïens*, *Boii*, qui, reçus sur les terres de l'Empire, dans la Rhétie IIe, lui firent prendre le nom de *Boiaria* (aujourd'hui Bavière méridionale).

Les VINDILES, *Vindili*, dont le berceau semble avoir été séparé par le Viadrus (Oder actuel) de celui des Bourguignons, qui étaient, suivant Pline **, une de leurs tribus. — Ils l'avaient, comme eux, quitté depuis longtemps; mais il nous est assez difficile, au milieu de l'obscurité où nous laissent à leur égard les auteurs contemporains, de suivre les traces de cette nation, qui semble toutefois avoir pris de grands et rapides accroissements, et qui, mêlée, à ce qu'il paraît, avec celle des VÉNÈDES ou *Vendes*, *Venedi*, des bords de la Vistule, avec laquelle elle avait peut-être une commune origine, donna naissance au peuple célèbre des VANDALES, *Vandali*, qui occupaient au IVe siècle une grande partie de la Germanie méridionale jusqu'au voisinage du Danube. Ils étaient alors divisés en deux grandes tribus principales, les *Vandales Silinges*, qui avaient déjà des établisse-

---

* Ammien Marcellin, lib. XXVIII, c. 5. Tacite, *Annales*, lib. XIII, c. 57.
**, Pline, *Hist. nat.*, lib. IV, c. 14.

ments sur les terres de l'Empire Romain, dans la province de la Valérie (45), et les *Vandales Astinges*, plus au N.-E., dans l'ancienne
Dacie.

81. Les QUADES, *Quadi*, au S.-E. des Marcomans (dans le N.-O.
de la Hongrie actuelle), au milieu de montagnes qui les faisaient diviser en *Riverains* (vers le Danube) et *Ultramontains*, *Transjugitani**
(peut-être dans la Silésie autrichienne actuelle). Unis aux Vandales,
aux Sarmates et aux autres Barbares du voisinage, ils se signalèrent
par leurs incursions passagères sur les terres de l'Empire, mais ils ne
paraissent pas d'une manière remarquable dans la grande invasion.

Les SARMATES, *Sarmatæ*, ou JAZYGES, surnommés *Métanastes*,
Jazyges Metanastæ, pour les distinguer d'autres Jazyges qui étaient
restés dans la Sarmatie, leur commune patrie. Établis entre le Tibiscus (aujourd'hui la Theiss) et le Danube (dans le centre de la Hongrie actuelle), ils furent aussi un des peuples qui assaillirent le plus
fréquemment l'empire d'Occident dans les deux derniers siècles de
son existence.

82. Les LYGIENS, *Lygii*, au N. des précédents (dans la Silésie
prussienne, le S. du grand-duché de Posen et la partie S.-O. du
royaume actuel de Pologne), autre confédération de peuples germains, qui sont à peine nommés à l'époque qui nous occupe, mais
que l'on voit reparaître un peu plus tard dans la géographie du
Moyen Age, sous le nom de *Leckes* ou Lèches (V. chiffre 106).

Les GÉPIDES, *Gepidæ*, au S.-E. des Lygiens, dans l'angle S.-E.
de la Germanie (la Gallicie actuelle), au pied des monts Carpathes
(aujourd'hui Krapacks). Ils formaient, comme on l'a pu voir dans la
Géographie ancienne **, une des grandes divisions de la nation des
Goths (V. chiffre 88).

85. SCANDINAVIE. — La Scandinavie, dont nous ne pouvons passer
ici le nom sous silence, puisque, s'il en fallait croire quelques auteurs, ce serait de cette *fabrique du genre humain*** que se seraient élancés ces flots de barbares qui inondèrent l'Empire Romain,
ne nous est pourtant connue à cette époque que d'une manière fort
confuse. On sait néanmoins qu'elle était divisée, comme toute l'Europe barbare, en une foule de petits royaumes dont nous n'essaierons
pas de reproduire les noms barbares. Les divisions principales de cette
contrée, désignée au temps de la puissance des Goths sous le nom d'*Ey-
Gothland* ou Gothie maritime, étaient, à ce qu'il paraît, l'*Oster-Goth-
land* ou Gothie orientale, le *Vagoth* ou *Wester-Gothland*, Gothie
occidentale; le pays des *Suethans* ou Suédois, au S.; le *Ragnarike*,

---

* Ammien Marcellin, lib. XVII, c. 12.
** Voy. *Géographie historique ancienne*, t. 1, chiffre 1249, page 423.
*** Consulter le savant ouvrage de M. Grabert de Hemso, intitulé : *La Scandinavie vengée
de l'accusation d'avoir produit les barbares qui ont détruit l'Empire Romain*.

entre la Suède et la Norvége ; le *Raumarike*, dans le S. de la Nor-
.vége, et le *Finnaith*, dans la partie septentrionale de la péninsule
que l'on trouve désignée aussi alors sous le nom de *Thule*.

EMPIRE DES HUNS,

ou

SARMATIE ET SCYTHIE.

84. SARMATIE.— On comprenait anciennement sous le nom de *Sarmatie*, qui fut remplacé, peu après l'époque qui nous occupe, par
celui de *Slavie* ou *Slavonie* (106), toutes les contrées comprises
entre la Vistule, à l'O., et le *Rha* (aujourd'hui Volga), à l'E. Elle
se terminait au N. par l'océan Septentrional ou Glacial, dont les
Anciens ignoraient l'éloignement, et au S. par le Pont-Euxin et la
chaîne du Caucase ; elle comprenait de ce côté la *Chersonèse Taurique*, dont l'Empire Romain ne possédait que les villes maritimes.
La partie S.-E., entre le *Tanaïs* (aujourd'hui Don) et le Caucase,
était désignée sous le nom de *Sarmatie Asiatique*, et était occupée,
en grande partie, par la nation des Alains, *Alani*, qui appartenait
à la famille Scythique.

85. SCYTHIE. — On peut voir dans la Géographie ancienne que
les Grecs, et après eux les Romains, comprirent sous le nom de
Scythie toute l'Asie septentrionale, depuis le fleuve du *Rha* (Volga)
jusqu'à l'océan Oriental, qu'ils ne connaissaient que de nom, ainsi
que l'océan Septentrional, qui la bornait au N. Elle se terminait, du
côté du midi, par le fleuve Oxus et par les montagnes où l'Indus et le
Gange prennent leur source. Une autre chaîne de montagnes, qu'ils
désignaient sous le nom de mont *Imaüs*, partageait, suivant eux, la
Scythie en deux parties, l'une *en deçà*, ou à l'O. de l'*Imaüs*, l'autre *au delà*, ou à l'E. de cette même chaîne.

86. EMPIRE DES HUNS. — Le vaste empire fondé par les HUNS,
Hunni, et qui était encore loin d'avoir, à l'époque où nous le décrivons, l'immense étendue qu'il acquit par la suite, comprenait déjà,
à cette époque, la plus grande partie de la Sarmatie (84) et de la
Scythie (85). Originaire, à ce que l'on croit, des contrées situées au
pied des monts Ourals, cette nation, dans laquelle on croit reconnaître quelques-unes des tribus confondues par les Anciens sous la
dénomination générale de *Scythes*, et en particulier celle des *Mas-
sagètes*, était, à l'époque qui nous occupe, partagée en deux grandes
divisions, les *Huns Blancs* ou *Hephthalites*, à l'E. de la mer Caspienne, sur les frontières du nouvel empire des Perses, qu'ils déso-
lèrent à plus d'une reprise par leurs incursions, et les *Huns* proprement dits, connus aussi sous le nom de la *Horde Noire*. Ces derniers, partis, vers l'an 574, des contrées qui les avaient vus naître,

pour faire la conquête des régions occidentales, avaient renversé le
puissant empire fondé depuis deux siècles, entre le *Tanaïs* (aujour-·
d'hui Don) et la Vistule, par la grande nation des *Goths*, et avaient
soumis ou chassé devant eux ce peuple et tous ceux qui lui obéissaient, jusqu'à la Theiss, *Tibiscus*, qui paraît avoir été, à cette époque, la limite occidentale de leur empire, dont il est impossible de
fixer l'étendue du côté du N. Au S., il touchait le Caucase, le Pont-
Euxin et le Danube.

87. PEUPLES QUI LUI OBÉISSAIENT. — Parmi les peuples que les
Huns avaient soumis à leur obéissance, en faisant les conquêtes dont
nous venons de parler, il faut citer surtout, en suivant l'ordre dans
lequel eurent lieu ces conquêtes :

Les AKATZIRES, *Akatziri*, qui habitaient entre le fleuve *Atel* ou
Rha (aujourd'hui Volga) et le *Tanaïs*, et qu'ils emmenèrent avec
eux dans leurs expéditions.

Les ALAINS, *Alani* (84), nation regardée comme Scythe d'origine,
mais qui n'était peut-être que les restes des anciens *Sauromates* ou
Sarmates. Ils erraient avec leurs troupeaux dans les vastes plaines
sablonneuses qui s'étendent au N. de la chaîne du Caucase. A l'arrivée des Huns, et après avoir vainement essayé de les repousser,
une partie de la nation s'enfuit vers les montagnes, où leurs descendants subsistent encore sous le nom d'*Ossètes*, tandis que les autres, s'enrôlant parmi les vainqueurs, marchèrent avec eux à la
conquête de nouvelles demeures.

88. Les GOTHS, *Gothi*, peuple d'origine germanique, qui domi-
naient, comme nous venons de le dire, dans l'ancienne Sarmatie, où
ils s'étaient partagés en trois grandes divisions : les OSTROGOTHS
ou *Goths Orientaux*, à l'E. du Borysthène (aujourd'hui Dniepr);
les VISIGOTHS, à l'O. du même fleuve; et les GÉPIDES ou trai-
neurs, dans l'E. de la Germanie (82). Ces derniers n'avaient pas
encore subi le joug des Huns à la fin du IVe siècle. Les *Ostrogoths*, attaqués les premiers et vaincus dans une grande bataille,
s'étaient soumis aux vainqueurs pour conserver leurs terres; mais les
Visigoths, après une résistance plus vigoureuse encore sur le *Dana-
pris* (aujourd'hui Dniestr) et sur l'*Hiérasus* (Pruth), s'étaient divisés, et tandis que les plus braves avaient cherché, avec leur roi Atha-
naric, un refuge pour leur indépendance dans les montagnes du *Cau-
caland* (proprement les Carpathes actuels), le reste, fuyant vers les
rives du Danube, avait imploré de la pitié de l'empereur Valens un
asile sur les terres de l'Empire Romain, qu'ils avaient plus d'une fois
ravagées. Cette fois, ils y avaient été reçus en suppliants au nombre
d'un million environ, et s'étaient établis dans la *Dacie d'Aurélien* (34), dans les deux *Mœsies* (31 et 34), où ils reçurent le nom

de *Mœsogoths*, et même dans la *Thrace* (50). Il fallut toute la puissance de Théodose pour triompher des révoltes de ces hôtes dangereux, dont l'audace fit trembler jusqu'à la capitale de l'Empire.

89. Parmi les nations de la Sarmatie qui passèrent du joug des Goths sous celui des Huns, nous pouvons nommer :

Les JAZYGES, riverains du Tanaïs ;

Les ROXOLANS, *Roxolani* (ancêtres des Russes), qui habitaient les rives orientales du Borysthène ;

Les GÉLONS, *Geloni*, vers l'embouchure du même fleuve ;

Les HÉRULES, *Heruli*, chassés par les Huns des rivages du Palus-Méotide, et qui se trouvèrent ainsi forcés de se rapprocher du Danube ;

Les PEUCINS, *Peucini*, les TAÏFALES, *Taïfali*, et les SCYRES, *Scyri*, le long de la rive gauche du bas Danube ;

Les VANDALES ASTINGES enfin, *Vandali Astingi* (80), qui, après être venus former des établissements sur les rivages du Pont-Euxin, les avaient abandonnés, pour aller camper sur les bords de la Theiss, en attendant le moment de la grande invasion qui devait donner à tous ces peuples de nouvelles demeures.

90. Parmi ceux qui étaient, à ce qu'il paraît, restés indépendants des Huns à l'époque qui nous occupe, on cite :

Dans la Sarmatie septentrionale :

Les VÉNÈDES ou VINIDES, *Venedæ* ou *Vinidi*, habitants des bords du golfe où se jette la Vistule, auquel ils avaient fait donner le nom de golfe des Vénèdes, *Venedicus sinus*. Après la chute de l'Empire des Goths, ils devinrent, sous le nom de *Vendes*, la nation la plus puissante et la plus célèbre de la Sarmatie, et s'étendirent même sur la partie orientale de la Germanie.

Les GALINDES, *Galindæ*, et les SUDINS, *Sudini* ou *Sudeni*, au S.-O. du golfe Vénédique (aujourd'hui golfe de Dantzig).

Les BORUSCES, *Borusci*, au N. des Sudins (dans l'ancienne Prusse Royale), où leurs descendants habitent encore aujourd'hui.

Les ESTYENS, *Estyi*, au N.-E. des Borusces, et qui n'ont jamais quitté non plus les rivages où Tacite nous les montre occupés à recueillir le succin ou ambre jaune (aujourd'hui la province russe de l'Estland ou Esthonie).

91. Dans la Tauride :

La branche de la nation gothique connue sous le nom de GOTHS TÉTRAXITES, *Gothi Tetraxitæ*, qui occupait toute la partie méridionale de la presqu'île, dont les villes maritimes, et particulièrement CHERSON, sur la côte S.-O., et THÉODOSIE, *Theodosia* (aujourd'hui Caffa), sur la côte S.-E., restèrent en relation de commerce avec l'Empire Romain.

Les Zickhes, *Zickhi*, habitants de la côte N.-E. du Pont-Euxin; les Lazes, *Lazi*, dans l'ancienne Colchide; les Ibères, *Iberi*, et tous les autres peuples du Caucase, conservaient également leur indépendance.

II. CONTRÉES ASIATIQUES.

92. Leur nombre. — Parmi les contrées de l'Asie connues des Romains, qui les comprenaient dans le *Monde Barbare*, et sans compter les peuplades arabes des Sarrazins ou Sarracènes, *Sarraceni*, qui déjà avaient commencé à ravager les frontières orientales de l'Empire, nous en avons seulement à nommer deux, savoir: l'*Arménie*, au N.-E. des possessions romaines, et l'*Empire des Perses*, au S.-E.

93. L'Arménie ou Grande Arménie, *Armenia Major*, distinguée par ce surnom de la Petite, *Minor*, comprise dans l'Empire Romain, formait au S. de la chaîne du Caucase un état, ou plutôt une sorte de confédération assez puissante, que les Romains avaient aidé à s'affranchir, quoique imparfaitement, du joug des Perses. — Artaxate, *Artaxata* (aujourd'hui Ardek), sur l'*Araxes*, en était à cette époque la ville la plus importante.

94. L'Empire des Perses, rétabli depuis moins de deux siècles sur les ruines de la puissance des *Parthes*, comprenait toutes les contrées qui s'étendent de la mer Érythrée au S. jusqu'au fleuve *Iaxartes* au N., et de l'Indus à l'E. jusqu'au Tigre et à l'Euphrate à l'O. Les accroissements que ses souverains s'efforçaient sans cesse de lui donner de ce dernier côté les tenaient en hostilités continuelles avec l'Empire Romain; ils avaient pour capitale la double ville de Séleucie, sur la rive occidentale du Tigre, et de Ctésiphon, fondée vis-à-vis, sur la rive opposée du fleuve, par les Parthes, pendant le cours de leur domination dans ces contrées (Al Madaïn, ou les deux villes, est le nom que l'on donne aux ruines de ces deux cités, dont les débris ont servi à bâtir celle de Bagdad).

III. CONTRÉES AFRICAINES.

95. Peuples divers. — Les peuples de l'Afrique qui avaient échappé à la domination romaine avaient trop peu d'importance, et leur situation respective, à l'époque qui nous occupe, nous est trop peu connue, pour que nous tentions d'en faire une énumération tout à fait dépourvue d'intérêt. Renvoyant donc, pour ce qui concerne cette partie du monde, à la Géographie ancienne [*], nous nous bor-

---

[*] *Voir dans le t. 1 de cet ouvrage, chiffres 1240 et suiv., page 435.*

nerons à dire que les montagnards de l'Atlas, restes des populations
indigènes refoulées dans ces montagnes par tous les conquérants de
la côte africaine, continuaient de nourrir un esprit d'indépendance
qui ne s'est jamais éteint parmi eux, et qui éclatait dans leurs fré-
quentes incursions sur les terres de l'Empire.

CHAPITRE III.

EUROPE.

SA GÉOGRAPHIE POLITIQUE A L'AVÉNEMENT
DE JUSTINIEN Ier.

96. DIVISIONS GÉNÉRALES. — A l'époque où Justinien Ier monta
sur le trône de l'Empire d'Orient, l'an 527 de notre ère, ce que l'on
pourrait appeler la première période de la grande invasion barbare
se trouvait accompli, et déjà l'on comptait en Europe jusqu'à treize
états plus ou moins importants, fondés par les peuples qui avaient
pris part à cette invasion, sans parler des contrées occupées par des
peuplades encore sauvages, et restées jusqu'alors indépendantes, ni
de celles qui demeuraient soumises à l'Empire d'Orient. Ces quatorze états se trouvaient distribués dans les différentes parties de
l'Europe de la manière suivante, savoir : 1° Quatre dans l'Europe
septentrionale, qui étaient : I. les *îles Britanniques*, où nous trouverons quatre royaumes fondés par les *Saxons*, et plusieurs contrées
restées indépendantes; II. la *Germanie Indépendante;* III. la *Slavie*,
à laquelle nous joindrons la *Scandinavie;* IV. enfin le royaume des
Bulgares ou *Wolochs*, qui s'étendait jusqu'au delà des limites orientales de l'Europe. — 2° Cinq dans l'Europe centrale, savoir : V. les
royaumes des *Francs;* VI. le royaume de *Bourgogne;* VII. celui de
Thuringe; VIII. celui des *Lombards;* IX. celui des *Gépides;* — 5° Enfin, cinq dans l'Europe méridionale, qui sont : X. le royaume des
Visigoths; XI. celui des *Suèves;* XII. celui des *Ostrogoths;* XIII. celui des *Vandales*, qui avait son siége en Afrique, mais qui s'étendait
sur plusieurs des grandes îles de l'Europe méridionale; XIV. enfin,
l'*Empire d'Orient*, auquel les deux états précédents furent réunis
pendant le cours du règne de Justinien Ier. Comme ces importantes
conquêtes amenèrent une modification importante dans la géographie politique de l'Europe à cette époque, nous en indiquerons le
résultat, après avoir décrit successivement, à l'époque de l'avénement de ce même empereur, les quatorze états dont nous venons
de donner les noms.

§ I. EUROPE SEPTENTRIONALE.

97. DIVISION. — Les îles Britanniques, par lesquelles nous commençons la description de l'Europe septentrionale, nous présentent, au commencement du VI⁰ siècle, quatre contrées restées indépendantes, quatre royaumes fondés par les Saxons de la Germanie (105), et quelques autres contrées occupées en partie par le même peuple.

98. CONTRÉES INDÉPENDANTES. — Les pays demeurés indépendants étaient :

I. L'HIBERNIE ou *Irlande,* la plus occidentale des deux grandes îles Britanniques, partagée en plusieurs royaumes, que la propagation du christianisme rendait assez florissants, quoiqu'ils fussent presque continuellement en guerre les uns contre les autres. — TÉAMOR, sur la côte orientale, était la capitale de celui de MEATH ou *Midia,* dont les souverains jouissaient d'une sorte de suprématie sur les autres petits rois, qu'ils réunissaient souvent en assemblée nationale. — ARMAGH, ville située vers le N. de l'île, fait remonter au milieu du V⁰ siècle la fondation de son église par saint Patrick, l'apôtre de l'Irlande. Cette ville porta d'abord les noms de *Domnach-Mor* et *Doum-Salich.*

99. II. Le royaume des SCOTS, à l'extrémité N.-O. de la Grande-Bretagne et dans les petites îles voisines ; il était habité par un peuple montagnard qui se livrait à la chasse et à l'éducation des troupeaux. Son souverain, Fergus, qui, l'an 500, réunit tous les clans ou toutes les tribus de ce pays, résidait au milieu des lacs qui couvraient une partie de ses états (auj. lacs d'Argyle).

100. III. Le royaume des PICTES, au S.-E. du précédent ; il avait pour habitants un peuple qui s'adonnait à la culture de la terre. La résidence de son roi était vers l'embouchure du *Tay.*

101. IV. Le royaume de CAMBRIE ou KYMRU, le long des côtes occidentales de la Bretagne, habité par les Cambriens, qui prétendaient être venus dans l'île, des extrémités orientales de l'Europe, et gouvernés à cette époque par le roi Arthur, si célèbre dans les romans de chevalerie. — CAER-MARTHEN, au S., près du golfe de la *Severn,* paraît avoir été à cette époque une des principales villes de l'île. — CAER-LÉON, plus à l'E., près du même fleuve, tenait le premier rang dans le pays des *Silures,* le plus illustre des peuples de la Cambrie, et paraît avoir été la résidence du roi Arthur. — BADON-HILL ou *Mont-Badon* (près de Bath), avait été illustré en 520 par une victoire remportée sur les Saxons par ce prince, intrépide défenseur de l'indépendance des Cambriens. —Le monastère de BANGOR ou *Banchor,* au

N., célèbre dans l'histoire de la Bretagne, mais regardé à tort par les habitants de cette île comme le plus ancien du monde, paraît toutefois avoir existé à cette époque.

102. ROYAUMES SAXONS. — Les quatre royaumes fondés par les Saxons dans les contrées méridionales, c'est-à-dire dans la partie la plus fertile et la plus riche de l'île, et que nous nommons ici dans l'ordre où ils furent fondés, étaient :

103. I. Le royaume de KENT, fondé en 455, sur les côtes S.-E. de l'île, par une colonie saxonne qui avait obtenu, quelques années auparavant, un établissement dans la petite île de *Thanet*, formée, à l'extrémité S.-E. de la Bretagne, par la mer et par les deux bras d'une rivière qui vient s'y jeter en cet endroit. — CANTERBURY était la capitale de ce royaume. — *Aylesford*, situé plus à l'O., est remarquable par la victoire que les Saxons y remportèrent sur les Bretons, et qui les mit en possession du royaume de Kent.

II. Le royaume de SUS-SEX ou de la Saxe méridionale, fondé en 490 par une autre colonie saxonne conduite par un chef nommé Ælla, qui était venu prendre terre non loin de l'île de *Wight*. — CHICHESTER paraît en avoir été la capitale.

104. III. Le royaume de WES-SEX ou de la Saxe occidentale, fondé vers l'an 516 ou 519 par Cerdic, qui avait conquis depuis la fin du siècle précédent une partie du territoire dont se composa ce nouvel état. Il était compris entre le Sus-Sex et le Cornouailles, et s'étendait à peu près jusqu'à la Severn au N.-O. — WINCHESTER, à l'E., en était la capitale.

IV. Le royaume d'ES-SEX, ou de la Saxe orientale, fondé en 526 ou 527 par Erkewin, ne fut qu'un démembrement de celui de Kent, dont la partie septentrionale devint ainsi un état indépendant qui eut LONDRES pour capitale.

La NORTHUMBRIE, située, comme son nom l'indique, au N. de l'*Humber*, et où les Angles fondèrent plus tard un royaume, était aussi, à la fin du Ve siècle, occupée, ainsi que le royaume breton de *Galloway*, par des pirates saxons.

II. GERMANIE INDÉPENDANTE.

105. PEUPLES REMARQUABLES. — Toute la partie septentrionale de la Germanie était, au commencement du VIe siècle, occupée par des peuples qui n'étaient pas encore constitués en monarchie. On remarquait parmi eux :

Les FRISONS, *Frisii*, à l'O., vers les embouchures du Rhin ;

Les SAXONS (78), que n'avaient point affaiblis les colonies envoyées dans la Bretagne ; ils occupaient toujours les rives du Weser et de l'Elbe ;

Les Angles (78), habitant au N. des Saxons, et dont la nation allait bientôt émigrer tout entière dans la Bretagne, à laquelle elle devait laisser son nom ;

Les Jutes (78), au N. de la Chersonèse Cimbrique ou *Jut-Land*, terre des Jutes ;

Les Danois, *Dani*, qu'on trouve nommés pour la première fois à cette époque, et qui habitaient probablement les îles de la Baltique ;

Les Varnes (78), sur les rivages de la Baltique ;

Les Vénèdes ou Vendes (80), peuple slave qui s'était étendu à cette époque sur toute la Germanie orientale.

III. SLAVIE.

106. Peuples remarquables. — Le nom de *Sarmatie* disparaît entièrement de l'histoire vers l'an 474, pour être remplacé par celui de Slavie ou *Slavonie*. Les peuples slaves, *Slavi* ou *Sclavi*, dont le nom signifie *braves* ou *illustres*, sont divisés dès le principe en trois tribus principales, savoir :

I. Les Vendes, *Venedi, Wenedi* ou *Winuli* (90), qui paraissent s'être mêlés avec la nation connue des historiens sous le nom de *Lèches* ou *Leckes* (82). Ils couvraient tous les rivages S.-E. de la mer Baltique et s'étendaient dans la Germanie jusqu'à l'Elbe supérieur.

II. Les Antes, au S.-E. des Slaves, entre les monts Carpathes et le Dniestr.

III. Les Sclavines ou Slovènes, *Sclavini*, à l'E. On connaît dès le Ve siècle, dans les contrées qu'ils occupaient, deux villes célèbres : —Kiev, au S., sur le *Dniepr*, fondée, suivant les annales polonaises, l'an 450 de J.-C. ; — Novgorod, au N., près du lac *Ilmen*, dont la fondation paraît remonter à la même époque, et qui devint le chef-lieu d'une puissante république. La portion de cette nation devenue célèbre sous le nom d'*Esclavons* était, à l'époque qui nous occupe, campée sur les rives de la Theiss.

107. Contrées septentrionales. — Au N. de la Slavie s'étendaient les contrées habitées par les nations finniques, auxquelles les Slaves donnaient le nom de *Tchoudes*, qui signifie *étrangers*.

La Scandinavie, qu'on trouve désignée à cette époque sous le nom de *Thule*, continuait à nourrir, outre les Suédois ou *Suéthans*, et les restes des *Goths* de l'E. (82), les pirates des côtes occidentales, qui se rendirent si célèbres sous le nom de *Northmans*.

IV. ROYAUME DES BULGARES.

108. Position et étendue. —Dans la seconde moitié du Ve siècle, les Bulgares ou *Volochs*, regardés comme originaires de la Tartarie,

paraissent dans l'Europe orientale, où ils semblent vouloir remplacer
les Huns. Au commencement du siècle suivant, ils s'étendent depuis
les bords de la *Kama*, affluent du *Volga*, fleuve auquel quelques
auteurs prétendent qu'ils devaient leur, nom, jusqu'aux rives du
Danube inférieur, qu'il leur arrive souvent de franchir, et deviennent
ainsi pour l'Empire d'Orient de redoutables voisins.

§ II. EUROPE CENTRALE.

V. ROYAUMES DES FRANCS.

109. ÉTENDUE DE LA MONARCHIE A LA MORT DE CLOVIS. — A
l'époque de la mort de Clovis, le royaume des Francs s'étendait de-
puis les embouchures du Rhin, au N., jusqu'aux Pyrénées, au S., et
depuis l'océan Atlantique, à l'O., jusque vers le confluent de l'Inn,
Ænus, avec le Danube, à l'E. Il comprenait ainsi toute l'ancienne
Gaule, à l'exception des rivages de la Méditerranée, occupés par les
Goths, et du pays compris entre la Loire et les Alpes, soumis aux
Bourguignons; mais il embrassait en outre tout le S.-O. de la Ger-
manie, habité par la confédération des Alemans, que la victoire de
Tolbiac avait rendus sujets ou du moins tributaires des Francs.

110. PROVINCES ET VILLES REMARQUABLES. — La manière la
plus naturelle de faire connaître les diverses parties qui composaient
l'Empire des Francs est de les présenter dans l'ordre de leur réunion
successive à cet Empire.

La MÉNAPIE, petite contrée renfermée entre la mer et l'Escaut, et
couverte de forêts et de marécages (les territoires de Tournay,
Bruges, Gand et Ypres), était, à l'avénement de Clovis, le seul territoire possédé par la tribu des *Francs Saliens*, auxquels il comman-
dait; mais ils ne devaient pas se contenter longtemps de cette petite
contrée, l'une des plus froides, des plus incultes et des moins fertiles
de la Gaule. — TOURNAY était la résidence de Childéric, père de
Clovis.

111. D'autres tribus Franques occupaient les contrées environ-
nantes, et, quoique leurs territoires n'aient été réunis aux États de
Clovis qu'à la fin du règne de ce prince, qui fit massacrer leurs chefs
pour s'en emparer, nous les nommerons de suite, pour ne pas mor-
celer les contrées déjà possédées par les Francs à cette époque.

Les BORDS DU RHIN INFÉRIEUR étaient occupés par les *Francs
Ripuaires*, dont COLOGNE était la capitale. — *Tolbiac* (aujourd'hui
Zulpich), au S.-O. de cette ville, est célèbre par la victoire rem-
portée par Clovis sur les Alemans en 496.

L'ancien PAYS DES MORINS (les territoires de Thérouanne et de

Boulogne), entre les Francs Saliens et le détroit des Gaules, était possédé par les Francs de Cararic, prince qui régnait à THÉROUANNE.

Le PAYS DES NERVIENS (le territoire de Cambray), riche et fertile contrée, au S. de la précédente, était tombé au pouvoir d'un autre chef franc, Ragnacaire, parent de Clovis, qui avait fixé sa résidence à CAMBRAY.

Le PAYS DES CÉNOMANS (le territoire du Mans), beaucoup plus au S. et dans l'intérieur même de la Gaule, paraît avoir été, vers la fin du règne de Clovis, le domaine d'un chef franc, parent du roi de Cambray; mais nous ignorons si cette tribu s'était fixée dans ces contrées après les conquêtes de Clovis, ou au temps des incursions de Childéric sur les bords de la Loire.

112. La GAULE ROMAINE, la première des parties de la Gaule dont s'empara Clovis, se réduisait alors à une contrée de peu d'étendue comprise entre la Somme et la Seine, et composée, à ce que l'on croit, des territoires de SOISSONS, REIMS, PROVINS, SENS, TROYES, CHALONS-SUR-MARNE et AUXERRE. La première de ces villes était la résidence des Patrices romains, devenus les souverains héréditaires de cette province, qui n'était plus que de nom soumise à l'Empire. Ce fut à trois lieues au N. de cette ville que fut livrée, en 486, la bataille qui la fit passer sous la domination du jeune chef des Francs, dont elle devint la capitale jusqu'à l'époque où il transporta sa résidence à PARIS, qui semble avoir été à cette époque compris dans la confédération Armoricaine (115), mais qui fut une des premières villes qui ouvrirent leurs portes au conquérant des Gaules. — La plaine entre Châlons-sur-Marne et Méry-sur-Seine, connue sous le nom de *Champs Catalauniques*, est célèbre par la défaite d'Attila.

115. La TONGRIE est la contrée mal à propos désignée sous le nom de *Thuringe* ou *Thoringie* par des auteurs ignorants qui font franchir le Rhin à Clovis pour aller conquérir la Thuringe de Germanie (123). Celle dont il s'empara dans la dixième année de son règne était l'ancien pays des *Tongres* (territoire de Liége, de Namur et de Malines), qui séparait les Francs Saliens des Ripuaires.

114. Les BORDS DU RHIN SUPÉRIEUR, depuis *Mayence* jusqu'à *Bâle* (aujourd'hui la Bavière Rhénane et les départements du Bas-Rhin et du Haut-Rhin), étaient occupés par les ALEMANS, *Alemanni*, qui s'étaient peu avancés dans l'intérieur de la Gaule, mais qui possédaient dans la Germanie des contrées assez vastes jusque vers le confluent de l'Inn avec le Danube (la Franconie et la Souabe). La victoire remportée par Clovis à Tolbiac (111) fit passer ces contrées sous la domination des Francs.

115. La GAULE ARMORICAINE, que la conversion de Clovis à la religion chrétienne, à la suite de la victoire dont nous venons de parler,

engagea à se ranger sous ses lois, avait une étendue bien plus considérable que l'ancienne *Armorique* proprement dite. Cette dernière
ne comprenait que la péninsule de la Bretagne, tandis que la confédération Armoricaine avait été formée par toutes les cités gauloises
d'entre la Seine et la Loire, qui, ne trouvant plus de protecteurs
dans les Romains, s'étaient, pendant les invasions des Barbares,
unies ensemble pour la défense commune. On ne peut fixer avec certitude l'étendue de cette fédération, mais il est certain qu'elle s'é-
tendait jusque dans le centre de la Gaule. Quant à la péninsule même
de l'Armorique, elle était depuis quelque temps occupée par des *Bretons*, qui, forcés à abandonner l'île de la *Grande-Bretagne*, leur patrie, étaient venus chercher un refuge sur cette terre habitée par un
peuple de même origine qu'eux, et à laquelle on donna depuis cette
époque le nom de *Petite Bretagne*. — Parmi les cités confédérées, on
croit pouvoir citer : — ROUEN, sur la Seine ; — BAYEUX, AVRAN-
CHES, CHARTRES, ANGERS et RENNES, entre la Seine et la Loire ; —
ORLÉANS, sur la Loire, défendue contre Attila par son évêque,
saint Aignan, qui se mit à la tête des habitants ; — TOURS et NANTES,
sur le même fleuve ; — VANNES, sur la côte de l'Océan, qui étaient
alors les villes les plus remarquables de cette partie des Gaules.

116. L'AQUITAINE, la dernière et la plus importante des conquêtes
de Clovis dans la Gaule, comprenait toutes les belles contrées renfermées entre la Loire et les Pyrénées. Elles étaient occupées, depuis un
siècle, par les Visigoths, lorsque la bataille livrée dans le *champ de
Voclade*, à trois lieues au S. de Poitiers, et dans laquelle périt leur
roi Alaric II, leur coûta cette riche portion de leurs conquêtes et ne
leur laissa plus dans la Gaule que la *Septimanie*. — BOURGES et
CLERMONT, à quelque distance des bords de la Loire ; — BORDEAUX
et TOULOUSE, sur les rives de la Garonne ; — EAUSE, au S. de ce
même fleuve, tenaient le premier rang parmi les villes de l'Aquitaine.

117. DIVISIONS DE L'EMPIRE FRANC A L'ÉPOQUE DE L'AVÉNE-
MENT DE JUSTINIEN. — A la mort de Clovis, la vaste monarchie qu'il
avait fondée avait été, suivant la coutume usitée chez tous les peuples
germaniques, partagée par ses quatre fils en quatre royaumes, qui
subsistaient encore à l'époque où Justinien monta sur le trône de
l'Empire d'Orient *. Des limites, assez difficiles à retrouver aujourd'hui, leur avaient été respectivement assignées. Il faut remarquer au surplus que chacun de ces quatre royaumes se composait de
deux parties distinctes : l'une située entre la Loire et le Rhin, où les

* Clodomir, roi d'Orléans, était mort en 524 ; mais ses frères paraissent n'avoir exécuté sur
ses enfants que plusieurs années après, et peut-être seulement en 533 ou 534, l'assassinat à la
suite duquel ils se partagèrent ses états.

Francs étaient établis depuis la conquête de Clovis; et l'autre formée d'une portion de l'Aquitaine, contrée nouvellement enlevée aux Visigoths, où les Francs n'étaient encore établis qu'en petit nombre, mais trop précieuse par sa fertilité et la richesse de ses produits pour que chacun des copartageants ne tînt pas à en avoir une part. Les quatre royaumes étaient :

118. I. Celui de Soissons, au N.-O.; il paraît s'être étendu depuis les environs de cette capitale, au S., jusqu'à la mer, au N.-O., et jusqu'aux embouchures de la Meuse et du Rhin, au N.-E.—Outre sa capitale, première résidence de Clovis après sa conquête, on y distinguait encore les villes de Tournay, qui avait été la résidence de Childéric, père de Clovis; de Thérouanne et de Cambray, anciennes capitales de deux petits rois francs massacrés par Clovis (111); d'Amiens et de Laon.

Dans l'Aquitaine, dont il possédait la partie centrale, les villes principales paraissent avoir été : — Limoges et Périgueux.

119. II. Le royaume de Paris, au centre et à l'O.; car il paraît s'être étendu depuis la Somme jusqu'au delà de la Garonne, en y comprenant la portion occidentale de l'Aquitaine, qui lui était échue en partage, mais en laissant au S.-E. le royaume d'Orléans (120). — Outre Paris, dont Clovis avait fait la capitale de son royaume, on y remarquait : —Melun, Meaux, Rouen, Évreux, Rennes, Vannes et Nantes ; et dans la portion de l'Aquitaine qui lui appartenait : — Poitiers, à trois lieues au S. de laquelle se trouvait le *champ de Voclade*, où s'était livrée la bataille qui coûta aux Visigoths la vie de leur roi, Alaric II, et la possession de l'Aquitaine; — Saintes et Bordeaux.

120. III. Le royaume d'Orléans, au S. Cet état, qui paraît avoir été le moins vaste, s'étendait sur les deux rives de la Loire, depuis Auxerre jusqu'à Angers. Outre ces deux villes et la capitale, on y distinguait encore : — Le Mans, ancienne capitale d'un petit roi franc égorgé par ordre de Clovis (111), et Tours; et dans l'Aquitaine : — Bourges, et peut-être quelques villes de la portion la plus méridionale.

121. IV. Le royaume de Metz, enfin, le plus étendu des quatre, comprenait toutes les provinces orientales de l'Empire des Francs, depuis Cologne, l'ancienne capitale des Francs Ripuaires (111), située sur les bords du Rhin, jusqu'à Toulouse, naguère encore la riche capitale du puissant royaume des Visigoths, sur les rives de la Garonne. Il possédait de plus, sur la rive droite du Rhin, la *vieille France*, berceau des conquérants de la Gaule, et peut-être même les contrées occupées par les *Alemans* tributaires (114).—Outre Metz, sa capitale, et les deux villes nommées plus haut, on peut citer dans

ce vaste royaume : — TOLBIAC, illustré par la victoire de Clovis sur les Alemans ; — TRÈVES ; — CHALONS-SUR-MARNE, au S. de laquelle se trouvaient les *Champs Catalauniques*, où était venue échouer la puissance du redoutable Attila ; — TROYES ; — CLERMONT ; — CAHORS ; — RHODÈS et ALBY.

VI. ROYAUME DE BOURGOGNE.

122. ÉTENDUE, DIVISIONS ET VILLES PRINCIPALES. — Le royaume de Bourgogne, dont Clovis avait vainement tenté la conquête, mais qui, à l'époque où nous en parlons, s'écroulait sous les coups des fils de ce prince, s'était étendu, pendant plus d'un siècle, des Alpes à la haute Loire, et des sources de la Saône aux rivages de la Méditerranée ; mais la conquête de la *Provence* par les Ostrogoths, sous Théodoric, lui avait donné ce peuple pour voisin du côté du S. comme du côté du S.-E. La loi commune aux peuples germains, et d'après laquelle tous les enfants d'un roi avaient un droit égal à sa succession, occasionna dans les États Bourguignons, comme dans ceux des Francs, plusieurs partages, dans lesquels on voit figurer comme capitales de petits royaumes particuliers : — GENÈVE, à l'endroit où le Rhône sort du lac Léman ; — BESANÇON, plus au N.-O., sur le Doubs ; — CHALONS, sur la Saône, au S.-O. de Besançon ; — LYON, au confluent de la Saône et du Rhône, la plus grande ville et la véritable capitale de la Bourgogne à cette époque ; — VIENNE, plus au S., sur la rive gauche du Rhône ; — AVIGNON, plus au S. encore que cette dernière ville, est remarquable par le siége inutile qu'en fit Clovis dans sa première guerre contre les Bourguignons. Cette guerre avait commencé par une victoire remportée par les Francs sur les bords de l'*Ouche*, petite rivière qui va se jeter dans la Saône après avoir passé au pied du château de DIJON.

VII. ROYAUME DE THURINGE.

123. POSITION ET CAPITALE. — Le royaume de Thuringe, formé, suivant quelques auteurs, dans la contrée habitée par les *Hermondures* (77), paraît s'être étendu sur les deux rives du Wéser supérieur jusqu'au cours de l'Elbe, à l'E. — SCHIDINGI (aujourd'hui Scheidungen) en était la capitale.

VIII. ROYAUME DES LOMBARDS.

124. POSITION. — Au commencement du VIe siècle, les Lombards, qui ont joué, vers la fin de ce même siècle, un rôle si important dans l'histoire de l'Europe, possédaient sur la rive gauche du Danube un territoire assez vaste qui s'étendait depuis le *Marqus* (aujourd'hui March ou Morava), affluent du Danube, à l'O., jusqu'au *Tibiscus* (aujourd'hui la Theiss), à l'E. — On n'y connaît à cette époque aucune ville importante.

IX. ROYAUME DES GÉPIDES.

125. POSITION ET VILLES REMARQUABLES. — Le royaume des
Gépides, rendu à l'indépendance par la victoire que remporta Arda-
ric, roi de ce peuple, sur les Huns, dans la Pannonie, s'étendait, au
S.-E. de celui des Lombards, jusqu'à la chaîne des monts Carpathes,
qui le bornait au N.-E.; le Danube le séparait, au S., de celui des
Ostrogoths et des terres de l'Empire d'Orient. Il comprenait ainsi une
grande partie de l'ancienne *Dacie* et le pays occupé autrefois par les
Jazyges Métanastes ou *Sarmates* (81), dont le nom disparaît de l'histoire depuis cette époque.

§ III. EUROPE MÉRIDIONALE.

X. ROYAUME DES VISIGOTHS.

126. ÉTENDUE. — Les Visigoths, conduits en Italie par Alaric,
en Gaule et en Espagne par son frère Athaulf, avaient fondé dans
ces deux dernières contrées un royaume qui, à l'arrivée des Francs
dans la Gaule, embrassait toute la partie de ce pays comprise entre
la Loire et le Rhône, et même la Provence, et s'étendait sur l'Espagne
presque tout entière.—TOULOUSE était alors la capitale de cette vaste
monarchie. La bataille connue sous le nom de bataille de *Vouillé*,
mais qui paraît avoir été réellement livrée dans le *champ de Voclade*,
à trois lieues au S. de Poitiers, resserra ces vastes limites, et ne laissa
plus aux Visigoths, dans la Gaule, que la côte de l'ancienne Narbonaise Première (69), qui prit alors le nom de *Septimanie* ou *Gaule
Gothique*. Leurs possessions d'Espagne restèrent intactes et conti-
nuèrent à comprendre cette vaste péninsule presque entière, à l'exception de l'angle N.-O., dans lequel ils avaient confiné les *Suèves* (128).
La côte comprise entre l'océan Aquitanique ou Cantabrique et le
prolongement de la chaîne des Pyrénées, était habitée par les *Can-
tabres* et les *Vascons* ou Gascons, qui étaient par le fait indépendants,
quoique regardés par les Visigoths comme leurs sujets.

127. VILLES REMARQUABLES. — Parmi les villes des contrées soumises aux Visigoths, on peut citer :

Dans la *Septimanie*, les sept villes qui lui avaient fait donner ce
nom, et qui étaient, dit-on : — NARBONNE, qui devint, après la
perte de Toulouse, la capitale de la monarchie. — CARCASSONNE, où
Clovis assiégea Gésalic, fils naturel d'Alaric II, tué à la bataille du
champ de Voclade, et dont il avait été élu le successeur. — ELNE,
BÉZIERS, MAGUELONNE, LODÈVE et NÎMES.

Dans l'*Espagne* même : — BARCELONE, sur la côte de la Méditerranée : Athaulf y fut assassiné peu de temps après son arrivée en
Espagne, et Gésalic, qui y avait cherché un refuge, fut défait dans

les environs par Ibbas, général de Théodoric le Grand. — TARRA-
GONE et CARTHAGÈNE, sur la côte de la même mer ; — TOLÈDE,
sur le Tage ; — MÉRIDA, sur l'Anas ; — CORDOUE et SÉVILLE, sur
le Bætis, continuaient à tenir le premier rang entre les villes de ce
pays.

XI. ROYAUME DES SUÈVES.

128. ÉTENDUE ET VILLES PRINCIPALES.—Le royaume des Suèves,
fondé en 408 ou 409 dans l'ancienne *Gallécie* ou Galice (66), que ce
peuple partagea d'abord avec les Vandales, s'étendait, au commencement du VIᵉ siècle, depuis la côte de l'océan Cantabrique, au N.,
jusqu'au Durius (aujourd'hui Douro), au S., et de l'océan Atlantique,
à l'O., jusqu'au delà de la ville de *Léon*, à l'E. On distinguait parmi
ses villes principales : BRACARA ou BRAGA, au S.-O., qui en était la
capitale ; — ASTURICA ou ASTORGA, au N.-E. de Braga.

XII. ROYAUME DES OSTROGOTHS.

129. ÉTENDUE. — Au moment où Justinien monta sur le trône,
Théodoric, le fondateur et le plus illustre souverain de la monarchie
des Ostrogoths, venait de mourir laissant à son petit-fils un royaume
qui entourait les rivages de la mer Adriatique et de la mer de Toscane,
et qui s'étendait des rives du Danube, au N., jusqu'à la pointe la plus
méridionale de la Sicile, et des bords du Rhône, à l'O., jusqu'à ceux
de la Save, vers son embouchure dans le Danube, où ses limites touchaient à l'E. celles de l'Empire d'Orient.

130. PROVINCES ET VILLES REMARQUABLES. — Cette vaste étendue de pays se composait de provinces qui avaient appartenu à l'Empire d'Occident, et auxquelles Théodoric avait généralement conservé
leurs noms et leurs limites. Ces provinces étaient du N.-O. au S.-E. :

131. La PROVINCE D'ARLES, appelée quelquefois aussi *Province de
Marseille*, et désignée plus tard sous le nom de *Provence*, composée
de toute la portion de la Gaule comprise entre le Rhône, la Durance,
les Alpes et la mer. Théodoric en avait formé, en 511, une nouvelle
Préfecture des Gaules, dont il rétablit le siége à ARLES, à la grande
satisfaction des habitants, qui regrettaient les priviléges que leur
ville avait possédés sous les Romains ; il avait vaincu les Francs dans
les environs de cette ville en 507. — En 523, cette partie des états de
Théodoric s'était encore accrue, par suite d'une cession faite par le
roi de Bourgogne, Gondomar II, de la *Provence Septentrionale*,
située au N. de la Durance, et où l'on distinguait les villes de *Car-
pentras, Orange, Digne* et *Valence*.

La RHÉTIE MÉRIDIONALE, désignée sous le nom de *Rhétie Ostro-
gothique*, pour la distinguer de la Rhétie Septentrionale, sur laquelle
les Francs avaient étendu leur domination.

152. L'ITALIE tout entière, conquise par Théodoric sur Odoacre, roi des Hérules, à la suite de trois batailles livrées, l'une sur les bords du *Sontius*, petite rivière qui tombe dans le fond de la mer Adriatique ; la seconde auprès de *Vérone*, au N.-E. de l'Italie ; et la dernière sur les bords de l'*Adda*, affluent du Pô. Ses villes les plus importantes étaient :

RAVENNE, située dans une position extrêmement forte au milieu des lagunes de la côte de la mer Adriatique. Après avoir servi d'asile aux derniers empereurs Romains et à Odoacre, qui se rendit après un siége de deux ans, elle était devenue la capitale du royaume des Ostrogoths et la résidence habituelle de Théodoric, auquel sa fille Amalasonte fit élever un tombeau dont la voûte est formée d'une seule pierre de 54 pieds de diamètre.

ROME, qui, après avoir déjà été prise et pillée par les Visigoths en 410, par les Vandales en 455, et occupée enfin par les Hérules, fut prise une quatrième fois par les Ostrogoths ; mais Théodoric la traita avec les égards que méritait son titre d'ancienne capitale du monde, et lui conserva son sénat et ses magistrats.

Outre ces deux villes, on peut encore citer parmi les plus remarquables de l'Italie à cette époque :

MILAN, dont les habitants reçurent avec empressement Théodoric, qui mena camper son armée dans les plaines de PAVIE ; — VÉRONE, sur une montagne voisine de laquelle ce même roi fit bâtir un palais dont on retrouve encore les ruines immenses ; — SPOLÈTE, dans l'Italie centrale ; — TERRACINE et NAPLES, sur la côte occidentale : Théodoric s'était fait bâtir un palais sur une montagne voisine de la première. — TARENTE, sur le golfe de son nom. — COSENZA enfin, dans la péninsule du S.-O., sur le petit fleuve *Crathis*, qui y reçoit une petite rivière nommée le *Barentin* ou *Busentin* (aujourd'hui Bussento), dans le lit duquel les compagnons d'Alaric creusèrent le tombeau de leur chef, mort dans cette ville pendant son invasion en Italie.

La SICILE reconnaissait aussi les lois de Théodoric, qui donna en dot à Thrasimond, roi des Vandales, époux de sa sœur Amalafride, la ville de LILYBÉE, située sur la côte occidentale, et la première ville de l'île après SYRACUSE, qui en était toujours la capitale.

155. L'ILLYRIE OCCIDENTALE, comprenant toutes les provinces que renfermait l'ancien diocèse du même nom, formait la partie orientale des États de Théodoric, qui y fit réparer quelques-unes des villes que les ravages de la guerre avaient dévastées. — Parmi ces villes on distinguait : BOIODURUM (aujourd'hui Innstadt), sur le haut Danube ; — SISCIA (aujourd'hui Sisseck), sur la Save ; — SALONE, près de la côte de l'Adriatique.

XIII. ROYAUME DES VANDALES.

154. POSSESSIONS EUROPÉENNES. — Les Vandales, maîtres de toute la côte septentrionale de l'Afrique, depuis l'océan Atlantique jusqu'à la Grande Syrte, avaient aussi étendu leur domination sur toutes les grandes îles de la Méditerranée. Mais le temps n'était plus où Genseric, sortant sur sa flotte du port de CARTHAGE, devenue la capitale de ce nouvel empire, abandonnait aux vents le soin de pousser ses vaisseaux vers les rivages dont Dieu voulait punir les peuples ; ses faibles successeurs se défendaient avec peine contre les Maures de l'Atlas, qui leur avaient déjà arraché toute la côte depuis *Tingis* jusqu'à *Césarée*. Thrasimond avait abandonné la *Sicile* à Théodoric, dont il redoutait la puissance, et qui lui rendit, comme nous l'avons dit, le port de LILYBÉE, en lui donnant sa sœur en mariage. Les îles BALÉARES, la CORSE et la SARDAIGNE étaient donc, avec cette ville, les seules possessions qui restassent aux Vandales en Europe. Il paraît que la dernière de ces îles était considérée comme un lieu d'exil, puisque Thrasimond y relégua jusqu'à deux cent vingt évêques.

XIV. EMPIRE D'ORIENT.

155. ÉTENDUE. — A l'avénement de Justinien Ier, l'Empire d'Orient, qui devait recevoir sous ce prince d'importants accroissements, conservait à peu près les mêmes limites qui lui avaient été assignées à l'époque où s'était opéré le partage de l'Empire Romain ; c'est-à-dire, du côté de l'Europe, le Danube, la Save, le Drin noir, la Barbana et les mers qui entourent la grande péninsule Hellénique. Il possédait de plus la côte méridionale de la *Chersonèse Taurique*, dont l'intérieur était, comme nous l'avons vu précédemment (94), occupé par une tribu gothique connue sous le nom de *Goths Tétraxites.*

156. PROVINCES ET VILLES REMARQUABLES. — Les divisions provinciales de la portion de l'Empire située en Europe étaient aussi restées les mêmes, et se composaient toujours des trois diocèses de *Thrace*, appartenant à la préfecture d'Orient ; de *Dacie* et de *Macédoine*, qui formaient la préfecture d'*Illyrie*. Ces trois diocèses avaient aussi conservé leur subdivision en dix-sept provinces, dont les métropoles étaient, après CONSTANTINOPLE, les villes les plus importantes de cette partie de l'Empire. Nous rappellerons seulement comme les plus célèbres : ADRIANOPLE, PHILIPPOPOLIS et MARCIANOPOLIS, dans le diocèse de Thrace ; — THESSALONIQUE, DYRRACHIUM et CORINTHE, dans celui de Macédoine ; — SARDIQUE, dans celui de Dacie.

157. LIMITES DE L'EMPIRE A LA MORT DE JUSTINIEN. — A la

mort de Justinien, l'Empire d'Orient conservait encore, au N., à l'E. et au S., les mêmes limites qu'il avait à l'avénement de ce prince; mais à l'O. ces limites avaient été reculées, par les conquêtes de Bélisaire et de Narsès, en Europe, jusqu'aux Alpes et jusqu'aux extrémités occidentales de la mer Méditerranée, et, en Afrique, jusqu'aux rivages de l'océan Atlantique. De plus, toutes les places importantes du midi de l'Espagne, depuis le détroit d'Hercule jusqu'aux environs de Valence, étaient occupées par les troupes de l'Empire. La frontière du N. ou du Danube avait été munie de cinquante-deux nouvelles forteresses; toutes les anciennes avaient été réparées, ainsi que la *Longue Muraille* bâtie par Anastase, dans une longueur de dix-huit lieues, de la Propontide au Pont-Euxin, pour la défense et à douze lieues en avant de Constantinople, qui n'en fut pas moins attaquée, sous le règne même de Justinien, par les Bulgares et les Slaves.

158. ACCROISSEMENTS. — Les contrées comprises dans ces limites et qui avaient été ajoutées à l'Empire sous le règne de Justinien étaient les suivantes, savoir :

159. En Europe :

1° La partie méridionale de l'ancien diocèse de l'ILLYRIE OCCIDENTALE jusqu'au cours de la Save au N. — RAGUSE, port sur la mer Adriatique, y fut bâti sous ce règne par les habitants de l'ancienne ville d'*Épidaure*, détruite par les Slaves à la même époque. La préfecture d'Illyrie, à laquelle fut réunie cette nouvelle province, reçut alors pour capitale : — JUSTINIANA PRIMA (aujourd'hui Giustendil), ville magnifique, qui s'éleva, par les ordres de Justinien, sur l'emplacement du village de *Tauresium*, où ce prince avait reçu le jour.

2° L'ITALIE, conquise par Bélisaire et Narsès, après une guerre de dix-huit ans, pendant laquelle ROME fut prise et reprise cinq fois par les Romains et les Barbares. — MILAN, la ville la plus considérable de l'Occident après Rome, fut aussi prise et ravagée par les Goths dans le cours de cette guerre. — RAVENNE fut également plusieurs fois prise et reprise. — TAGINES, *Tagina*, où se donna la bataille qui décida du sort de l'Italie et de la monarchie des Ostrogoths, était située assez loin au S. de cette ville. — NAPLES avait, dès le commencement de la guerre, été prise par Bélisaire, au moyen d'une surprise.

La SICILE, avec sa capitale *Syracuse*; la Sardaigne, capitale *Cagliari*; la CORSE, et même les îles BALÉARES, étaient aussi retombées au pouvoir de l'Empire.

140. En AFRIQUE, les souverains de Byzance avaient reconquis toutes les anciennes possessions de l'Empire d'Occident depuis la

Grande Syrte jusqu'à l'océan Atlantique, et CARTHAGE avait cessé d'être la capitale des Vandales pour redevenir la métropole de cette portion de l'Empire. — *Tricamarum*, où se livra la bataille qui décida du sort de l'Empire des Vandales, était à six lieues au N.-O. de Carthage. Quant au mont PAPPUA, situé, dit un auteur, à l'extrémité de la Numidie, et sur le sommet inaccessible duquel Gélimer alla vainement, après sa défaite, chercher un refuge, dans la forteresse de *Medenus*, il est impossible d'en fixer la situation avec exactitude.

Après la défaite des Vandales, Justinien eut, pendant plusieurs années, à combattre les populations indigènes de l'Atlas, qui s'efforcèrent de profiter du changement de domination qui venait de s'opérer dans ces contrées, pour recouvrer leur indépendance.

CHAPITRE IV.

EUROPE.

SA GÉOGRAPHIE POLITIQUE APRÈS L'INVASION DES AVARES ET DES LOMBARDS *.

INDICATIONS GÉNÉRALES. — Quoique l'invasion des Avares et des Lombards, qui s'est accomplie de l'an 558 à l'an 574 de notre ère, ne soit séparée que par un espace de moins d'un demi-siècle de l'époque à laquelle nous avons décrit l'Europe, cette nouvelle invasion apporta dans la géographie politique de cette partie du monde une perturbation assez grande pour que nous croyions nécessaire d'en faire connaître les résultats. Toutefois, les détails circonstanciés que nous avons donnés, à l'époque précédente, sur tous les royaumes alors existant en Europe nous permettront de nous borner à indiquer rapidement les changements survenus en Europe entre cette époque et la fin du VIᵉ siècle.

§ I. EUROPE SEPTENTRIONALE.

141. ILES BRITANNIQUES. — Les Iles Britanniques avaient éprouvé de grands changements politiques depuis le commencement du VIᵉ siècle.

Dans l'HIBERNIE, les divers petits royaumes devenaient de plus en plus florissants, surtout par suite de la propagation du christia-

---

* Consulter dans mon ATLAS DU MOYEN AGE la carte de l'*Europe a la fin du Sixième siècle*.

nisme, qui continuait à s'y étendre de plus en plus, sans toutefois faire cesser les guerres intestines qui continuaient à les déchirer. Nous n'avons du reste aucun changement important à y signaler.

142. Les royaumes des Scots et des Pictes, dans le nord de la Grande-Bretagne, conservent toujours à peu près les mêmes limites. — La petite île de Hii (aujourd'hui I-Colm-Kill ou Iona), située près de la côte occidentale de la Scotie, devint célèbre dans la seconde moitié du vie siècle par un monastère fameux qu'y fonda saint Colomban, l'apôtre de ces contrées.

Les anciens Bretons demeurent encore en possession de la côte occidentale de l'île, c'est-à-dire des pays connus sous les noms de *Cumberland*, de *Galles* et de *Cornouailles* ; mais de nouveaux états ont été fondés dans la partie orientale par suite d'une nouvelle invasion.

143. ROYAUMES ANGLAIS.—De nouveaux conquérants, les Angles, partis des rives de l'Elbe et de la Baltique, où nous les avons vus séjourner longtemps (78 et 105), sont venus débarquer sur les côtes de la grande île à la partie méridionale de laquelle ils devaient donner leur nom. Ce peuple y a fondé (de l'an 554 à l'an 584) trois nouveaux royaumes qui complétèrent le nombre des sept dont se composa ce que l'on est convenu d'appeler l'*Heptarchie*, et que nous nommerons ici dans l'ordre de leur fondation.

Le premier, celui de NORTHUMBRIE ou *Northumberland*, ainsi nommé de sa position au N. de l'Humber, avait été fondé en 547 par le chef des Angles Idda, qui avait pris terre à *Flamborough*, sur la côte à l'E. d'York. Ce royaume comprenait toutes les contrées situées au N. de l'Humber jusqu'à la Tweed, et se divisa, en 560, en deux états séparés par la *Clyde* : celui de *Deïre*, au S., et celui de *Bernicie*, au N., qui furent de nouveau réunis par la suite. — YORK (75) était la capitale du Deïre et de toute la Northumbrie. — BAMBOROUGH, fort bâti par Idda, sur la côte, à quelque distance de l'embouchure de la Tweed, paraît avoir été celle de la Bernicie.

Le royaume d'EST-ANGLIE, sur la côte, au N.-E. de celui d'Essex, occupé d'abord par une colonie d'Angles venus de la Northumbrie. Il fut érigé en royaume indépendant par Offa, en 571 : capitale, NORWICH, au N.-E.

Le royaume de MERCIE ou de *Merk* *, c'est-à-dire de la frontière, ainsi nommé parce qu'il s'étendait sur toutes les contrées du centre de la Grande-Bretagne jusqu'à la frontière du pays resté aux

---

* La fondation de ce dernier royaume est de quelques années postérieure à la conquête Lombardie ; mais nous avons cru devoir l'ajouter ici pour compléter la géographie de l'Heptarchie Anglo-Saxonne.

Cambriens indépendants. Ce royaume, le plus puissant et le plus vaste de l'*Heptarchie*, fut fondé, en 584, par Crida, qui choisit pour capitale LINCOLN, ancienne colonie romaine, au N.-E.

144. AUTRES ÉTATS DU NORD. — Les autres États du N. de l'Europe n'avaient éprouvé depuis le commencement du siècle aucun changement notable. — Dans la Scandinavie, les royaumes DANOIS et SUÉDOIS commençaient à prendre une forme plus régulière; c'est à peu près à cette époque que l'on fait remonter la fondation de LEÏRE ou de *Lethra*, dans l'île de *Séeland*, première capitale du Danemark, et celle de SIGTUNA, bâtie par Odin, sur un golfe du lac Mælar, et considérée aussi comme la première capitale de la Suède.

§ II. EUROPE CENTRALE.

145. ROYAUME DES FRANCS. — Le royaume des Francs avait reçu depuis l'époque précédente des accroissements considérables par la conquête que firent les fils de Clovis de la THURINGE en 531, et de la BOURGOGNE en 534, et par la cession que leur fit de la PROVENCE le roi des Ostrogoths Vitigès, en 555.

Pendant que les Lombards s'établissaient en Italie, la monarchie des Francs, que Clotaire Ier, l'un des fils de Clovis, avait possédée seul de l'an 558 à l'an 562, et qui, à sa mort, avait été partagée entre ses quatre fils, se réduisait, par la mort de l'un d'eux, à trois royaumes.

Mais les limites de ces trois États étaient tracées d'une manière si bizarre, qu'il est impossible de les indiquer d'une manière complète. Nous avons déjà vu que les rois Mérovingiens, sans songer à donner à leurs États des frontières continues et d'une défense facile, ne s'inquiétaient que de réunir chacun dans leur lot, à peu près en nombre égal, les établissements Francs et les domaines royaux répandus surtout dans les contrées comprises entre la Seine et le Rhin. L'Aquitaine fut partagée irrégulièrement entre les trois rois, qui y possédaient chacun un duché séparé du reste de leurs États. La ville de PARIS, déjà trop importante pour qu'aucun des trois rois consentît à la céder aux autres, était restée indivise entre les trois frères. Nous essaierons d'indiquer la position et les possessions principales de chacun de ces trois royaumes.

146. Celui de SOISSONS, qui commence à cette époque à être nommé *Neustrie* ou *Westrie*, c'est-à-dire royaume de l'Ouest, *Wester-Reich*, comprenait toutes les contrées qui s'étendent le long de la mer depuis l'embouchure de la Loire jusqu'à celle du Rhin. La *Bretagne*, dont le comte avait été battu par Clotaire Ier, était censée comprise dans ce royaume; mais elle était par le fait à peu près indépendante. Une très-faible portion de l'Aquitaine septentrionale était

restée au roi de Soissons , dépouillé par celui d'Austrasie de la partie
S.-O. de cette province, qu'il avait d'abord possédée; mais si son lot
dans cette province se trouvait devenu ainsi bien moins considérable
que celui de ses frères , il avait au moins l'avantage de n'être séparé
du reste de son royaume que par le cours de la Loire dans sa partie
inférieure. — Le duché de *Dentélénus* ou *Dentelini*, qui faisait partie
de ce royaume , et dont il est plusieurs fois question dans les partages entre les rois Mérovingiens, paraît avoir été composé d'une partie
de la côte comprise entre les embouchures de la Seine et de la
Somme. — SOISSONS était à cette époque la capitale du royaume de
Neustrie, qui portait aussi le nom de cette ville.

147. Le royaume d'AUSTRASIE, ou royaume de l'Est, *Oster-
Reich* *, comprenait, outre la France orientale, les nouvelles conquêtes faites au delà du Rhin , et de plus la ville et le territoire d'A-
VRANCHES, sur la côte du royaume de Soissons, et tout le N., l'E.
et le S. de l'Aquitaine, c'est-à-dire les territoires de *Tours*, de *Poitiers* et de *Limoges*, toute l'*Auvergne*, les villes et les territoires de
Rhodez, d'*Alby*, de *Cahors*, de *Toulouse*, de *Comminges*, de *Con-
serans*, du *Béarn*, d'*Aire* et de *Bordeaux*. Il paraît même que plusieurs villes de la Provence, telles qu'*Avignon* et *Aix*, et la moitié de
celle de *Marseille*, faisaient aussi partie de l'Austrasie. Sigebert, roi
de ce pays, sentant la nécessité de se rapprocher de ses provinces
d'outre-Rhin, transporta sa résidence royale de *Reims*, ancienne capitale de cette partie de la France, mais qui était située presque sur
la frontière de la Neustrie, à METZ, sur la Moselle, qui devint ainsi
la capitale de l'Austrasie. — ANDELOT, *Andelaüs*, au S.-O. de cette
ville, est remarquable dans l'histoire des Francs par le traité de 587,
qui fixa les limites entre l'Austrasie et la Bourgogne , et dans lequel
on croit retrouver les premières traces de l'hérédité des fiefs.

148. Le royaume de BOURGOGNE, nommé aussi d'*Orléans* et de
Bourgogne, parce qu'il comprenait les deux états qui avaient porté
primitivement ces noms, s'étendait en outre sur le territoire de *Melun* et sur la *Provence*, et de plus sur toute la portion de l'*Aquitaine*
qui formait les territoires de *Saintes*, *Angoulême*, *Périgueux* et
Agen. Son roi, Gontran , avait choisi pour sa résidence CHALONS-
sur-Saône, dont la position était plus centrale que celle d'*Orléans* et
de *Lyon*, capitales de ses deux royaumes. — EMBRUN, au S.-E. de
Châlons, au pied des Alpes; et ESTOUBLONS, *Staplon*, plus au S.-O.,

---

* Quoique l'orthographe d'*Ostrasie*, adoptée par notre ami M. Desmichels, soit certaine-
ment plus conforme à l'étymologie que celle d'*Austrasie*, communément usitée jusqu'ici, nous
n'avons pas cru pouvoir l'adopter. En effet, si nous écrivons ici *Ostrasie*, nous devrons plus
tard, par une conséquence naturelle et rigoureuse, écrire *Otriche* au lieu d'*Autriche*; et comme
nous n'oserions braver à ce point l'usage, nous avons cru devoir conserver l'orthographe ancienne, tout en reconnaissant la justesse de la rectification proposée par le savant Recteur de
l'académie de Rouen.

sont remarquables par les victoires qu'y remporta, en 569 et 570, le patrice Mummolus, sur les Lombards et sur leurs alliés, les Saxons, lorsque le premier de ces peuples, peu satisfait de ses conquêtes d'Italie, cherchait encore à y ajouter la *Provence*, qu'il réclamait comme une province du royaume des Ostrogoths.

149. EMPIRE DES AVARES. — L'Empire des Avares, qui occupait toute l'Europe centrale et orientale, remplaçait dans ces contrées, vers la fin du VIe siècle, les royaumes des *Lombards*, des *Gépides* et des *Bulgares*, que nous y avons décrits au commencement du même siècle. Chassés des confins de l'Asie par les Turks, ces peuples tartares envahissent successivement le *royaume des Bulgares*, les parties méridionales de la *Slavie* et de la *Germanie*, et particulièrement la *Bohême*, possédée alors par les Vendes, pénètrent jusqu'à la Thuringe en 565, soumettent les *Sorabes* ou *Serbes*, renversent, de concert avec les Lombards, en 567, la monarchie des *Gépides*, dont le territoire leur est abandonné par leurs alliés, qui, en partant pour la conquête de l'Italie, leur cèdent aussi les contrées qu'ils possédaient tant sur la rive gauche du Danube que dans la Pannonie. Nous n'avons à citer aucune ville remarquable dans les pays occupés par ces peuples nomades, dont le Khan ou Kakhan établit son vaste *camp retranché* ou *Ring* entre le Danube et la Theiss.

150. Les parties de la GERMANIE et de la SLAVIE qui avaient échappé au joug des Avares, n'avaient éprouvé, depuis le commencement du siècle, aucun changement notable.

§ III. EUROPE MÉRIDIONALE.

151. PÉNINSULE HISPANIQUE. — La péninsule de l'Espagne ne nous offre à la fin du VIe siècle d'autre changement que la réunion à la monarchie des *Visigoths* du royaume des *Suèves* (128). Nous ferons même remarquer que cette réunion n'eut lieu qu'en 585, douze ans après la conquête de l'Italie par les Lombards.

152. MONARCHIE LOMBARDE. — En Italie, la monarchie Lombarde remplace celle des Ostrogoths, renversée au milieu du VIe siècle par Bélisaire et Narsès; mais elle n'a point d'aussi vastes limites. Renfermés dans celles de l'Italie, les Lombards ne possèdent même pas cette péninsule dans toute son étendue; l'Empire d'Orient y conserve, comme nous le dirons bientôt, de nombreuses enclaves. Les possessions Lombardes étaient divisées en *Duchés*, dont le nombre s'éleva jusqu'à trente-six, et qui étaient administrés par des Ducs qui finirent par se rendre indépendants. Les plus importants de ces Duchés étaient ceux de FRIOUL, au N.-E. de l'Italie; de TOSCANE, à l'O.; de SPOLÈTE, au centre; et de BÉNÉVENT, vers le S. — Ce dernier s'étendait jusque sur les côtes de la mer, au

S.-O. La partie septentrionale du royaume était divisée en deux parties, la *Neustrie*, à l'O., et l'*Austrie*, à l'E. — PAVIE, *Ticinum*, bâtie sur le Tésin à quelque distance de son confluent avec le Pô, et prise par les Lombards après un siège long et difficile, devint la capitale de ce peuple, dont la vaste plaine que traverse le Pô a conservé le nom (aujourd'hui encore la Lombardie). — Parmi les autres villes que les événements de cette époque ont rendues remarquables, on peut citer encore : — FORUM JULII (aujourd'hui Friuli), qui devint la capitale du duché de *Frioul* ; — MILAN (42), dont la conquête fut jugée si importante par les Lombards, qu'ils y proclamèrent Alboin, leur chef, roi d'Italie ; — SPOLETO ou *Spolète*, au centre de l'Italie, capitale du premier duché institué par les Lombards.

153. EMPIRE D'ORIENT. — La conquête de l'Italie par les Lombards avait fait perdre à l'Empire d'Orient une partie des acquisitions qu'il avait faites dans cette péninsule sous le règne de Justinien ; cependant il y conservait encore, à la fin du VIᵉ siècle, les provinces suivantes, savoir :

L'EXARCHAT, qui devait son nom à l'Exarque ou gouverneur envoyé par l'empereur pour administrer les possessions de l'Empire en Italie, et qui résidait à RAVENNE (42) : cette province s'étendait jusqu'au delà d'*Opitergium* (aujourd'hui Oderzo), au N., et comprenait, du N. au S., *Padoue, Adria, Ferrare, Comacchio, Bologne, Imola, Faenza, Forli, Césène*, et de plus la petite province maritime de la PENTAPOLE, qui devait son nom à ses cinq villes principales, *Rimini, Pesaro, Fano, Sinigaglia* et *Ancône*. — VENISE, qui commençait à acquérir de l'importance, était considérée aussi comme une dépendance de l'Empire.

La province des ALPES COTTIENNES (51), qui comprenait à cette époque, outre les contrées montagneuses où l'Apennin se rattache aux Alpes, toute la côte de l'ancienne *Ligurie*, au N.-E. de laquelle se distinguait la ville de GÊNES.

Le DUCHÉ DE ROME, qui comprenait, outre cette ville et son territoire, tout le pays depuis *Pérouse*, au N., jusqu'à *Gaëte*, au S.

Le DUCHÉ DE NAPLES, divisé par les possessions Lombardes en deux parties, dont l'une, au N., renfermait, outre le territoire de Naples, ceux de *Sorrento* et d'*Amalfi* ; et l'autre, au S., comprenait toute la péninsule S.-O. de l'Italie.

La CALABRE, avec l'importante ville de TARENTE, au S.-E. de l'Italie.

La SICILE, avec sa capitale *Syracuse* ; la SARDAIGNE, capitale *Cagliari* ; la CORSE, et même les îles BALÉARES, continuaient aussi d'appartenir à l'Empire.

CHAPITRE V.

EMPIRE MUSULMAN.

SA GÉOGRAPHIE POLITIQUE A L'ÉPOQUE DE L'ÉTABLISSEMENT DU KHALIFAT DE CORDOUE *.

154. ÉTENDUE ET BORNES. — Le mahométisme, né dans un coin de l'Arabie, s'étendit avec rapidité sur une portion considérable des trois parties de l'ancien monde. En moins d'un siècle, les Arabes avaient soumis à ses lois, outre la contrée où il était né, toute la portion de l'Asie qui s'étend depuis la chaîne du Taurus jusqu'au delà de l'Indus, et depuis l'océan Indien jusqu'au Caucase et jusqu'au N. de l'Iaxartes ; dans l'Afrique, ils avaient subjugué l'Égypte et toutes les contrées comprises entre les côtes de la Méditerranée et le Grand Désert : de là, ils avaient pénétré en Europe, où la plus grande partie de l'Espagne était tombée en leur pouvoir ; enfin, ils avaient osé en 752 franchir les Pyrénées, et porter le ravage dans toutes les contrées qui s'étendent du pied de ces montagnes jusqu'à la Loire, lorsque Charles Martel sauva, par la mémorable victoire de *Tours*, la France et toute la chrétienté. A l'époque où ce vaste empire se partagea en deux, par suite de l'établissement du *Khalifat de Cordoue* ou *d'Occident*, l'an 756 de notre ère, il s'étendait depuis les rivages de l'océan Atlantique, à l'O., jusqu'au delà du fleuve Indus, à l'E. ; il avait pour bornes, au S., les déserts de l'Afrique et les bords de l'océan Indien, s'étendait en Europe jusqu'aux Pyrénées, avait pour limites septentrionales, en Afrique, la mer Méditerranée, et en Asie, la chaîne du Caucase, la mer Caspienne, les déserts au N. de l'Iaxartes, et enfin les montagnes de l'Asie intérieure qui bornaient de ce côté l'Empire Chinois.

155. DIVISION. — Afin de suivre, dans la description des contrées qui, au milieu du VIIIᵉ siècle, formaient l'Empire des Arabes, un ordre plus facile à retenir, nous les décrirons dans celui où la conquête les a successivement réunies à cet empire, en commençant par l'Arabie elle-même.

156. L'ARABIE, où Mahomet commença à répandre sa doctrine, était, depuis les temps les plus anciens, habitée par des populations de mœurs et d'habitudes diverses, réparties en un grand nombre de

---

* Consulter, dans mon ATLAS DU MOYEN AGE, les cartes de l'*Europe à la fin du septième siècle* et de l'*Europe à la fin du huitième siècle*, avec le supplément.

tribus distinctes, gouvernées chacune par un *Cheikh* ou chef de famille, et que l'on peut rapporter à deux divisions principales, savoir : 1° les *Arabes Nomades*, connus des Anciens sous le nom de *Scénites*, parce qu'ils campaient sous des tentes, et auxquels s'appliqua spécialement, par la suite, la dénomination de *Sarrasins*, et postérieurement encore celle de *Bédouins*; ils parcouraient avec leurs troupeaux les oasis de l'Arabie septentrionale, où se trouvait le royaume des *Ghassaniens* ou *Ghassanides*, limitrophe de la Syrie, et celles de l'Arabie centrale, désignée sous le nom de *Nedjed*; 2° les *Arabes Sédentaires*, qui habitaient les villes et villages répandus surtout le long des côtes. On pouvait, à l'époque qui nous occupe, distinguer parmi eux deux races : la première était celle des *Agaréniens* ou *Ismaëlites*, descendants d'Ismaël, fils d'Abraham, qui habitaient l'Arabie septentrionale, et étaient en partie idolâtres et en partie juifs ; quelques tribus pratiquaient même le sabéisme ou culte des astres. La seconde race était celle des *Sabéens*, qui occupaient les contrées les plus méridionales et les plus fertiles de l'Arabie, désignées par un géographe ancien sous le nom d'*Arabie Heureuse* *. Cette race, en partie juive et en partie chrétienne, paraît s'être étendue jusque sur les côtes orientales de la péninsule, où se trouvaient, comme dans le midi, plusieurs états assez florissants. A l'époque qui nous occupe, tous ces états avaient embrassé le mahométisme.

157. VILLES PRINCIPALES. — MEKKA ou *La Mekke*, ville située à vingt-trois lieues de la mer Rouge, sur laquelle elle a un port nommé *Djidda*, était la ville la plus importante de la province nommée *Hedjaz*, qui s'étend le long des côtes de la mer que nous venons de nommer. Elle était même considérée par tous les Arabes comme leur ville sainte, et jouissait à ce titre dans toute l'Arabie d'une grande célébrité. Elle la devait surtout à son temple nommé *la Caabah*, dont la fondation est attribuée par les Arabes à Abraham, et dans un des angles de laquelle se trouve la fameuse *pierre noire*, objet de la vénération de ce peuple, qui assure qu'Adam l'avait emportée du paradis terrestre. Quoique Mahomet fût né dans cette ville en 570, et qu'il y eût fait ses premières prédications vers l'an 610, ce fut seulement en 650 qu'elle se soumit à l'autorité du prophète, qui y fut inauguré, sur la colline d'*Al-Safa*, comme souverain spirituel et temporel.

YATHREB ou *Iatrippa*, nommée *Medinet-al-Naby*, la ville du prophète (aujourd'hui Médine), depuis qu'elle eut servi d'asile à Mahomet, forcé de s'enfuir de La Mekke, et située à quatre-vingt-dix lieues au N. de cette dernière ville, en était depuis longtemps la

---

* Nous n'avons pas reproduit ici la division donnée par Ptolémée de l'Arabie en *Arabie Déserte*, *Arabie Pétrée* et *Arabie Heureuse*, parce que cette division, imaginée, à ce qu'il paraît, par ce géographe, n'a jamais été usitée dans le pays auquel elle s'applique. Nous indiquerons plus bas celles qui y sont généralement en usage.

rivale. Elle dut à la circonstance que nous venons de rappeler l'avantage d'être la première capitale de l'Empire des Arabes. On y admire encore la mosquée fondée par Mahomet; elle possède aussi son tombeau et celui de ses successeurs Abou-Bekr et Omar. Les fortifications ou le *Fossé*, *Al-Khandak*, dont il fit entourer la ville en 627, pour la défendre contre une armée nombreuse qui vint l'y assiéger, ont fait donner à cette campagne le nom de *guerre du Fossé*; elle est cependant appelée aussi la *guerre des Nations*.

158. BEDR ou *Beder*, au S.-O. de Médine, dans une vallée voisine de la mer Rouge, fut, en 624, le théâtre de la première victoire qui fut remportée par Mahomet sur ses ennemis, et qui devint le fondement de sa puissance.

Le mont OHOD, à quatre milles, ou un peu plus d'une lieue, au N.-O. de Médine, fut, un an après, témoin d'une défaite qui faillit ruiner le mahométisme à sa naissance.

KHAÏBAR, au N.-E. de Médine, ville forte, habitée par des Juifs, fut, après une vive résistance, emportée d'assaut par Mahomet, qui s'empara de même de toutes les places du royaume juif, dont cette ville était la capitale; mais il y fut empoisonné par une femme, et mourut, trois ans après, des suites de ce poison.

MOUTAH ou *Muta*, nommée aussi *Mothus*, ville de la Syrie méridionale, placée par quelques auteurs au S. de PETRA (11), et par d'autres à l'E. du lac Asphaltite, fut le lieu où les Mahométans remportèrent leur première victoire sur une armée romaine, quoiqu'ils ne fussent, si l'on en croit leurs auteurs, que trois mille contre cent mille ennemis.

La vallée de HONAÏN, à trois milles de La Mekke, est célèbre par la dernière victoire de Mahomet sur les tribus idolâtres de l'Arabie.

DAUMAT-AL-DJANDAL, ville située sur la frontière de l'Arabie, à cinq journées de *Damas* (11), et qui avait déjà été prise par Mahomet en 626, le fut de nouveau par les Mahométans dans la campagne faite en 651, dont le succès entraîna aussi la soumission d'AÏLATH, port à la pointe septentrionale de la mer Rouge.

159. L'importante province nommée YÉMEN, qui occupe les riches contrées du S.-O. de l'Arabie, et qui avait pour capitale SAANAH, nommée aussi *Saba*; celle de BAHREÏN, qui s'étend au N.-E. vers les côtes du golfe Persique; le pays de GHASSAN, appelé aussi royaume des *Ghassanides* ou *Ghassaniens*, au N. du Hedjaz; tout le NEDJED ou Arabie centrale, et particulièrement le puissant royaume de *Yémamah*, au S.-O. du Bahreïn, et enfin les tribus les plus éloignées de l'Arabie, se soumirent successivement à la loi du prophète, de l'an 628 à l'an 651. Déjà même le souverain de l'*Éthiopie* avait embrassé l'islamisme, et les états voisins de l'Arabie, la Perse et l'Em-

pire Romain surtout, voyaient avec inquiétude s'élever cette nouvelle
puissance, lorsque arriva, en 652, la mort du prophète; mais elle ne
devait pas arrêter les progrès rapides de la puissance croissante des
Arabes.

160. Le royaume de HIRA, situé au N.-E. de l'Arabie, au S.-O.
de l'Euphrate, fut le premier dont la conquête illustra, en 655, le
khalifat d'Abou-Bekr, successeur de Mahomet. Ce royaume, nommé
aussi *Irak Babylonien*, et gouverné par les princes Arabes *Al-Mondar*,
sous l'autorité des rois de Perse, avait pour capitale HIRA, ville importante, sur une rivière qui se jette dans l'Euphrate. — AMBAR,
située plus au N., sur l'Euphrate même, tomba aussi au pouvoir des
Musulmans; cette ville devint, en 749, sous le premier des Khalifes
Abassides, mais pour peu de temps, la capitale de l'empire des
Arabes.

161. La SYRIE, c'est-à-dire toute la contrée qui s'étendait au
N.-O. de l'Arabie jusqu'au mont *Amanus*, et depuis les rivages de la
Méditerranée jusqu'à l'Euphrate, fut la seconde conquête importante
des Arabes, qui s'en rendirent maîtres de l'an 654 à l'an 658. —
BOSTRA (11), à l'E. du Jourdain, malgré la force de ses remparts et
la garnison de douze mille hommes qui la défendait, tomba par trahison, en 654, au pouvoir de Khaled, lieutenant du Khalife. —
DAMAS (11), au N. de Bostra, et la plus importante ville de la
Syrie méridionale, était assiégée et vivement pressée par les Musulmans, lorsque la défaite, à *Aïznadin*, situé au N. de cette ville,
d'une armée impériale qui venait à son secours, la fit tomber au
pouvoir des Arabes. — HÉLIOPOLIS (aujourd'hui Balbek), dans les
montagnes au N.-O. de Damas, et EMÈSE (11), au N.-E. d'Héliopolis, furent prises de vive force par les Arabes, à la suite de la même
victoire. — HAMATH, l'ancienne *Épiphanie*, au N.-O. d'Émèse, et
comme elle sur l'Oronte; — SHAIZAR, l'ancienne *Larisse*, plus bas
sur le même fleuve; — KISNNESRIN, l'ancienne *Chalcis*, plus au
N.-E., et plusieurs autres villes de la Syrie, se soumirent volontairement aux vainqueurs.

162. Les bords de l'YERMOUK ou *Hiéromax*, rivière qui tombe
dans le Jourdain un peu au-dessous de l'endroit où ce fleuve sort du
lac de Tibériade, et près de laquelle s'élevait la ville du même nom,
nommée *Jermucham* ou *Jermochtha* par quelques auteurs, furent,
en 656, le théâtre d'une nouvelle bataille qui entraîna la soumission
du reste de la Syrie. — JÉRUSALEM, au S.-O. de l'Yermouk, se
rendit aux Musulmans après quatre mois d'une vigoureuse défense,
et fut traitée avec égard par le khalife Omar, qui vint lui-même en
prendre possession. — ANTIOCHE (12); — BALEB ou Alep, l'ancienne
Bérée, à l'E. d'Antioche; — TRIPOLI, TYR, CÉSARÉE (11), JOPPÉ
ou *Jaffa*, ASCALON, et toutes les autres villes de la côte et de l'in-

térieur, tombèrent successivement au pouvoir des Arabes, qui s'ouvrirent ainsi la route de l'Égypte.

163. La Mésopotamie, située au N.-E. de la Syrie, fut, par
suite même de la conquête de cette dernière province, perdue aussi
pour l'Empire, avec ses principales villes : — Édesse (15) ; — Har-
ran, au S.-E. d'Édesse ; — Nesbin, l'ancienne *Nisibe*, au N.-E.
des précédentes ; — Amide (15), qui prit alors le nom de *Diarbékir*,
par suite d'une division nouvelle introduite par les Arabes dans cette
belle province, à laquelle ils donnaient le nom de *Djézireh*, qui signifie l'île, et qui répondait à celui de Mésopotamie qu'elle avait
reçu des Grecs. La division dont nous parlons fut introduite par les
chefs de trois colonies Arabes, *Bekr* ou Békir, *Modar* et *Rabia*, qui
s'établirent, le premier au N., le second à l'O., et le troisième à l'E.
de la Mésopotamie, et firent prendre à ces contrées les noms de *Diar-
Békir*, *Diar-Modar* et *Diar-Rabia*.

164. L'Égypte fut la troisième conquête importante des Arabes,
qui n'y envoyèrent cependant que des forces peu considérables,
parce qu'ils poursuivaient en même temps la conquête de la Perse.—
Faramiah, sur la mer Méditerranée, et au N. de l'isthme qui joint
l'Afrique à l'Asie, fut la première place dont s'empara, après un
siége d'un mois, Amrou, général de l'armée envoyée contre l'Égypte
par le khalife Omar. — Miszr, l'ancienne *Memphis*, située, d'après
l'opinion la plus vraisemblable, sur la rive occidentale du Nil, et qui
était alors, après Alexandrie, la ville la plus considérable de l'Égypte,
ne fut prise que par trahison, après un siége de sept mois : elle fut
détruite et remplacée par celle d'*El-Fostat*, fondée par ordre d'Omar
sur la rive opposée, et remplacée trois siècles plus tard par la ville du
Caire. — Alexandrie, ou, comme l'appellent les Arabes, *Eskande-
riah* (16), fut emportée d'assaut après un siége de quatorze mois, qui
coûta aux Arabes vingt-trois mille combattants. Sa conquête entraîna
celle de toute l'Égypte, qui cessa d'être le grenier de l'Empire d'O-
rient, pour devenir celui de l'Arabie, où ses blés furent conduits par
le canal qui mettait en communication le Nil avec la mer Rouge, et
qui fut réparé par les Arabes.

165. La Nubie fut aussi soumise aux Musulmans, mais seulement
en 651, sous le khalifat d'Othman, par le gouverneur d'Égypte, qui
obligea les rois chrétiens de ce pays à livrer annuellement en tribut
un grand nombre d'esclaves noirs.

166. La Perse, en étendant ce nom au vaste empire possédé par
les Sassanides, et qui s'étendait des bords de l'Euphrate à ceux de
l'Indus, fut la quatrième conquête accomplie par les Arabes, qui
l'avaient commencée en même temps que celle de la Syrie, en s'em-
parant du royaume de Hira (160). — Kadésiah, au S. de Hira,

dans la plaine qui sépare l'Arabie des bords de l'Euphrate, fut, en
656, pendant trois jours, témoin des efforts soutenus, mais infruc-
tueux, des Perses pour préserver leur pays de l'invasion arabe.

La conquête de l'IRAK-ARABI, ancienne Babylonie, et celle d'AL-
MADAÏN ou les deux villes, nom sous lequel les Arabes comprennent :
CTÉSIPHON, située sur la rive gauche du Tigre, et SÉLEUCIE, placée
en face sur l'autre rive, furent le prix de cette victoire. Les vainqueurs, après s'être emparés des trésors immenses qui se trouvaient
rassemblés dans cette magnifique capitale des Sassanides, la détrui-
sirent de fond en comble. — KOUFAH, fondée au S. de cette ville,
près de la rive droite de l'Euphrate, par le khalife Omar, acquit une
assez grande importance et fut même pendant quelque temps la capitale de l'empire des Arabes. — BASSORAH ou *Basrah*, vers les embouchures de l'Euphrate, fut aussi fondée par l'ordre du même
khalife pour servir de retraite à ses guerriers invalides, et acquit par
sa position une haute importance commerciale. Mais la ville la plus
célèbre bâtie par les Arabes dans cette contrée fut la fameuse
BAGDAD, fondée en 765, sur la rive occidentale du Tigre, par le
khalife Al-Mansor, qui en fit sa capitale. Cette ville, qui égala en illus-
tration et en richesses Babylone, Séleucie et Ctésiphon, auxquelles elle
succéda comme la capitale de ces contrées, continua, après la division de l'Empire des Arabes, à être la résidence des khalifes orientaux.

167. La conquête de l'ARMÉNIE et de tous les pays qui s'étendent
au S. du Caucase donna de ce côté cette chaîne de montagnes pour
limite à l'Empire des Arabes, qui embrassa bientôt du côté de l'orient
toutes les provinces qui avaient formé l'empire des Sassanides.

168. L'ADERBAÏDJAN, ancienne *Médie-Atropatène*, à l'E. de l'Arménie et au S.-E. de la mer Caspienne, fut, après l'IRAK-ARABI ou
ancienne Babylonie (166), une des premières qui subirent le joug.
Elle était le centre du sabéisme, ou religion des astres et du feu. —
SHIZ, sa ville la plus remarquable, avait, selon quelques auteurs,
vu naître Zer-Dusht ou Zoroastre, apôtre de cette religion, qui,
selon d'autres, avait vu le jour à *Ourmyah*.

Le KOUHISTAN, ancienne *Susiane*, à l'E. de l'Irak, fut conquis
en 742, avec sa ville principale AHWAZ, qui avait remplacé dans la
dignité de capitale *Chouster*, l'ancienne Suse, qui se défendit assez
longtemps contre les Arabes.

169. L'IRAK-ADJÉMI, ancienne *Médie*, au N.-E. du Kouhistan,
fut soumis la même année par les Arabes. — NÉHAVEND, ville assez
importante, à l'O. de cette province, fut témoin de la *victoire des
victoires*, qui anéantit la puissance des Perses. — HAMADAN, l'ancienne *Ecbatane*, au N. de Néhavend, fut prise par les Arabes peu
de temps avant la bataille dont nous venons de parler. — ASFAHAN,

ou *Ispahan*, au S.-E. d'Hamadan, et qui est devenue dans dés temps plus modernes la capitale de la Perse, est citée aussi parmi les villes prises par les Arabes.

Le FARSISTAN, ancienne *Perse* proprement dite, au S.-E. de l'I-rak-Adjémi, fut conquis en même temps. Parmi les villes qui y tombèrent au pouvoir des Arabes, on remarque : — SIRAF, au S., port très-commerçant, sur le golfe Persique, nommé aussi mer *Verte* et mer de *Basrah*. — ISTAKHAR, nommée par les Grecs *Persépolis*, au N.-E. de Siraf. Cette ancienne capitale, qui était encore alors très-considérable, fut vainement défendue par le dernier des rois de Perse, qui en fut deux fois chassé par les Arabes.

170. Le KHORASSAN, situé au N.-E. des provinces que nous venons de nommer, et qui comprenait toutes les contrées désignées anciennement sous les noms d'*Arie*, d'*Hyrcanie*, de *Margiane*, de *Bactriane*, et même d'*Arachosie*, opposa un peu plus de résistance aux Arabes, qui finirent cependant par le soumettre, ainsi que le SEDJESTAN, ancienne *Drangiane*, le KERMAN, ancienne *Carmanie*, le MEKRAN, ancienne *Gédrosie*, et, en un mot, toutes les contrées qui s'étendent entre l'Oxus et l'océan Indien jusqu'au fleuve Indus. Nous nous bornerons à citer parmi les villes remarquables dont ils s'emparèrent : — NICHABOUR, à l'O. du Khorassan, dont elle était une des quatre capitales. — MÉROU ou *Merv-Chahidjan*, ancienne *Antioche* de la Margiane, au N.-E. de la précédente, et aussi l'une des capitales de la même province. — HÉRAT, l'ancienne *Alexandrie* de l'Arie, au S. de Mérou; elle était aussi une des capitales du même pays, dont elle est restée la ville la plus importante. — BALKH, l'ancienne *Bactres*, capitale de la Bactriane, au N.-E. du Khorassan, dont elle a été aussi une des capitales, et qui fut dans tous les temps une des villes les plus remarquables de cette partie de l'Asie.

171. Le MARAWANNAHAR, ou Mawaralnahr, appelé aussi *Transoxiane*, c'est-à-dire les contrées situées au N. du fleuve *Oxus* (aujourd'hui Djihoun), que les Arabes hésitèrent longtemps à franchir, fut conquis par eux vers l'an 707 de notre ère. — BOUKHARA, la capitale de toute la contrée, fut assiégée et prise par Kotaïbah, lieutenant du khalife Walid Ier. — SAMARKAND, à l'E. de cette ville, où le khan du Marawannahar avait cherché un asile, fut également occupée par le même général, qui y fit bâtir une des plus belles mosquées de l'empire.

Le KHARISME, qui formait la partie occidentale de cette même contrée, fut conquis immédiatement après par ce même général, qui, franchissant ensuite l'*Iaxartes* (aujourd'hui Sihoun), pénétra dans le TURKESTAN, dont la ville principale, qui portait le même nom,

tomba aussi en son pouvoir ; mais ces contrées, qui dépendaient de
l'empire des *Thang* ou Chinois, ne restèrent pas longtemps sous la
domination des Musulmans, dont elles conservèrent toutefois la
religion.

172. L'INDE CITÉRIEURE, c'est-à-dire la portion de l'Inde située
à l'O. de l'Indus, et le SIND ou *Sindy*, qui s'étend des deux côtés de
ce fleuve vers son embouchure, furent également soumis par les Arabes
en 707.

Telles furent, du côté de l'Asie, les conquêtes des Arabes. On peut
même y ajouter encore la portion de l'Asie Mineure située au S.-E.
de la chaîne du Taurus, et les îles de *Chypre*, conquise par eux en
640, et de *Rhodes* en 652. Telle était aussi l'étendue de leur empire
au moment où il se divisa, par suite de l'établissement du Khalifat de
Cordoue ou de l'Occident, où ils avaient fait également des conquêtes
qu'il nous reste à indiquer.

173. L'AFRIQUE, c'est-à-dire la côte septentrionale de cette contrée, occupa soixante et dix années, de l'an 640 à 710, les armes des
Arabes, qui la conquirent plusieurs fois avant d'en rester paisibles
possesseurs. L'énumération de ses villes principales nous donnera
l'occasion d'indiquer les progrès de ces conquêtes. — CYRÈNE et la
Cyrénaïque (17) ou *Pays de Barcah,* situées entre l'Egypte et la
Grande Syrte, tombèrent au pouvoir des Arabes peu de temps après
la prise d'Alexandrie.—TRIPOLI et la province de la *Tripolitane* (61),
à l'O. de la Grande-Syrte, furent conquis en 642. Le reste de la côte,
depuis Tripoli jusqu'au détroit de *Sebtah* ou *Ceuta* (aujourd'hui de
Gibraltar), fut conquis une première fois, suivant les historiens
arabes, sous le khalifat d'Othman, en 647, à la suite d'une grande
victoire remportée à IACOUBÉ, dans la Tripolitane. Peut-être SUFE-
TULA (aujourd'hui Sabtéléh), dans l'ancienne *Byzacène* (61), fut-elle
à cette époque le véritable terme de leurs conquêtes. On croit pourtant
que c'est à cette expédition qu'il faut rapporter la première fondation
de KAÏRWAN ou *Kaïroan,* dont la construction ne fut achevée que
vers l'an 674. Cette ville, qui devint célèbre par la suite comme la
capitale d'un état indépendant, était située à trente-cinq lieues environ au S. de l'ancienne Carthage, et à douze lieues de la côte sur
laquelle se trouvait *Hammamet,* qui en était considérée comme le
port.

174. La soumission de l'Afrique, suspendue pendant assez longtemps par la résistance opiniâtre des *Berbers*, ses habitants originaires, ne fut reprise qu'en 697. — CARTHAGE, prise d'assaut par
les Arabes en 697, reprise la même année par les Grecs, fut prise une
seconde fois et détruite de fond en comble par les Musulmans en 698,
et ne sortit plus de ses ruines. — BIZERTE, *Hippo Zarytos,* et BONE,

Hippo Regius, furent les dernières villes de cette partie de l'Afrique qui restèrent aux Grecs. — CULLU, CÉSARÉE, et quelques autres forteresses maritimes de l'Afrique occidentale, résistèrent plus long-temps encore. — SEPTA ou *Sebtah* (aujourd'hui Ceuta), forteresse possédée par les Visigoths d'Espagne sur le détroit auquel elle donna son nom, arrêta tous les efforts des Arabes pour franchir ce détroit jusqu'à l'époque où la trahison la mit en leur pouvoir.

175. L'ESPAGNE, où Tarik pénètre en 710, après avoir emporté le roc de *Calpé*, qui prit alors le nom de *Gibal-Tarik*, la montagne de Tarik, fut pour les Arabes le prix d'une seule victoire remportée à XÉRÈS *de la Frontera*, près du *Guad-al-Leté*, au S.-O. de l'Espagne. Parmi les villes, MÉRIDA, sur l'*Anas* ou *Guadi-Ana*, résiste seule et obtient une capitulation honorable. — TOLÈDE, sur le Tage (127), se soumet comme toutes les autres et conserve à ce prix ses priviléges de capitale et de résidence des *Walis* ou gouverneurs, placés sous la dépendance des vice-rois d'Afrique jusqu'à l'époque où CORDOUE, sur le *Bœtis*, nommé par les Arabes *Guad-al-Quibir* ou le Grand Fleuve, devint à son tour la capitale du nouvel état musulman, qui comprit toute l'Espagne, à l'exception des provinces du N.-O. — Le royaume chrétien des *Asturies*, dont le Douro formait la limite méridionale, était séparé des Arabes au S.-E. par les Gascons de la *Navarre* et de l'*Alava*, qui se maintenaient indépendants, en s'appuyant tantôt de la protection des Arabes et tantôt de celle des rois d'Oviédo.

Les îles BALÉARES étaient, comme toute l'Espagne orientale, occupées par les Musulmans.

176. La SEPTIMANIE, au S. de la France, fut aussi conquise par les Arabes, comme l'une des dépendances de la monarchie des Visi-goths (126 et 127); mais à l'époque de la formation du Khalifat d'Occident, elle venait d'être enlevée aux Musulmans par Pépin, fils de ce Charles Martel qui avait arrêté leurs progrès par la célèbre défaite qu'il leur avait fait éprouver à la bataille livrée entre *Poitiers* et *Tours* en 732. Toutes les provinces méridionales de la France, depuis les Pyrénées jusqu'à *Autun*, et depuis *Bordeaux* jusqu'à *Marseille*, avaient éprouvé les incursions des Sarrasins.

CHAPITRE VI.

EMPIRE DE CHARLEMAGNE.

SA GÉOGRAPHIE POLITIQUE A L'AVÉNEMENT
ET A LA MORT DE SON FONDATEUR *.

§ I. ÉTENDUE DE LA DOMINATION DES FRANCS A LA MORT
DE PÉPIN LE BREF.

177. BORNES. — A la mort de Pépin le Bref, les pays soumis à la
domination des Francs avaient pour limites au N.-O. l'océan Septentrional et le bras de mer (aujourd'hui Pas-de-Calais et Manche) qui
sépare la Grande-Bretagne du continent ; à l'O., l'océan Atlantique ;
au S., la Loire **, les Cévennes et la mer *Baléare* (aujourd'hui golfe
de Lyon). Du côté de l'Italie, les possessions des Francs s'étendaient
jusqu'à la chaîne la plus élevée des Alpes, dans lesquelles se trouvaient deux défilés souvent mentionnés dans les auteurs de cette
époque, savoir : celui qu'on nommait les *Cluses des Francs*, *Clusæ
Francorum* (aujourd'hui le passage du Petit Saint-Bernard), qui dé-
bouche dans la vallée d'Aoste, *Vallis Augustana* ***; et l'autre un
peu plus au S., désigné sous le nom de *Valle Sensana* **** ou *Vallis
Segusiana* ***** (aujourd'hui le Val ou Pas de Suse). Du côté de l'E.
et du N.-E., les limites sont plus difficiles à déterminer. Outre la
France Transrhénane ou orientale, qui s'étendait au delà du Rhin
jusqu'à la Saala, affluent de l'Elbe, reconnue comme la limite ******
entre la *Thuringe*, vieille conquête des fils de Clovis, et les Souabes,
cette frontière embrassait encore au S.-E. tout le pays compris entre le
Rhin, les Alpes et l'Anisus (aujourd'hui Ens), affluent du Danube,
si l'on y comprend la *Bavière* *******, qui était plutôt tributaire que
soumise (185), et seulement jusqu'au *Lichus* (aujourd'hui Lech), si on
ne l'y comprend pas. Du côté du N.-E., cette limite, si l'on veut lui
faire franchir le Rhin, comprendrait des pays moins soumis encore,

* Consulter dans mon ATLAS DU MOYEN AGE la carte de l'Europe à la fin du huitième siècle.
** Cette borne est donnée par Éginhard, *Vie de Charlemagne*, dont nous croyons devoir
suivre ici l'opinion. En effet , la conquête de l'Aquitaine par Pépin avait été tellement incom-
plète , que Charlemagne eut immédiatement à la recommencer.
*** Charta divisionis, III , ap. Baluz. , *Capitul. reg. Franc.*, p. 441 et 442.
**** Fredeg contin., c. 120.
***** Charta division., loc. cit.
****** Eginhard , *Vit. Karol. magni.*
******* Eginhard, loc. cit.

quoique déjà fréquemment ravagés par les Francs : ce serait une bien faible portion de la *Saxe* (189) et de la *Frise* (190).

178. PARTAGE FAIT PAR PÉPIN ENTRE SES DEUX FILS. — Nous ne croyons pas devoir entrer ici dans l'exposé de toutes les divisions politiques de l'Empire des Francs, que nous nous réservons de faire connaître avec plus de détail en décrivant cet empire après son organisation complète par Charlemagne ; mais nous ne pouvons passer sous silence le partage que Pépin, peu de jours avant sa mort, opéra lui-même de son empire entre ses deux fils Carloman et Charlemagne. Quoique les auteurs qui font mention de ce partage * ne s'accordent nullement entre eux, on peut regarder comme probable que Carloman, l'aîné, eut la *Neustrie*, la *Bourgogne* avec la *Septimanie* et la *Provence*, l'*Alsace* et l'*Alamanie*, c'est-à-dire toute la France occidentale et méridionale ; et Charles, le plus jeune, l'*Austrasie* avec la *Thuringe* et la *Souabe*, et sans doute aussi les portions de la *Saxe* et de la *Frise* regardées comme dépendant de l'Empire, c'est-à-dire toute la France du N.-E. Enfin, suivant quelques auteurs, il partagea entre ses deux fils l'*Aquitaine*, qui était, dit l'un d'eux **, une des conquêtes de son règne. Pour faire connaître avec exactitude l'étendue réelle de la domination des Francs à cette époque, il est nécessaire d'ajouter ici quelques détails sur plusieurs des provinces que nous venons de nommer. Nous y trouverons l'occasion d'indiquer de quels éléments divers se composait à cette époque le vaste empire des Francs.

I. ROYAUME DE NEUSTRIE.

179. I. La NEUSTRIE proprement dite, *Neustria* ou *Neuster,* comprise entre les mers du N.-O., la Meuse et la Loire, s'étendait au S.-E. jusqu'un peu au delà de Troyes et d'Auxerre. La soumission de cette province, l'une des premières conquêtes des Francs, était depuis longtemps assurée ; mais il n'en était pas de même de la péninsule qui en formait l'extrémité occidentale. Ce coin de terre, désigné quelquefois par le nom de *Cornu Galliæ*, que portait aussi la partie correspondante de la grande île de Bretagne, qui la conserve encore (aujourd'hui Cornwall ou Cornouailles), était habité par une race d'hommes aussi différents des Francs que des Gaulois, et qui, malgré les assertions de quelques-uns des historiens de la première race ***, conservaient encore à l'avénement de la seconde, et même à la mort de Pépin le Bref, leurs mœurs, leurs lois particulières et leurs souve-

---

* Eginhard , *Vita Kar. magn.* — Contin. Fredeg., III et IV, dans la collection de D. Bouquet , t. II , p. 458 et v. g. — Baluz., *Capitul. reg. Franc.*, p. 187 et 188.
** Chron. ap. Baluz., p. 187 et 188. Aquitaniam , quam ipse rex acquisiverat, inter eos divisit.
*** Greg. Turon., IV, 4. — Aimoin , *de Gest. Francor.*

rains nationaux. On en trouve dans plusieurs historiens * des preuves qui ne sont pas de notre sujet. Nous nous bornerons à dire que la plupart d'entre eux, en parlant de la conquête de la Bretagne par Charlemagne, disent formellement que c'était la première fois que les Francs la subjuguèrent **. Il faut toutefois en excepter les villes frontières de NANTES, de RENNES, de DOL et d'ALETUM ou *S.-Malo*, qui, déjà plus d'une fois conquises sous la première race, l'avaient été de nouveau par Pépin.

180. II. La BOURGOGNE, *Burgundia*, s'étendait, au S.-E. de la Neustrie, entre la Loire jusqu'au-dessous de Nevers à l'O., et la chaîne des Alpes au S.-E., depuis les montagnes qui séparent les eaux de la Saône de celles qui prennent leur cours vers le N. de la France, jusqu'aux montagnes des Cévennes et aux limites de la Provence au S. Cette province, jusqu'aux limites de laquelle les Musulmans avaient porté leurs ravages, était à cette époque une des plus florissantes de la Gaule.

181. III. La SEPTIMANIE, *Septimania*, au S.-O. de la Bourgogne et entourant les côtes occidentales du golfe nommé par les auteurs du temps la mer *Baléare*. Cette province, qui n'avait jamais été complétement soumise par les Mérovingiens, était tombée depuis près de quarante ans au pouvoir des Musulmans, lorsque le Goth Ansémond en livra plusieurs des principales villes — NIMES, *Nemauso*, — MAGUELONNE, *Magdalona*, — AGDE, *Agathe*, — BÉZIERS, *Biterræ* ***, à Pépin, qui possédait peut-être déjà LODÈVE, *Luteva*, et CARCASSONNE, *Carcasso*, dont les historiens ne font pas mention à cette époque. Quant à ELNE, *Helena*, la plus méridionale de toutes, lorsque NARBONNE, *Narbo*, la capitale de la province, eut ouvert ses portes à Pépin, elle massacra la garnison musulmane qui gardait ses murailles ****, se livra aux Francs, et entraîna ainsi la soumission de tout le *Roussillon* et le *Conflans* jusque dans la chaîne des Pyrénées. La domination des Francs dépassa même cette chaîne de montagnes, s'il en fallait croire un historien qui assure qu'un chef des Sarrasins nommé Soliman, qui tenait sous son autorité les villes de *Girone* et de *Barcelone*, se soumit à Pépin *****. Mais ce n'était là qu'une sorte de vassalité qui n'entraînait pas une soumission réelle.

182. IV. La PROVENCE, *Provincia*, située au S. de la Bourgogne, s'étendait sur les deux rives de la Durance. Arrachée par Charles Martel aux Musulmans, dont les faibles débris avaient cherché un

---

* Aimoin, *de Gest. Franc.* — S. Ouen, *vie de S. Éloi.* — Viguier, *État de la Petite-Bretagne.*
** Totaque Britannia tunc primum Francis subjugata est... *Et ailleurs :* quod nunquàm antea à Francis fuerat. Duchesne, *Hist. de Fr.*, t. V, p. 52.
*** Anian. Chronic.
**** Chronicon *Moissiacense.*
***** Pippini se cum omnibus quæ habebat dominus subdidit. *Annal. Met.*

asile dans les montagnes et les forêts, elle était gouvernée par des officiers francs.

185. V. L'ALSACE, *Alesa* ou *Alesacis* *, au N.-E. de la Bourgogne, entre les montagnes des Vosges et le Rhin, était aussi, quoique enclavée en quelque sorte dans l'Austrasie, au nombre des provinces assignées à Carloman. C'était la première province conquise par les Francs sur les Alemans; aussi était-elle, comme nous le dirons plus loin (187), comprise dans le pays qui portait spécialement le nom de *France*.

184. VI. L'ALÉMANNIE, ou plus exactement ALAMANIE, *Alamania*, au S.-E. de l'Alsace, sur la rive droite du Rhin, s'étendait, si l'on y comprend la SOUABE, *Suavia*, qui en formait la partie méridionale, jusqu'aux montagnes des Alpes. Il est même assez difficile de comprendre comment l'Alsace et l'Alamanie avaient été assignées au royaume de Neustrie, et la Souabe à celui d'Austrasie; mais, comme nous l'avons dit plus haut (178), les auteurs sont peu d'accord sur ce partage, et d'ailleurs, avant celui que Charlemagne fit entre ses fils avec autant de science que de discernement (221), les Francs ne comprenaient rien à la science des divisions politiques. Les Alemans, depuis la défaite de leur duc Leutfried, en 748, avaient été privés de leurs souverains nationaux et étaient gouvernés par des comtes francs, sous la surveillance des commissaires royaux ou *Missi dominici*.

185. VII. La BAVIÈRE, *Bajoaria* ou *Bavaria*, à l'E. de l'Alamanie, dont elle est séparée par le Lech, *Lichus*, s'étendait entre les Alpes et le Danube jusqu'à l'Ens, *Anisus*, à l'E. Les Bavarois, quoique plusieurs fois vaincus par Pépin, qui s'était avancé dans leur pays jusqu'à l'Inn, *Ænus*, conservaient pourtant, à la mort de Pépin, leurs ducs nationaux et leurs coutumes nationales; mais ils reconnaissaient la suprématie des Francs, auxquels ils fournissaient des hommes pour la guerre et payaient peut-être un léger tribut. Il ne paraît pas du reste que cette province fût considérée comme faisant partie de l'Empire Franc, puisque nous ne la voyons pas figurer dans le partage entre les fils de Pépin (178). Aussi ne l'avons-nous nommée ici que pour faire connaître dans quels rapports elle se trouvait alors avec ses puissants voisins.

II. ROYAUME D'AUSTRASIE.

186. Nous comprenons ici sous le nom de royaume d'Austrasie les diverses provinces qui composèrent le royaume laissé par Pépin à Charles, son second fils. Quoiqu'il fût bien moins étendu que celui de Neustrie, on peut dire, néanmoins, qu'en l'assignant à son plus jeune

---

* Baluz., *Capit.*, t. I, p. 187. — Fredeg. contin., 184, IV, ap. D. Bouq., t. X, p. 9.

fils, il lui donna une marque de prédilection toute particulière. C'était
là, en effet, que se trouvait le berceau des Francs, et par conséquent
cette pépinière de braves guerriers qui formait l'élite de l'armée franque ; c'était là aussi que se trouvait le berceau de la nouvelle dynastie,
entouré de ses leudes les plus dévoués ; enfin c'était sur cette frontière
que se pressaient les flots d'une nouvelle invasion barbare auxquels il
fallait opposer une digue infranchissable, si l'on ne voulait voir se continuer ce redoutable mouvement qui portait sans cesse d'Orient en
Occident tout l'effort des populations germaniques. Nous n'aurons à
nommer dans cette portion de l'Empire Franc qu'un très-petit nombre
de provinces.

187. VIII. L'AUSTRASIE proprement dite, *Austrasia* ou *Auster*,
s'étendait sur les deux rives du Rhin, depuis la Meuse, qui la séparait
de la Neustrie proprement dite, à l'O., jusqu'au Wéser, qui formait
sa limite du côté de la Thuringe, à l'E.—La portion de cette province
comprise entre la Moselle, à l'O., cette même rivière, le Rhin et le
Main, au N., et le Rednitz, affluent du Main, à l'E., formait ce que
l'on appelait spécialement la FRANCE, *Francia**, regardée, sous les
Carlovingiens surtout, comme le berceau de la monarchie. Elle se
divisait elle-même en *Neustrie* ou *West-Reich*, à l'O. du Rhin, comprenant l'Alsace, et *Austrie* ou *Ost-Reich*, à l'E. du fleuve, véritable
berceau de la nation (où s'est conservé jusqu'à nos jours le nom de
Franconie). La partie de l'Austrasie qui s'étendait sur la rive gauche
du fleuve renfermait les villes les plus importantes de cette grande
province, et les maisons royales où les souverains faisaient le plus
habituellement leur résidence (195).

188. IX. La THURINGE, *Thuringia* ou *Thoringia*, entre le Weser,
qui la séparait de l'Austrasie, à l'O., et la Saala, qui formait, à l'E.,
la limite de l'empire des Francs. Depuis la conquête que les fils de
Clovis avaient faite de cette contrée, elle était considérée comme
partie intégrante de la monarchie. Mais à l'époque où la main débile
des Mérovingiens laissa échapper un sceptre que leur arrachaient les
maires du palais, les ducs héréditaires que cette province avait toujours conservés s'étaient efforcés de ressaisir leur indépendance,
qu'assura même pour quelque temps une victoire remportée sur
l'armée austrasienne près de l'*Undstrutt***; néanmoins, à l'époque
qui nous occupe, la Thuringe était complétement soumise à l'autorité des Carlovingiens.

189. X. La SAXE, *Saxonia*, au N. de l'Austrasie et de la Thuringe.
Quoique Pépin eût fait contre ses habitants cinq expéditions, dans
l'une desquelles il pénétra jusqu'à un lieu nommé *Rheime*, sur le

---

* Baluz., *Capitul.*, p. 439 et 440.
** Fredeg. Chron., c, 87.

Wéser *, il n'en tira d'autre avantage que de leur imposer un tribut de 500 chevaux ** qu'ils ne payèrent pas longtemps, et l'engagement de laisser un libre accès dans leur pays aux missionnaires chrétiens ***, dont plusieurs néanmoins y trouvèrent le martyre. Aussi nommons-nous ici cette contrée, comme nous avons fait pour la Bavière, non pour la comprendre dans l'empire des Francs, mais pour indiquer dans quelle position elle se trouvait à leur égard; il en est de même de la suivante.

190. XI. La Frise, *Frisia*, située au N.-O. de la Saxe, séparée de la Neustrie, au S., par le cours inférieur du Rhin, et s'étendant, au N.-E., jusqu'au Wéser, renfermait un peuple non moins belliqueux et non moins jaloux de son indépendance que les Saxons. Pendant les dernières années du règne des Mérovingiens, ils s'étaient soulevés sous la conduite de leurs ducs; ils avaient même poussé leurs conquêtes jusqu'à la Meuse, et il n'avait pas fallu à Pépin d'Héristal moins de huit campagnes pour les forcer à reprendre un joug toujours si mal assuré qu'au temps même de la plus grande puissance de Pépin le Bref (l'an 754), ils massacrèrent saint Boniface, archevêque de Metz ****, qui s'était avancé dans cette contrée sauvage pour y répandre les lumières de la foi chrétienne.

§ II. EMPIRE D'OCCIDENT A LA MORT
DE CHARLEMAGNE.

191. ÉTENDUE ET BORNES. — Le demi-siècle qui sépare la mort de Charlemagne de celle de Pépin le Bref avait considérablement ajouté à l'étendue de la domination des Francs. L'empire d'Occident, relevé par le génie plus encore que par les conquêtes de son fondateur, n'avait guère moins d'étendue que celui dont il avait repris le nom. En effet, s'il possédait de moins une partie de l'Espagne, la côte de l'Afrique occidentale et le S. des îles Britanniques, il étendait à l'E. du Rhin sa domination sur des contrées qui pouvaient, au besoin, lui fournir plus de vaillants soldats que celles dont nous venons de parler. Ses bornes, à la mort de Charlemagne, en y comprenant les peuples tributaires, étaient, à l'O., l'océan Atlantique; au S., du côté de l'Espagne, la partie inférieure du cours de l'Èbre, puis la Méditerranée; du côté de l'Italie, il s'étendait jusqu'aux environs de *Gaëte*, ville qui appartenait à l'Empire Grec, et jusqu'au *Liris* (aujourd'hui Garigliano), qui dans une partie de son cours le séparait du *duché de Bénévent*, qui était lui-même tributaire, mais non sujet de l'Em-

---

* Eginh. *Annal.*
** Fredeg. contin.
*** Annal. Met.
**** Eginh. *Annal.*

pire, et qui comprenait une grande partie de l'Italie méridionale. Les possessions de Charlemagne embrassaient encore tout le contour de la mer Adriatique, depuis l'embouchure de l'*Aternum* (auj. Pescara), en Italie, jusqu'aux environs, et même, suivant quelques auteurs, jusqu'au delà de *Rhausium* (auj. Raguse), en exceptant toutefois cette ville elle-même, et celles de *Jadera* (auj. Zara), de *Tragurium* (auj. Trau), d'*Aspalathos* (auj. Spalatro), et quelques autres ports qui appartenaient à l'empire d'Orient (214). Du côté de l'E., l'empire de Charlemagne avait pour bornes les montagnes de la Dalmatie, qui ferment le bassin de l'Adriatique ; la *Bosna*, affluent de la Save ; cette rivière elle-même jusqu'à son confluent avec le Danube ; la Theiss ; une ligne qui, partant de cette rivière, allait rejoindre les montagnes de la Bohême ; ces montagnes elles-mêmes et le cours de l'Oder [*] ; au N. enfin, il était terminé par la mer Baltique, l'Eyder et l'océan Septentrional ou Germanique. Ce vaste empire avait ainsi, du N. au S., plus de mille fois mille pas, ou 555 lieues de longueur, comme le dit Eginhard [**], qui toutefois a tort de comprendre, dans cette supputation, le duché de Bénévent, sur une largeur de 420 lieues environ, de l'O. à l'E.

492. DIVISIONS. — Les limites que nous venons d'indiquer embrassaient, comme nous l'avons annoncé, outre les provinces appartenant réellement à l'empire de Charlemagne, les contrées habitées par des peuples tributaires, dont plusieurs même n'obéissaient à ses lois que lorsque la présence ou le voisinage de puissantes armées les maintenait dans la soumission. Ainsi, pour décrire les possessions de Charlemagne, nous devons distinguer les *Provinces de l'Empire proprement dit*, où l'administration impériale était régulièrement établie, et les *Peuples tributaires*.

I. PROVINCES DE L'EMPIRE.

495. DIVISIONS DIVERSES. — Le territoire de l'Empire proprement dit est quelquefois divisé en trois parties distinctes : la *France Ancienne* ou *Grande France*, composée des contrées regardées comme le berceau de la nation ; la *France Nouvelle*, qui comprenait les pays acquis par les premières conquêtes des Francs dans la Gaule ; enfin les acquisitions faites par Charlemagne lui-même. Mais nous ne nous arrêterons pas à cette division qui, ne ferait qu'en reproduire, au moins en partie, d'autres que nous avons déjà données plus haut (178). Il en existait en outre, dans l'empire de Charlemagne, un

---

[*] Il nous paraît impossible d'admettre le témoignage d'Eginhard, *Vita Karoli*, qui reporte cette limite jusqu'à la Vistule, en disant que « Charles avait si bien dompté toutes les nations barbares qui habitaient entre l'Elbe et la Vistule, qu'il les avait rendues tributaires. »
[**] Loc. cit.

grand nombre d'autres de nature tout à fait diverse, et dont on peut compter au moins cinq espèces *, savoir : 1° les *divisions civiles*, telles que la *province*, la *cité*, l'*orbis*, l'*ager*, le *territoire*, le *terminus*, le *pagus* et plusieurs autres encore moins considérables: à ces dernières se rattache la division territoriale en *Manses* ou Manoirs, composées chacune d'une quantité de terre que l'on évalue à douze arpents, servant à asseoir les impôts et à régler le nombre d'hommes que le comté devait fournir aux armées impériales : c'était ordinairement un homme pour trois manses; mais tout homme libre qui en possédait à lui seul trois ou un plus grand nombre devait marcher en personne; 2° les *divisions dynastiques*, comme le *duché*, le *comté*, la *centaine*, la *vicairie*, etc.; 3° les *divisions irrégulières*, et qui, pour la plupart, n'étaient que temporaires : telles étaient surtout la *légation* ou *missie*, *missaticum*, la *marche*, etc. ; 4° les *divisions ecclésiastiques* en *provinces* ou *archevêchés*, *diocèses* ou *évêchés*, *archidiaconés*, *archiprêtrés*, *doyennés* et *cures*; 5° enfin les divisions purement politiques résultant des partages faits de la monarchie à diverses époques entre les princes appelés à un trône par leur naissance : tel fut celui que nous avons indiqué à l'avénement de Charlemagne, entre ce prince et son frère Carloman; tel fut encore celui que Charlemagne lui-même arrêta en 806, par le capitulaire de Thionville **, entre ses trois fils, et que la mort de deux d'entre eux fit demeurer sans exécution; tel fut enfin celui qui s'opéra à la mort de l'empereur. De toutes ces divisions, celles qui se rapportent aux circonscriptions ecclésiastiques sont les seules qui nous soient connues d'une manière à peu près complète; mais comme leur énumération nous entraînerait trop loin, nous nous bornerons à donner ici celle des grandes provinces que nous voyons figurer dans les événements politiques et surtout dans les partages opérés à cette époque. Pour suivre, autant que possible, un ordre géographique dans cette description, nous commencerons par les provinces du N.-E., parmi lesquelles nous nommerons premièrement l'Austrasie, au sein de laquelle se trouvait le berceau des Francs; puis, continuant notre marche par l'O. et le S., nous terminerons par l'Italie et par les contrées situées sur le rivage oriental de la mer Adriatique, qu'on en pouvait considérer comme une dépendance. Nous indiquerons, en décrivant chacune de ces provinces, celles de leurs villes auxquelles les événements politiques de cette époque donnèrent le plus d'importance.

194. L'Austrasie, dont nous avons fait connaître plus haut (187) l'étendue et l'importance politique dans la monarchie franque, se

---

* Consulter sur toutes ces divisions le beau et savant travail de M. Guérard, membre de l'Institut, sur le *Système des divisions territoriales de la Gaule, depuis l'âge romain jusqu'à la fin de la dynastie carlovingienne.*
** Baluze, *Capitul. reg. franc.*, p. 330 et seq.

trouva longtemps, par sa position géographique, la province la plus
exposée aux incursions des nations barbares répandues tout le long
de sa limite septentrionale ; mais, à la fin du règne de Charlemagne,
la conquête de la Saxe avait assuré la tranquillité de cette frontière.
Du côté de l'E., elle se trouvait couverte par la *Thuringe* (188),
qu'on y rattache ordinairement, et dont la situation politique n'avait
pas changé depuis l'époque de l'avènement de Charlemagne. Depuis
longtemps déjà l'Austrasie renfermait un grand nombre de villes remarquables répandues sur l'une et l'autre rive du Rhin, et dont les
plus célèbres étaient :

195. Sur la rive gauche du fleuve :

AIX-LA-CHAPELLE, vers le N., fondée, dit-on, sous le règne
d'Adrien par le gouverneur romain Granus, et nommée, à cause de
ses eaux minérales, *Aquæ Grani* ou *Aquisgranum*. Charlemagne,
l'ayant choisie pour sa résidence, y fit bâtir la basilique de Sainte-
Marie, dans laquelle il fut enterré, et à laquelle cette ville dut son
surnom d'Aix-*la-Chapelle*, un palais qui communiquait avec l'église
par une galerie de bois, des ponts et des édifices somptueux de tout
genre qu'il orna de, marbres et de sculptures que la pauvreté de l'art
à cette époque le força à faire venir à grands frais de l'Italie. —
METZ, située plus au S., sur la Moselle, et l'ancienne capitale de
l'Austrasie (147), voyait sa splendeur éclipsée par la ville de Charlemagne.—NIMÈGUE, au N.-O. du royaume, sur le *Wahal*, fut décorée
par Charles d'un superbe palais. —DUREN, à l'E. d'Aix-la-Chapelle,
fut plusieurs fois choisi par Charles pour le lieu de réunion des armées avec lesquelles il marcha contre les Saxons. — HÉRISTAL, au
N.-O. d'Aix-la-Chapelle, sur la rive gauche de la Meuse, est célèbre
pour avoir été la résidence de Pépin le Gros, qui y avait bâti un
château où séjournèrent souvent ses successeurs. — TRÈVES, sur la
Moselle. — MAYENCE, vis-à-vis du confluent du Main avec le Rhin,
sur lequel Charlemagne fit construire un pont dont les piles étaient
en pierres et les arches en bois. C'est par l'archevêque de cette ville,
saint Boniface, que s'était fait sacrer d'abord le roi Pépin le Bref. —
INGELHEIM, à l'O. de Mayence, est remarquable par le magnifique
palais que fit bâtir le même empereur, et par la diète de 788, où fut
condamné Tassilon, duc de Bavière. — THIONVILLE, *Theodonis
Villa* ou *Dieden-Hofen*, au S.-O. de Trèves, sur la rive gauche de
la Moselle, et l'une des résidences des premiers Carlovingiens, est
remarquable par le partage que Charlemagne y fit, en 806, de ses
États entre ses trois fils (224). — WORMS, plus à l'E., sur le Rhin,
avait aussi un château royal, et fut souvent, sous Charlemagne, le lieu
de réunion de l'assemblée nationale du Champ-de-Mai.

196. Les villes les plus remarquables de l'Austrasie situées à l'E.
du Rhin étaient :

FRANCFORT sur le *Main*, rivière qui va se jeter dans le Rhin après avoir traversé toute cette province. — WURZBOURG, plus au S.-E., sur la même rivière. — C'est au S.-E. de cette ville que Charlemagne fit commencer les travaux du *canal* qui devait réunir le Rhin au Danube en joignant le cours du *Rednitz*, affluent du Main, avec celui de l'*Altmühl*, *Almonus*, qui se jette dans le Danube. Les difficultés que lui opposa un sol marécageux, et les occupations que lui donna la guerre contre les Saxons, firent abandonner cette utile entreprise.

197. La FRISE (190), dont les destinées se confondent, depuis le règne de Charlemagne, avec celles de la Saxe, ne mérite pas de nous arrêter. Le peu d'empressement que les Frisons mirent à protéger contre les Saxons l'église construite dans la ville de DEVENTER, située sur les rives de l'*Yssel*, au sein même de leur pays, prouve qu'ils n'avaient point encore séparé leur cause de celle de ce peuple. On sait que ce fut l'incendie de cette église, en 772, qui devint le signal de la longue guerre de Charlemagne contre les Saxons.

198. La SAXE (189), qui venait d'être soumise après une lutte acharnée de trente-trois ans, qui lui coûta une grande partie de sa population, comprenait toutes les contrées comprises entre l'Ems, *Amasia*, à l'O., et l'Elbe, *Albis*, à l'E., et s'étendait même au N. de ce fleuve, à l'entrée de l'ancienne Chersonèse Cimbrique ou Jutland, dans la contrée abandonnée par les Angles (105), jusqu'aux rives de l'*Eidora* (aujourd'hui Eyder). Le peuple belliqueux qui l'habitait, et dans lequel étaient venues se fondre celles des anciennes nations germaniques de ces contrées qui n'avaient pas suivi les Francs au delà du Rhin, se divisait en trois grandes tribus, savoir : les *Westphaliens* ou *Westphales*, *Westphali*, ou Saxons occidentaux, entre l'Ems, et même entre le Rhin et le Wéser ; les *Ostphaliens* ou *Ostphales*, *Ostphali*, ou Saxons orientaux, entre le Wéser et l'Elbe ; et les *Angariens*, *Angarii*, anciens *Angrivariens*, au S.-O. Ceux qui habitaient dans la contrée comprise entre l'Elbe et l'Eyder sont désignés par les auteurs sous le nom de *Nordalbingiens*, *Nordalbingi* ou *Norlendi* [*], par opposition à ceux de la rive méridionale du fleuve, qui sont nommés *Cisalbins*, *Cisalbini*. Parmi un grand nombre de lieux illustrés par les victoires de Charlemagne pendant la longue guerre qu'il fit aux Saxons au sein même de leur pays, nous nous bornerons à citer les plus célèbres :

199. BUCKHOLZ ou *Bocholt*, non loin du confluent de la Lippe avec le Rhin, vit les Saxons défaits en 779. — SIGEBOURG ou *Sigiburg*, plus au S.-E., était une importante forteresse dont s'empara Charlemagne. — BADENFELD ou *Battenfeld*, plus au S.-E. encore,

---

[*] Annal. Tillan., ann. 780.

fut témoin d'une défaite de Vitikind. — ERESBOURG ou *Ehresburg* (aujourd'hui Stadtbergen), au N. de Battenfeld, fut la première forteresse saxonne dont s'empara Charlemagne, qui en releva les fortifications pour y mettre une garnison destinée à assurer la soumission du pays. — MERSEBOURG, situé un peu plus à l'E., est célèbre par le culte national que les Saxons y rendaient à l'idole d'*Irmensul** ou *Hermann-saule*, qui fut renversée par Charlemagne, et remplacée par une chapelle chrétienne, *Capella*. — PADERBORN, au N. d'Eresbourg, au centre de la Saxe, dont elle devint la ville la plus importante ; elle est remarquable par la diète qu'y tint, en 777, Charlemagne, qui y reçut le serment de fidélité des Saxons et y eut une entrevue avec le pape Léon III. Cette ville était peu éloignée des sources de la *Lippe*, *Lippspring*, où Charles, qui avait achevé d'y mettre les Saxons en déroute en 776, tint les Champs-de-Mai de 782 et 804. — BRUNSBERG, à l'E. de Paderborn, sur le Wéser, dont les Saxons essayèrent inutilement de disputer le passage à Charlemagne en 775. — Le mont SAUNTHAL ou *Süntel*, au N.-E. de Brunsberg, est remarquable par une défaite qu'y éprouvèrent les lieutenants de Charles en 782. — OHRHEIM, plus au N. encore, vit les Saxons soumis recevoir en grand nombre le baptême. — BRÈME, plus au N.-O., était la capitale d'un canton nommé *Wigmodie*, *Wigmodia*. — BARDEWICK, situé à quelque distance de la rive méridionale de l'Elbe, était celle d'un canton désigné sous le nom de *Bardengaw*. — HOBHUOKI, château bâti par Charlemagne vers les bouches de l'Elbe, et qui fut ruiné en 810 par les *Wiltzes* (215), et relevé par l'empereur l'année suivante, semble avoir donné naissance à la ville de *Hambourg*.

200. L'ALSACE (183), au S.-E. de l'Austrasie. — STRASBOURG, *Argentina Civitas* ou *Strateburgum***, à peu de distance du Rhin, au point où se réunissaient les principales routes qui établissaient les communications de la Gaule avec la Germanie, était la ville la plus importante de cette petite province, dont nous avons fait mention ici parce qu'elle n'était, en quelque façon, qu'un démembrement de la suivante.

201. L'ALÉMANNIE ou ALAMANIE (184), au S.-E. de l'Alsace. Le sort de cette province n'avait pas plus que celui de la précédente éprouvé de changements sous le règne de Charlemagne. Ses villes principales étaient : — CONSTANCE, *Constantia*, sur le lac auquel elle a donné son nom. — COIRE, *Curia*, plus au S., sur le Rhin supérieur.

202. La BAVIÈRE (185), située à l'E. de l'Alémannie. Son duc Tas-

---

* Eginh. *Annal.*
** Notit. Provinciar.

silon, malgré les serments de fidélité qu'il avait prêtés à Pépin et à Charlemagne, ayant comploté avec les Slaves, ses voisins au N.-E., l'invasion de l'Italie, se vit traduit comme coupable de haute trahison à la diète d'Ingelheim, et réduit à aller finir ses jours dans un cloître. Depuis cette époque, la Bavière, déclarée, l'an 788, partie intégrante de l'Empire, fut gouvernée par des comtes francs *. Ses villes les plus remarquables étaient : — RATISBONNE, *Ratisbona*, ou *Regensburg*, *Reginum* ou *Reginoburgum*, au N., sur le Danube, la plus ancienne capitale de la Bavière. Charlemagne y tint, en 792, une assemblée nationale dans laquelle il régla tout ce qui avait rapport au gouvernement nouveau qu'il établissait dans cette contrée **. — AUGSBOURG, *Augusta*, à l'O., sur la limite de l'Alémannie et de la Bavière. — SALZBOURG, *Salisburgum*, au S., est remarquable par la magnifique réception qu'y fit Charlemagne aux ambassadeurs de Nicéphore, envoyés pour fixer les limites des deux empires d'Orient et d'Occident.

205. La CARINTHIE, *Carentanum*, au S.-E. de la Bavière, était devenue, depuis Charlemagne, une des provinces nouvelles de l'empire des Francs. Elle avait du reste peu d'importance, et elle ne nous est connue à cette époque que par l'asile que Charlemagne accorda l'an 803, sur les terres de son voisinage, et qui en dépendaient probablement, à quelques tribus des Huns ou *Avares*, qui avaient embrassé le christianisme et que persécutaient les Slaves ou Esclavons***. — VILLACH, vers le S., est la seule ville que nous y connaissions à cette époque.

204. L'AVARIE ou HUNNIE, au N.-E. de la Carinthie, entre l'Ens, qui la sépare à l'O. de la Bavière ****, et la Theiss, affluent du Danube, à l'E. Elle embrassait ainsi l'une et l'autre *Pannonie*, comme le dit Eginhard *****, et, de plus, la vaste contrée occupée autrefois par les Sarmates Jazyges (84), entre le Danube et la Theiss. C'est dans la partie de ce pays désignée plus spécialement sous le nom de *Hunnie*, et comprise entre l'Ens, le *Raab*, affluent du Danube sur la rive droite, et le *Kamp*, autre affluent du même fleuve sur la rive gauche, que l'on doit, suivant quelques auteurs, reconnaître le pays concédé par Charlemagne aux Huns chrétiens dont nous avons parlé dans le paragraphe précédent. Des contestations au sujet des limites de ce pays et de la Bavière ayant fait éclater la guerre entre les Avares et Charlemagne, ce dernier, après avoir enlevé une forteresse située sur le *Kamp*, et une autre placée sur le mont *Anneberg*

---

* Eginh. *Vita Karoli.*
** Baluze, *Capitul.*
*** Eginh. *Ann.*
**** Eginh. *Vita Karoli.*
***** *Vita Karoli.*

(probablement Kalenberg), près de la ville de *Comageni* [*] (qui ne peut pas être, comme le conjecturent quelques auteurs [**], la ville de Comorn, située beaucoup trop loin à l'E.), pénétra dans une première campagne, l'an 791, jusqu'au Raab, affluent du Danube. Cinq ans après, en 796, Pépin, fils de Charlemagne, rejeta les Avares ou Huns jusqu'au delà de la Theiss, après avoir pris et dévasté de fond en comble le *Ring* (149), où leur roi ou Kakhan faisait sa résidence habituelle ; car ces peuples, méprisant le séjour des villes, avaient conservé, même depuis leur établissement en Europe, l'usage de loger dans ces vastes camps retranchés. Le Ring, où l'armée campait autour de son prince, était de forme circulaire, défendu par un fossé large et profond, muni de palissades et couvert par des arbres et des haies ; l'intérieur se composait de cabanes et de tentes disposées par rues et par quartiers. C'était là que les Avares avaient amassé d'immenses richesses, fruit des dévastations qu'ils avaient exercées dans toute l'Europe centrale et orientale. Elles furent enlevées par Pépin et envoyées à Charlemagne [***], qui en fit porter en présent au pape une portion considérable, et partagea le reste entre ses guerriers.

Après l'expulsion des Avares, Charlemagne créa, dans une portion de la contrée qu'ils avaient occupée, la *Marche d'Autriche*, *Oster-Reich*, dont ce pays conserve encore aujourd'hui le nom.

205. La NEUSTRIE, la première des grandes provinces de l'Empire que nous trouvons en revenant vers l'O., renfermée, comme elle l'était, entre l'Océan, la Meuse et la Loire (179), ne pouvait s'étendre qu'aux dépens de la *Bretagne,* qui avait encore essayé, au commencement du règne de Charlemagne, de ressaisir son indépendance. Dans une première campagne, en 786, le sénéchal Andulf prit de nombreux châteaux situés au milieu des marais : douze ans après, Gui, comte de la *Marche Angevine*, soumit toute la contrée, ce qui n'était jamais arrivé jusque-là, dit un historien [****] ; mais cette soumission n'empêcha pas de nouvelles révoltes : aussi des margraves étaient-ils établis, non-seulement à ANGERS, comme nous venons de le voir, mais encore dans les villes importantes de RENNES et de NANTES.

206. VILLES REMARQUABLES. — Outre les villes que nous venons de nommer, on peut citer encore les suivantes, parmi les plus remarquables de la Neustrie à cette époque :

---

[*] Eginh. *Vita Karoli.*
[**] M. Guizot, trad. d'Eginh., dans sa Collection des mémoires relatifs à l'histoire de France, t. III, p. 36.
[***] Eginh. *Vita Karoli.*
[****] Annales Loisellani.

Paris, sur la Seine, abandonnée par les rois, ne conservait plus le titre de capitale qu'elle avait porté sous les Mérovingiens; mais elle était encore la principale ville de la Neustrie, et vit mourir Pépin le Bref, qui fut enterré à Saint-Denis, abbaye fondée au N. de cette ville sur le tombeau de l'apôtre de cette partie de la France, et déjà célèbre sous la première race. — Sithiu (auj. St.-Omer), au N.-O., avait aussi un illustre monastère où mourut le dernier des Mérovingiens. — Boulogne, sur la côte, à l'O. de St.-Omer, renfermait un arsenal important établi par Charlemagne pour l'armement des forts élevés, sur les rivages voisins, contre les incursions des Northmans, et était le lieu de station de l'une des flottes destinées à les poursuivre. — Une autre flotte ayant la même destination était rassemblée à Gand, au N.-E., au confluent de l'Escaut et de la Lys. — Soissons, plus au S.-E., tenait, après Paris, le premier rang dans la Neustrie, dont il paraît même qu'elle était considérée comme la capitale, puisque c'est là que Carloman se fit couronner, tandis que Charles, son frère, choisissait pour la même cérémonie la ville de Laon *. — Tours, sur la Loire, plus au S.-O., conservait toujours la célébrité qu'elle avait acquise sous la première race par les pèlerinages au tombeau de saint Martin.—Outre ces villes, nous devons encore nommer dans la Neustrie plusieurs maisons royales citées souvent par les auteurs, savoir : — Verberie, *Vermbria* ou *Verberiacum*, au N.-O. de Paris, près de l'Oise. Pépin y tint une diète célèbre la première année de son règne, et Charlemagne y bâtit un beau palais. — Quierzy, *Cartsiacus*, au N.-E. de Verberie, sur la même rivière, fut souvent la résidence de Charles. — Attigny, *Attiniacum*, au S.-E. des précédentes, sur l'*Aisne*. Vitikind, le plus illustre des chefs Saxons, se rendit aux États qu'y tint Charlemagne en 785 et y reçut le baptême.

207. La Bourgogne (180), que Charlemagne morcela, comme nous le verrons (222 et 225), dans les partages qu'il fit entre ses enfants, comprenait à cette époque toute l'ancienne *Helvétie*. — Lyon, au confluent du Rhône et de la Saône, en était la ville la plus importante. — Genève (122) fut assignée par Charlemagne comme point de réunion à l'armée avec laquelle il alla renverser la puissance Lombarde.

208. L'Aquitaine, *Aquitania* (116), qui comprenait tout le S.-O. de l'empire de Charlemagne, était bornée par la Loire au N. et au N.-E., par le Rhône inférieur et la Méditerranée à l'E., par l'océan Atlantique à l'O., et s'étendait au S. jusqu'au cours de l'Èbre en Espagne. Ce duché, dont Charlemagne ne put se mettre en possession qu'après en avoir fait la conquête, en 769, sur le duc Hunold, fut,

* Eginh. *Annales.*

vers l'an 781, érigé en royaume par Charlemagne en faveur de son
jeune fils Louis. L'historien de ce prince * nous donne les noms de
neuf comtés établis à cette époque par Charlemagne dans le royaume
d'Aquitaine; mais nous savons par d'autres auteurs qu'il y avait alors
en Aquitaine quinze comtés, que nous nommerons ci-après. De plus,
trois autres grandes provinces relevaient encore de la couronne d'A-
quitaine; c'étaient : la *Septimanie* au S.-E., la *Gascogne* au S.-O.,
et les *Marches Espagnoles* au S. — Les îles *Baléares*, dont Charlemagne anéantit les pirates en 799, et celles de *Corse* et de *Sardaigne*,
qu'il protégea efficacement contre les Sarrasins pendant la plus
grande partie de son règne, pouvaient aussi être considérées comme
des dépendances du royaume d'Aquitaine.

209. Comtés et villes principales. — Les quinze comtés dont
se composait l'Aquitaine proprement dite étaient : 1° le Poitou,
capitale *Poitiers*, au N.-O.; — 2° le Berry, cap. *Bourges*, au N.-E.;
— 3° la Saintonge, cap. *Saintes*, au S.-O. du Poitou; — 4° l'Angoumois, cap. *Angoulême*, à l'E. de la Saintonge; — 5° le Limosin,
cap. *Limoges*, à l'E. de l'Angoumois; — 6° l'Auvergne, cap. *Clermont*, à l'E. du Limosin; — 7° le Velay, cap. *Le Puy*, au S.-E. de
l'Auvergne; — 8° le Périgord, cap. *Périgueux*, au S. de l'Angoumois et du Limosin; — 9° le Bordelais, cap. *Bordeaux*, au S.-O.
du Périgord : Fronsac, *Francicum*, à l'E. de cette ville, sur la
Dordogne, est remarquable par son château-fort bâti en 770 par
Charlemagne pour contenir les Aquitains; — 10° l'Agénois, cap.
Agen, au S.-E. du Bordelais : dans ce comté se trouvait la maison
royale de Chasseneuil, *Cassinogilum*, sur la rive droite du Lot,
où Charlemagne tint le Champ-de-Mai de 778, à la suite duquel il
partit pour son expédition d'Espagne; — 11° le Quercy, cap.
Cahors, au N.-E. de l'Agénois; — 12° le Rouergue, cap. *Rhodez*,
à l'E. du Quercy; — 13° le Gévaudan, cap. *Javols* ou *Javoulx*
(l'ancienne Gabali), au N.-E. du Rouergue; — 14° l'Albigeois,
cap. *Alby*, au S.-O. du Rouergue; — 15° enfin le Toulousain,
cap. *Toulouse*, au S.-O. de l'Albigeois. Cette dernière ville était la
capitale du royaume.

210. Autres provinces. — Les trois provinces que l'on peut
considérer comme relevant de la couronne d'Aquitaine étaient :

La Septimanie ou Gothie (181), dont la situation politique
n'avait pas changé depuis l'avénement de Charlemagne.

La Gascogne, *Wasconia*, située au pied des Pyrénées, au S.-O.
de l'Aquitaine, dont la soumission à Charlemagne entraîna celle de
cette petite province; mais son duc ayant profité de l'expédition de

---

* Anonyme connu sous le nom d'Astronomus, *Vita Ludovici Pii.*

Charlemagne en Espagne, en 778, pour se joindre à ses ennemis, et ayant pris une grande part à la défaite qu'éprouva l'armée des Francs à RONCEVAUX, *Roscida vallis,* dans les gorges des Pyrénées, au S.-O. de la Gascogne, le roi, s'étant rendu maître de sa personne, le fit pendre en punition de sa trahison, et confisqua son duché, dont il consentit toutefois à rendre à son fils, à titre de fief, la partie la plus voisine des Pyrénées, c'est-à-dire le *Bigorre,* le *Béarn* et la *Basse-Navarre.* Le reste fut placé sous le gouvernement de comtes francs.

Les MARCHES ESPAGNOLES, dont il est difficile de déterminer l'étendue d'une manière précise, mais dont on peut considérer l'Èbre comme ayant été la limite au S., se divisaient en *Marche de Gascogne,* à l'O., et *Marche de Gothie* ou de *Septimanie,* à l'E. Les peuples de la Navarre, placés à l'O. de la première, furent les alliés tantôt de Charlemagne et tantôt des Sarrasins ; cependant la partie française de cette province était, ainsi que l'*Aragon,* comprise dans la Marche de Gascogne. — BARCELONE (127), prise par Louis, fils de Charlemagne, en 801, et devenue la capitale de la Marche de Gothie, était la ville la plus importante de ces provinces, où l'on peut citer encore : AMPURIAS et TARRAGONE, sur la Méditerranée ; — GIRONE et BEZALU, plus à l'O. ; — URGEL, au pied des Pyrénées. — TORTOSE, ville forte, située près de l'embouchure de l'Èbre, et prise par Charlemagne en 811, était retombée l'année suivante au pouvoir des Musulmans. — PAMPELUNE, située beaucoup plus au N.-O. dans la Marche de Gascogne, en était la capitale.

211. L'ITALIE, *Italia,* ou LOMBARDIE, *Langobardia,* érigée en royaume par Charlemagne, en faveur de Pépin, son second fils, l'an 781, comprenait toute la partie de la péninsule italique qui s'étend depuis le pied des Alpes, au N., jusqu'au territoire de Gaëte, au S.-O., et jusqu'au Garigliano, limite du *duché* tributaire *de Bénévent*; au S.-E. Dans ce territoire était renfermé le *Patrimoine de l'Église de Rome* ou *de Saint-Pierre,* composé des donations de Pépin et de Charlemagne, et qui comprenait : — 1° le *duché de Rome,* qui s'étendait lui-même sur les deux rives du Tibre, depuis le petit fleuve de la *Marta* jusqu'au *Garigliano* (aujourd'hui patrimoine de Saint-Pierre et campagne de Rome) ; — 2° la *Tuscie,* au N. du petit fleuve de la *Marta,* et comprenant le *duché de Pérouse ;* — 3° la *Sabine,* au N.-E. du duché de Rome jusqu'au *duché de Spolète,* qui en était indépendant ; — 4° enfin l'*Exarchat de Ravenne,* à l'E., avec la *Pentapole* (155), qui s'étendait le long de la mer Adriatique. — La ville de VENISE, sujet de longues contestations entre les deux empires d'Occident et d'Orient, semble être restée de fait, au milieu de ses lagunes, à peu près indépendante de l'un et de l'autre. — Outre les villes de ROME, témoin, en l'an 800, du couronnement de Charle-

magne ; de RAVENNE , qui conservait encore une partie de sa splendeur, et de VENISE , on peut encore citer dans l'Italie à cette époque :
— PAVIE , où le dernier roi des Lombards , Didier, s'était renfermé
et fut pris , après un long siége , avec le plus grand nombre des ducs
Lombards ; — VÉRONE, à l'E. de Pavie, qu'Adalgise , fils de Didier,
essaya aussi vainement de défendre contre Charlemagne ; —TRÉVISE ,
au N.-E. de l'Italie , capitale de la *Marche Trévisane*, qui terminait
l'Empire de. ce côté , avant la conquête des contrées que nous nommerons ci-après.

212. Le DUCHÉ DE BÉNÉVENT, que nous pourrions comprendre
dans le royaume d'Italie puisque le duc Lombard qui le gouvernait
avait été forcé , en 787 , de se reconnaître vassal de Charlemagne , et,
en 812 , de se soumettre à un tribut de 25,000 sous d'or, était , par le
fait, presque complétement indépendant. Ce puissant et vaste duché
(dont le territoire comprenait la plus grande partie de ce qui forme
aujourd'hui le royaume de Naples) s'étendait depuis les rives de la
Pescara , près de laquelle sont situées les villes de *Chieti* et d'*Ortona* ,
prises en 801 et 802 par Charlemagne, et depuis les limites de l'État
de l'Église, jusqu'au delà de *Tarente* , au S.-E., depuis que le duc
Romuald avait conquis sur l'Empire Grec au delà de l'*Aufidus* (aujour-
d'hui Ofanto) un vaste territoire (aujourd'hui Terre de Bari et le N.
de celle d'Otrante) auquel il donna le nom de *Langobardia Minor*.
Au S.-O. les limites du duché de Bénévent et de l'Empire Grec se
trouvaient dans la *Calabre Inférieure* *, vraisemblablement vers les
deux petits fleuves Savuto et Neto (qui séparent aujourd'hui la Calabre
Ultérieure de la Citérieure). Outre la ville de BÉNÉVENT , résidence
de ses ducs , on peut citer dans ce duché : — CAPOUE , jusqu'où
Charlemagne s'avança dans son expédition de 787 ; — LUCERA , plus
au N.-E., prise par les Francs en 802 ; — ACERENZA , au centre, et
SALERNE , sur le golfe de son nom , places fortes dont Charlemagne
avait imposé à Grimoald l'obligation de démolir les murailles, lorsqu'il consentit à lui donner l'investiture du duché de Bénévent.

213. PROVINCES ORIENTALES. — Quoique ces provinces n'aient
point toujours fait partie du royaume d'Italie , nous les nommons ici
parce qu'elles se trouveront ainsi décrites à leur place naturelle. Les
principales étaient :

Le FRIOUL , au N.-E. de l'Italie, administré par des comtes
Francs depuis la révolte et la mort, en 777, de son dernier duc Lombard, qui fut remplacé par un seigneur franc ayant le titre de duc ou
de marquis, et spécialement chargé de la défense de cette frontière.
Lorsque Charlemagne érigea l'Italie en royaume en faveur de Pépin,

---

* Eginh. *Vita Karoli.*

le Frioul fut, comme tout ce qui avait dépendu autrefois des provinces Lombardes, réuni au royaume d'Italie, et formait une marche fort importante par sa position aux abords de l'Italie : — FRIOUL, ou *Città di Friuli*, au N. d'Aquilée, en était la capitale.

L'ISTRIE, dans la presqu'île au S. du Frioul, conquise, ainsi que la province suivante, par Pépin, roi d'Italie, et fils de Charlemagne, vers l'an 789. — JUSTINOPOLIS (auj. Capo d'Istria), au fond du golfe de Trieste, au N., en était la ville principale et dépendait, comme les villes de la Dalmatie que nous nommerons plus bas (214), des empereurs de Constantinople.

La LIBURNIE ou CROATIE (nom qu'elle conserve encore), au S.-O. de l'Istrie : elle était soumise à l'autorité des marquis de Frioul, contre un desquels se révoltèrent les habitants de TARSATICA (auj. Tarsacoz), sur la côte septentrionale, qui paraît en avoir été à cette époque la ville principale.

214. La DALMATIE, au S.-E. de la Liburnie, à l'exception toutefois des villes maritimes, qui avaient été laissées par Charlemagne à l'empereur de Constantinople *. Ces villes, qui étaient les plus importantes de la province, étaient : — JADERA (auj. Zara), dont le duc vint cependant, en 806, avec ceux de Venise, faire hommage à Charlemagne ; — TRAGURIUM (auj. Trau), et ASPALATHOS (auj. Spalatro) (46), plus au S.-E. — La province elle-même était partagée entre les deux empires d'Occident et d'Orient, sans que l'on puisse fixer d'une manière bien précise les limites respectives, qui furent souvent un sujet de contestation entre les deux souverains. — Les CROATES ou CHROBATES, *Chrobatoi*, qui en occupaient le N., jusqu'à la *Cettina*, étaient sujets de l'empire d'Occident, et les SORABES ou *Serbes*, qui ont donné leur nom à la *Servie*, composée de toute la partie S.-E. de la province depuis le Danube et la Save jusqu'à la côte aux environs de *Rhausium* (auj. Raguse), relevaient de l'empire d'Orient.

II. PEUPLES TRIBUTAIRES.

215. NOMS ET DEMEURES. — Sur les limites orientales de l'empire de Charlemagne se trouvaient plusieurs peuples Slaves qui s'étaient, soit volontairement, soit par force, soumis à reconnaître les lois de l'Empereur. Ces peuples étaient :

Les OBOTRITES, *Abotrites* ou *Obodrites*, placés sur la frontière de l'empire vers le N.-E., entre la partie inférieure du cours de l'Elbe et la mer Baltique : ils aidèrent Charlemagne dans une guerre contre

---

* Eginh. *Vita Karoli*. « Exceptis maritimis civitatibus, quas ob amicitiam et junctum cum eo fœdus, constantinopolitanum imperatorem habere permisit. »

les Saxons. — RÉRIK, port sur la mer Baltique, entrepôt du commerce des Francs et des Danois, paraît avoir été la seule ville importante de leur pays.

Les WILTZES, nommés aussi *Wélatabes* et *Lutizes*, à l'E. des Obotrites, avec lesquels ils étaient en guerre continuelle. Ils furent soumis en 789 par Charlemagne, qui recula ainsi des rives de l'Elbe à celles de l'Oder les limites de l'empire des Francs.

Les SORABES ou *Serbes*, au S. des deux peuples précédents. Cette nation, dont plusieurs tribus s'étaient, comme nous l'avons vu plus haut (214), établies dans la Dalmatie, subit aussi le joug des Francs vers l'an 784.

Les CZÈCHES, qui habitaient la Bohême sous le gouvernement de ducs souverains, et qui sont aussi désignés dans les auteurs du temps * sous le nom de Bohémiens ou Béhèmes, *Behemi*, reconnaissaient aussi les lois de Charlemagne.

Les MORAVES, du moins ceux qui habitaient la Moravie méridionale, vers les bords du Danube, furent aussi soumis, vers la fin du huitième siècle, aux Francs qui les avaient soustraits au joug des Avares.

Les SLAVES de la *Slavonie* ou *Esclavonie*, entre la Save et la Drave, étaient le plus oriental des peuples tributaires de l'Empire Franc, auquel ils avaient été soumis par Pépin, qui pénétra jusqu'à la Theiss.

§ III. DIVISION DE L'EMPIRE CARLOVINGIEN EN MISSIES OU LÉGATIONS.

216. LEUR NATURE ET LEUR NOMBRE.—Les Légations ou *Missies*, *Missatica*, instituées par Charlemagne pour assurer la bonne administration et l'exacte distribution de la justice dans toutes les parties de ses États, étaient des divisions extrêmement variables et qui paraissent avoir changé chaque année avec les officiers, *Missi dominici*, que Charlemagne chargeait d'aller inspecter telle ou telle partie de ses États. La seule liste un peu complète qui nous soit parvenue, pour le règne de Charlemagne **, des noms de ces envoyés royaux et des provinces dont l'inspection était confiée à chacun d'eux, se rapporte à l'année 802. Les Légations ou Missies comprises dans cette liste sont au nombre de trois, savoir :

217. I. PREMIÈRE MISSIE. — Elle devait embrasser neuf cantons

---

* Eginh. *Annales.*

** Il existe deux listes de *Missatica* plus détaillées encore; mais l'une se rapporte à l'année 823, et par conséquent au règne de Louis le Débonnaire; et l'autre à l'an 853, sous Charles le Chauve.

ou *pagi* *, savoir : — 1° le CENOMANICUS ou le Maine, qui avait pour capitale *Cenomani* (aujourd'hui Le Mans) ; — 2° l'HOXONENSIS, ou mieux *Oximensis*, l'Hiesmois, au N. du précédent, ainsi nommé de sa capitale *Oximus* ou *Oximi* (auj. Hiesmes, entre Falaise et Fécamp), qui fut peut-être primitivement le siége de l'évêché transféré depuis à Séez, *Saii* ** ; — 3° le LIVINUS, ou plus exactement le *Lisuinus* ou *Lixuvinus*, c'est-à-dire le Lieuvin, au N. de l'Oximensis, et qui tirait aussi son nom de sa capitale *Lisiva* ou *Lixovium*, l'ancienne *Lexovii* (aujourd'hui Lisieux) ; — 4° le BAIOCASSINUS, ou *Bajocensis*, le Bessin, à l'O. du Lixuvinus, capitale *Baiocassium* ou *Baiocæ*, l'ancienne *Baiocasses* (aujourd'hui Bayeux) ; — 5° le CONSTANTINUS ou le Cotentin, à l'O. du Baiocensis ; capitale *Constantia* ou *Constantina civitas* (aujourd'hui Coutances) ; — 6° l'ABRINCATENSIS ou l'Avranchin, au S. du Constantinus, capitale *Abrincatæ* ou *Abrincæ* (aujourd'hui Avranches) ; — 7° l'EBRECINUS, ou mieux *Ebroicinus*, dont une partie est connue sous le nom de *Pays d'Ouche*, à l'E. du Lixuvinus, capitale *Ebroicæ* ou *Ebroæ*, l'ancienne *Eburovices* (aujourd'hui Évreux) ; — 8° le MADRIACENSIS ou *Matricensis*, pays de Madrie, dont le nom même a depuis longtemps disparu de notre histoire, parce qu'il n'a eu qu'une existence de deux siècles au plus et que son territoire a été démembré : il était situé à l'E. de l'Ebroicinus, entre la Seine, l'Eure et la rivière de Vaucouleurs *** ; mais nous ignorons quelle en était la capitale ; — 9° enfin le RODOMENSIS ou *Roumois*, mais seulement pour la portion de ce pagus située sur la rive gauche de la Seine. Nous savons par un capitulaire de Charles le Chauve **** que c'était d'une autre Missie que ressortait la partie septentrionale de ce pagus, dans laquelle se trouvait sa capitale *Rodomum* ou *Rotmum*, l'ancien *Rotomagus* (aujourd'hui Rouen).

Ainsi le Missaticum que nous venons de décrire embrassait le Maine et presque toute la portion de la Normandie située au S. de la Seine (aujourd'hui les départements de la Sarthe, de l'Orne, de la Manche, du Calvados et de l'Eure).

248. II. SECONDE MISSIE. — Cette seconde Missie ou Légation comprenait des contrées beaucoup plus vastes que la première ; elle

---

* Pour se former une idée exacte et complète de ces divisions territoriales, consulter le chapitre que nous avons consacré, à la suite de la *Géographie Historique Moderne*, à établir la comparaison entre les divisions anciennes et modernes du territoire de la France.

** C'est l'opinion du P. Sirmond, combattue du reste par Valois, *Notitia Galliarum*, voc. *Oximensis pagus*.

*** Voir le savant article publié sur ce *pagus* par M. Guérard, *Essai sur le Système des divisions territoriales de la Gaule*.

**** Baluze, *Capitul. reg. Franc.*, ann. 853. Le *pagus Rodomensis*, dont il est ici question, est celui qui était désigné aussi sous le nom de *pagus Rotomagensis Minor*, par opposition au *pagus Rotomagensis Major*. V. l'art. *Provinces et Pays de la France*, inséré par M. Guérard dans l'*Annuaire de la Société de l'Histoire de France*, année 1837, pages 130 et 131.

s'étendait depuis le territoire d'Orléans, qui paraît y avoir été compris, *ab Aurelianis*, jusqu'à la Saône, *Segona* ou *Sagona*, et embrassait de plus les cités de Troyes, *Tricasses*, de Langres, *Lingones*, de Besançon, *Vesontienses*, d'Autun, *Augustodunum*, et le pays depuis la Loire jusqu'à l'Orléanais, *à Ligeri ad Aurelianos*, dit le capitulaire; ce qui signifie probablement tout le pays situé sur la rive droite de la Loire, depuis le territoire de la cité d'Autun jusques et y compris celle d'Orléans, comme nous l'avons dit plus haut.

Ce second Missaticum aurait donc embrassé l'Orléanais, le Nivernais, toute la partie septentrionale de la Bourgogne, la Franche-Comté et la Champagne proprement dite (aujourd'hui les départements du Loiret, de la Nièvre, de Saône-et-Loire, du Jura, du Doubs, de la Haute-Saône, de la Côte-d'Or, de l'Yonne, partie S.-E., et de l'Aube). Le capitulaire ne s'est pas arrêté à faire l'énumération des nombreux *pagi* de cette vaste Légation.

219. III. Troisième Missie. — La troisième et dernière Légation dont il est fait mention dans le capitulaire dont nous nous occupons était comprise à peu près entre les deux que nous venons de décrire. Elle renfermait les sept *pagi* suivants, savoir:

1° Le Parisiacus ou Parisis, dont l'étendue n'était pas fort considérable, comme on en va juger par l'énumération de ceux qui l'entouraient; il avait pour capitale *Parisii* (aujourd'hui Paris); — 2° le Melcianus ou *Meldensis*, la Haute-Brie, au N.-E. du *Parisiacus*, capitale *Meltis* (auj. Meaux); — 3° le Milidunensis, le Melunais ou Gatinais, au S. du *Melcianus*, capitale *Milidunum* (auj. Melun); — 4° le Provinensis, la Basse-Brie, à l'E. du *Milidunensis*, capitale *Provinum* ou *Provini* (auj. Provins); — 5° le Stampensis, au S.-O. du *Milidunensis*, capitale *Stampæ* (auj. Étampes); — 6° le Carnotensis ou Pays-Chartrain, à l'O. du *Stampensis*, capitale *Carnotum* ou *Carnutes* (auj. Chartres); — 7° enfin le Pinciacensis ou Pincerais, au N.-O. du *Parisiacus*, capitale *Pinciacum* (auj. Poissy).

Ainsi cette Légation ne comprenait que la partie S. de la province de l'Ile-de-France et le N. de l'Orléanais (auj. les départements de la Seine, de Seine-et-Marne, une petite partie de celui de Seine-et-Oise, et l'E. de celui d'Eure-et-Loir).

220. Résumé. — En somme, le territoire compris dans les trois Missatica formait une bande de 40 lieues environ de largeur, qui traversait la France actuelle par son centre dans toute son étendue, de l'O. à l'E., depuis les rivages de la Manche jusqu'aux montagnes du Jura. C'était à peu près le quart de l'étendue de la France d'aujourd'hui. Quant au reste du pays, nous ignorons de quelle manière Charlemagne le partageait entre ses *missi dominici*; nous savons seulement qu'en 795 la Champagne, *Campania*, formait une légation. Dans une

charte de l'an 825, sous Louis le Débonnaire, nous voyons tous les pays situés au N. de ceux que nous venons de décrire partagés en six missies, puis trois autres missies établies pour le Sénonais, pour la Touraine et pour le Lyonnais, le Viennois et la Tarentaise. Enfin un capitulaire de Louis le Débonnaire, en 855, nous fait connaître douze *Missatica* qui comprennent tout le nord et le centre de la France jusqu'à la Loire et à l'Isère ; quant à l'*Aquitaine* et à la *Provence*, ainsi qu'aux autres provinces de l'Empire Carlovingien, nous ignorons en combien de Missies ou Légations elles étaient divisées.

§ IV. DIVISION FAITE PAR CHARLEMAGNE DE SON EMPIRE ENTRE SES FILS.

221. INDICATIONS PRÉLIMINAIRES. — Charlemagne, instruit par les sanglants débats qui avaient si puissamment contribué à perdre la première race, voulut prévenir les divisions qui pourraient, après sa mort, s'élever entre ses fils, en procédant lui-même au partage de ses États. Ce fut dans cette intention que l'an 806, dans une grande assemblée convoquée par lui à *Thionville*, et en présence de ses trois fils Charles, Pépin et Louis, il procéda à un partage général de ses États, assignant à chacun d'eux la part qu'il posséderait après sa mort, et même en cas de prédécès de l'un ou l'autre d'entre eux. On sait que la mort des deux aînés rendit ces dispositions inutiles : nous avons cru devoir néanmoins faire connaître ici ce partage avec quelque détail, parce que c'est le premier qui ait été méthodiquement tracé dans l'étendue de la monarchie franque.

222. I. ROYAUME DE LOUIS. — Louis, dont Charlemagne détermina le premier l'héritage, devait avoir toute la partie S.-O. de l'empire des Francs, savoir [*] :

L'AQUITAINE tout entière, *Aquitania*, avec la GASCOGNE, *Wasconia*, et tout le pays qui s'étend à l'O. et au S. jusqu'à l'Espagne, à l'exception toutefois du *Pagus Turonicus* ou la Touraine (**224**).

La SEPTIMANIE ou GOTHIE, *Septimania* vel *Gothia* ; ce qui entraînait nécessairement la possession des MARCHES ESPAGNOLES de *Gothie* et de *Gascogne* (**210**).

La BOURGOGNE, *Burgundia*, presque tout entière, c'est-à-dire : le NIVERNAIS, *Pagus Nivernensis*, l'AVALONAIS, *Avalensis*, l'AUXOIS, *Alsensis*, le CHALONNAIS, *Cabillonensis*, le MACONNAIS, *Matisconensis*, le LYONNAIS, *Lugdunensis*, la SAVOIE, *Saboïa*, la MORIENNE, *Morienna*, et la TARENTAISE, *Tarentasia*, jusqu'au mont

---

[*] Baluz. *Capitul. reg. Francor.*, p. 439, 440 et seq.

GENIS, *mons Cinisius*, et au Val de Suse, *vallis Segusiana*, où se trouvait le passage appelé alors les Cluses des Francs, *Clusæ Francorum*, et qui devait servir à Louis de porte pour entrer en Italie, si son frère Pépin avait besoin de son secours.

La PROVENCE, *Provincia*.

Ainsi ce royaume, borné au N. par la Loire et par une ligne irrégulière qui serait tirée du confluent de ce fleuve avec la Vienne pour aller rejoindre la Saône dans la partie supérieure de son cours, avait pour bornes, à l'O., l'Océan; à l'E., la Saône, le Rhône supérieur et les Alpes, que Charlemagne appelle les Monts Italiques, *Termini Italicorum montium*; et, au S., la Méditerranée et le cours de l'Èbre.

225. II. ROYAUME DE PÉPIN. — Pépin, le second des fils de Charlemagne, reçut en partage toute la partie S.-E. de l'empire, savoir:

L'ITALIE, *Italia*, appelée aussi LOMBARDIE, *quæ et Langobardia dicitur*. Nous aurons occasion d'indiquer plus loin (228) quelles limites il convient d'assigner à cette partie des états de Pépin.

L'ALAMANIE MÉRIDIONALE, c'est-à-dire, comme s'exprime Charlemagne lui-même, toute la portion de cette contrée qui s'étend sur la rive méridionale du Danube et au midi d'une ligne qui, partant du Danube, irait joindre le Rhin sur les confins des deux cantons ou *pagi* nommés *Chletgouve* et *Hegouve*, vers le lieu appelé *Lage* (encore aujourd'hui Lagen, petite ville du grand-duché de Bade, un peu au N.-O. du lac de Constance). Vers cet endroit, en effet, le Danube, presque à sa source, et le Rhin sortant du lac de Constance, se rapprochent l'un de l'autre au point de n'être plus séparés que par une distance de quatre lieues environ. A partir de ce point, qui doit se prendre vers la ville actuelle de Schaffouse, Charlemagne donne pour limite aux états de Pépin le cours supérieur du Rhin jusqu'aux Alpes; mais il est évident qu'il ne faut pas prendre cette expression à la rigueur *, puisque Charles ajoute un peu plus loin qu'il donne à ce même prince:

Le *pagus* DURGOUVE ou *Thurgau*, et

Le DUCHÉ DE COIRE, *Ducatus Curiensis*, c'est-à-dire, évidemment toute la Suisse orientale; car le *pagus* de *Thurgau* ou *Thurgovie*, dont le nom s'est conservé dans cette contrée, s'étendait sans doute alors à tout le pays arrosé par la rivière de *Thur*, à laquelle il

---

* Peut-être au temps de Charlemagne ne considéroit-on pas comme étant le cours supérieur du Rhin la rivière qui vient entrer dans le lac de Constance, mais quelque autre des grands affluents de ce fleuve, comme l'Aar, par exemple.

devait son nom *. La limite en cet endroit devait donc être plus à l'O. que le cours du Rhin **, qui ne servait lui-même de limite que dans sa partie supérieure.

La BAVIÈRE enfin, *Bajovaria*, comme Tassilon l'a tenue, *sicut Tassilo tenuit,* dit Charlemagne, c'est-à-dire la Bavière proprement dite, et sans y comprendre le Pagus désigné sous le nom de *Northgau,* qui, bien que considéré, à l'époque du partage dont nous nous occupons, comme une partie de la Bavière, n'était point compris dans les états de Tassilon ; aussi Charlemagne ajoute-t-il encore qu'il excepte de la concession faite à Pépin les deux *Villæ* de *Ingoldestat* (encore aujourd'hui Ingolstadt) et de *Lutrahahof* (inconnue aujourd'hui), qu'il avait autrefois accordées comme bénéfices à Tassilon, mais qu'il retire aujourd'hui du lot de Pépin, parce qu'elles dépendaient du *Northgau,* réservé, comme nous le verrons bientôt, à Charles. Les communications de Pépin entre ses états d'Italie et ceux qui se trouvaient au N. des Alpes étaient assurées par les passages de *Coire* et des *Alpes Noriques*, dit Charlemagne. Ce dernier est sans doute celui de la vallée de l'Adige par Trente et le Tyrol. D'autres passages conduisaient dans les provinces orientales.

A ces indications positives Charlemagne ajoute encore ces mots : « et tout ce qui se trouve compris dans ces limites, tant vers le midi que vers l'orient. » Peut-être l'empereur ne jugeait-il pas à propos de désigner d'une manière plus précise les limites assez incertaines des possessions franques du côté du duché de Bénévent (212), qui lui inspirait encore assez de craintes pour qu'il prît toutes les précautions nécessaires pour assurer à Pépin, en cas d'attaque de ce côté, le secours de ses frères. Quant aux limites orientales de ce même royaume, la manière également vague dont en parle Charlemagne s'explique par le peu de fixité qu'avait nécessairement une limite couverte en partie de populations nomades (214). Peut-être aussi Charles conservait-il, à cette époque, l'espoir de la reculer encore.

224. III. ROYAUME DE CHARLES. — Les états assignés à CHARLES, l'aîné des fils de l'empereur et son successeur futur à la couronne impériale, devaient lui donner les moyens de soutenir le haut rang auquel il était appelé. Ils se composaient des provinces qui faisaient la force de l'empire. Ces provinces étaient :

La FRANCE proprement dite, *Francia* (187), que Charlemagne nomme la première à cause de son importance politique dans la monarchie.

---

* *Thur-gau* : on sait que le nom *gau* ou *gowe* est, dans la langue des nations germaniques, l'équivalent de *pagus*.

** Peut-être vers le cours de la Reuss, affluent de l'Aar, ou vers le grand lac du centre de la Suisse.

L'AUSTRIE, *Austria*, composée de la partie de l'Austrasie qui ne se trouvait pas comprise sous le nom de *Francia*.

La NEUSTRIE, *Neustria*, dont nous avons déjà (179) indiqué les limites, mais en y ajoutant le *Pagus Turonicus*, détaché, comme nous l'avons vu (222), du royaume d'Aquitaine. Remarquons que Charlemagne ne mentionne pas ici la *Bretagne*, soit qu'il la considérât comme une dépendance de la Neustrie, soit au contraire que la soumission de cette contrée, où il eut encore des révoltes à comprimer, lui parût trop incertaine pour la nommer parmi les provinces de son empire.

225. La portion de la BOURGOGNE, *Burgundia*, qui n'avait pas été donnée à Louis (222), et qui se composait de la partie de cette province qui a formé depuis *la comté de Bourgogne* ou *Franche-Comté*, et de celle qui a été connue sous le nom de *Bourgogne Transjurane*, c'est-à-dire toute la Suisse occidentale, connue aussi sous le nom de *Suisse Romande* ou *Romane*, par opposition à l'orientale, désignée sous le nom de Suisse-Allemande, et qui était comprise dans les états de Pépin (225). Au S. de cette province se trouvait le passage du Grand-Saint-Bernard, qui conduisait au Val d'Aoste, *Vallis Augustana*, qui devait servir de route de communication à Charles avec l'Italie, pour porter secours à son frère Pépin, en cas de nécessité.

L'ALAMANIE septentrionale, *Alamania*, ou, comme s'exprime le capitulaire, la partie de cette province qui n'avait pas été assignée à Pépin, c'est-à-dire tout ce qui est au N.-O. du Danube et de la ligne fictive (225) qui joignait ce fleuve au Rhin.

La partie de la BAVIÈRE, *Bajovaria*, appelée *Northgow* ou *North-gau*, ainsi que ses dépendances, comme nous l'avons vu plus haut (225), c'est-à-dire la portion de cette province située au N. du Danube.

La THURINGE, *Thuringia* (188).

La SAXE, *Saxonia* (189 et 198).

La FRISE, *Frisia* (190 et 197).

Nous n'avons rien à ajouter sur ce que nous avons dit plus haut de ces dernières provinces, dont les deux premières touchaient à l'E. des peuples considérés comme tributaires, mais qui étaient par le fait si peu soumis, que Charlemagne ne jugea pas possible, comme on le voit, de faire entrer les pays qu'ils habitaient dans le partage qu'il traçait de son empire.

226. DISPOSITIONS CONDITIONNELLES. — La prudence de Charlemagne ne crut pas devoir s'arrêter à ce partage. Ce grand homme semblait prévoir la caducité de sa race : il ajouta donc au partage un

article destiné, en cas de prédécès de l'un de ses fils, à régler les droits des survivants. Nous en donnerons ici le contenu, qui servira à compléter les notions précieuses qui résultent de ce partage pour la géographie historique de cette époque.

227. I. Si Charles, l'aîné des trois, meurt le premier, ses États seront partagés entre ses frères de la même manière qu'ils s'étaient trouvés partagés autrefois entre Charlemagne lui-même et son frère Carloman (178 et suiv.), « de manière, ajoute le capitulaire, que Pépin ait la portion que posséda notre frère Carloman, et Louis celle que nous avons reçue nous-même. »

Ainsi Pépin devait, dans ce cas, ajouter à ses États d'*Italie* et de *Bavière* (225) les portions de cette même *Bavière* et de l'*Alamanie* (225) qui avaient été assignées à Charles, et qui auraient complété pour lui la possession de ces deux provinces ; et de plus, tout le N.-E. de la *Bourgogne* (225), et sans doute aussi l'*Alsace* (183). Il aurait ainsi possédé toute la partie S.-E. de l'empire des Francs.

Louis ajoutant à ses États d'*Aquitaine* et de *Bourgogne* la *Neustrie*, la *France*, avec le reste de l'*Austrasie*, mais en en exceptant l'*Alsace*, et, de plus, la *Frise*, la *Saxe* et la *Thuringe* (225), aurait ainsi possédé tout l'O. et le N. de l'Empire Franc.

228. II. Si Pépin venait à mourir le premier, le roi d'Austrasie et de Neustrie, Charles, devait d'abord prendre tout ce que Pépin possédait hors de l'Italie, c'est-à-dire les portions méridionales de l'*Alamanie* et de la *Bavière*, et les autres provinces orientales qui se trouvaient déjà séparées des États de Louis par la portion de la Bourgogne dont Charles était en possession *.

Quant à l'*Italie* elle-même, la manière dont Charlemagne en trace le partage entre les deux frères, et qui semble contraire à l'esprit méthodique qui présida aux divisions établies par ce prince, prouve, comme nous avons déjà eu occasion de le remarquer (225), quelles craintes agitaient l'esprit de l'empereur, craintes justifiées d'ailleurs par le peu de succès qu'avait obtenu Pépin dans la guerre contre le duc de Bénévent. Voici comment ce partage devait s'opérer entre les deux frères.

Charles devait prendre, à partir de la vallée d'AOSTE et de la ville de ce nom, *Augusta*, celles d'IVRÉE, *Éboreïa*, et de VERCEIL, *Vercellæ*, c'est-à-dire tout le N. du Piémont ; prendre également la ville de PAVIE, *Papia*, et de là suivre le cours du Pô jusqu'aux frontières du territoire de REGGIO, *Regia*, par conséquent tout le

---

* Cette disposition n'est pas textuellement indiquée dans le capitulaire, mais elle résulte nécessairement des autres dispositions qui s'y trouvent et de la nature des lieux.

royaume Lombard-Vénitien. Son lot devait comprendre encore cette même ville de Reggio et celles de FORNOUE ou Fornovo, *Civitas nova*, et de MODÈNE, *Mutina* (aujourd'hui duchés de Parme et de Modène), jusqu'aux limites de saint Pierre, *usque ad terminos sancti Petri*. Il est entendu que toutes ces villes sont données avec leurs faubourgs, *cum suburbanis*, territoires, *territoriis*, et comtés qui en dépendent, *atque comitatibus quæ ad ipsas pertinent*.

De là, en se dirigeant vers Rome, tout ce qui se trouve à gauche, *et quicquid indè Romam pergenti ad lævam respicit*; indication assez vague, car il est fort difficile de savoir quelle route Charlemagne veut indiquer. Nous remarquerons seulement que l'Empereur, en désignant plus bas le *Duché de Toscane* comme devant appartenir à Louis, semble indiquer que l'Apennin devait en cet endroit former la limite des deux frères. Remarquons encore que Charlemagne, à la suite des expressions que nous avons citées plus haut, ajoute : *de regno quod Pippinus habuit*; ce qui, joint à l'expression *usque ad terminos sancti Petri*, prouve qu'il ne comprenait pas dans le partage les États de l'Église, qui formaient comme une sorte de fief enclavé dans l'Empire, mais dont Charlemagne ne se croyait pas plus le droit de disposer qu'il ne se serait cru celui de disposer de terres qu'il aurait déjà données aux églises de Tours ou de Saint-Denis. Retranchant donc du lot de Charles cette portion de l'Italie, il ne reste plus à y mentionner, comme le fait le capitulaire, que

Le DUCHÉ DE SPOLÈTE, *Ducatus Spoletanus*, avec toute la contrée qui s'étendait vers la côte de l'Adriatique, entre le territoire des villes ecclésiastiques de la Pentapole et les limites du duché de Bénévent (aujourd'hui l'Abruzze Ultérieure).

Tout le reste des états italiens de Pépin, c'est-à-dire la portion de la *Transpadane* non comprise dans le lot de Charles; tout ce qui s'étendait au S. du Pô jusqu'à la Provence à l'O. ; et enfin le DUCHÉ DE TOSCANE, *Ducatus Toscanus*, devait s'ajouter au royaume de Louis.

229. III. Enfin, si Louis lui-même mourait le premier, ses frères devaient partager ses états de la manière suivante :

Pépin devait joindre à ses états d'*Italie*, de *Bavière* et d'*Alamanie*, la portion de la *Bourgogne* attribuée à Louis (222), avec la *Provence* et la *Septimanie* ou *Gothie*.

Charles devait ajouter à ses états d'*Austrasie* et de *Neustrie*, et à la partie de l'*Aquitaine* qu'il possédait déjà (224), tout le reste de l'*Aquitaine* avec la *Gascogne*.

Auquel des deux devaient, en ce cas, appartenir les *Marches*

Espagnoles ? C'est ce que Charlemagne ne spécifie pas , puisqu'il se borne à dire en parlant du lot de Pépin : *usque ad Hispaniam.* Peut-être chacun des deux frères devait-il posséder celle des deux Marches qui dépendait des nouvelles provinces qui lui étaient assignées, c'est-à-dire, l'un la Marche de *Gothie*, et l'autre celle de *Gascogne* (240). Peut-être aussi Charlemagne ne regardait-il pas cette conquête comme assez bien affermie pour faire entrer les Marches Espagnoles dans le partage. Nous avons déjà fait cette même remarque pour les contrées situées à l'E. de l'Elbe et pour la Bretagne.

250. PARTAGE A LA MORT DE CHARLEMAGNE. — Charlemagne fut précédé dans la tombe par ses deux fils aînés , Charles et Pépin ; mais le second avait laissé un fils : il semblait donc que ce fût le cas d'appliquer les dispositions du premier paragraphe de l'article que nous venons d'examiner, c'est-à-dire de joindre à l'*Italie*, dont Bernard héritait de son père, toute la Bavière et l'Alamanie , la Bourgogne orientale et l'Alsace (227) : il n'en fut pourtant pas ainsi. Les historiens se bornent à dire que Charlemagne donna à son petit-fils, dans le Champ-de-Mai assemblé à Aix-la-Chapelle en 812, le *Royaume d'Italie* : mais il paraît qu'il ne faut entendre par là que l'*Italie* proprement dite, mais non pas le royaume de Pépin tout entier , puisque nous voyons, après la mort de Charlemagne , Louis le Débonnaire donner lui-même à Lothaire , l'aîné de ses fils , le gouvernement de la *Bavière* *, qui avait appartenu en presque totalité à Pépin. Nous pourrions même ajouter que , dans l'Italie elle-même , Bernard se conduisit dans ses rapports avec Louis le Débonnaire plutôt comme un gouverneur de province que comme un souverain indépendant , jusqu'à l'époque où la crainte de voir méconnaître les droits qu'il avait à succéder à son oncle dans la dignité impériale l'entraîna à des démarches qui lui coûtèrent la vie.

CHAPITRE VII.

EUROPE.

SA GÉOGRAPHIE POLITIQUE A LA MORT D'OTTON LE GRAND **.

251. DIVISION. — A la mort de l'empereur Otton le Grand, en 975, l'Europe ne renfermait pas moins de dix-neuf états remar-

---

* Astronomus, *Vita Ludovici Pii.* — Eglub. *Annales.*
** Consulter dans mon ATLAS DU MOYEN AGE la carte de l'*Europe à la fin du dixième siècle.*

quables, dont sept dans le Nord , savoir : I. les royaumes *Irlandais*;
II. le royaume d'*Écosse*; III. celui d'*Angleterre*; IV. celui de
Danemark; V. celui de *Norvége*; VI. celui de *Suède*; VII. le grand
duché de *Russie*; — cinq dans le centre , savoir : VIII. la *France*;
IX. le royaume de *Bourgogne*; X. l'empire *Romain Germanique*;
XI. la *Hongrie*; et XII. les *Petchénègues*; — sept enfin dans le Midi ,
savoir : XIII. le royaume de *Léon*; XIV. le comté de *Castille*;
XV. le royaume de *Navarre*; XVI. le khalifat de *Cordoue*;
XVII. les états *Musulmans* des îles de la Méditerranée ; XVIII. le
royaume de *Croatie*; XIX. enfin l'empire *Romain d'Orient*. Nous
allons donner quelques notions sur l'étendue de chacun de ces états
à la mort d'Otton le Grand.

¡S I. EUROPE SEPTENTRIONALE.

I. ROYAUMES IRLANDAIS.

252. HABITANTS ET VILLES REMARQUABLES. — A la fin du
Xᵉ siècle, l'Irlande*, toujours divisée en un grand nombre de petits
royaumes (141), était plongée dans la barbarie où l'avaient fait tomber
les invasions répétées, pendant ce siècle et le précédent, de nombreuses hordes de Danois ; ce fut cependant ce peuple qui, s'étant
définitivement établi dans les parties centrales , mais de manière à
toucher la mer à l'E., au S. et à l'O., tandis que les parties du N.,
du S.-O. et du S.-E. restaient aux anciens habitants, fonda les villes
remarquables de DUBLIN, sur la côte orientale ; *Waterford*, près de
la côte méridionale ; et *Limerick*, à l'embouchure du *Shannon* , sur
la côte occidentale. — ARMAGH (98), dans le N., continua à être la
métropole ecclésiastique de l'Irlande et gagna encore en importance
après la conversion des Danois au christianisme , vers le milieu du
Xᵉ siècle. — CORK, au S.-O., était la ville la plus importante de la
province de *Munster*.

II. ROYAUME D'ÉCOSSE.

253. ÉTENDUE ET VILLES PRINCIPALES. — La réunion des deux
royaumes des *Pictes* et des *Scots* (142) par le roi des Scots Kenneth II,
en 858, donna naissance au royaume d'Écosse **, qui s'étendit ainsi
depuis le N. de l'île jusqu'à la Tweed, au S.-E., et plus loin encore
au S.-O., après l'investiture qui fut accordée, vers le milieu du
Xᵉ siècle, à son roi Malcolm, par Edmond, roi d'Angleterre, du
comté de *Cumberland*, qui fut toujours gouverné depuis par l'héritier
présomptif de la couronne. — Au N.-E. de l'île, les Northmans Da-

---

* Conf. M. J. Gordon's *History of Ireland*, t. 1, ou la trad. fr. par Lamontagne, t. 1.
** Conf. Rob. Heron's, *History of Scotland*, t. 1.

nois, quoique battus par le roi *Indulf* à *Cullen*, possédaient le petit royaume de CAÏTHNESS. — EDINBURGH ou *Edinbourg* paraît avoir été dès cette époque la capitale du royaume. — *Scone*, au N.-O. de cette ville, est remarquable par la victoire qui amena la réunion des deux royaumes des *Scots* et des *Pictes*. Son château a servi de résidence aux rois d'Écosse, dont plusieurs y ont été couronnés*.

III. ROYAUME D'ANGLETERRE.

234. ÉTENDUE ET VILLES PRINCIPALES.—Le royaume d'Angleterre**, qui avait remplacé l'heptarchie Anglo-Saxonne (143), s'était encore agrandi des contrées possédées par les anciens *Bretons* dans le N., où leurs rois furent remplacés par des comtes vers l'an 950; et aussi de la principauté de *Galles*, à laquelle le roi Athelstan imposa un tribut d'argent, changé par Edgard en un tribut de trois cents têtes de loups, ce qui amena la destruction rapide de ces animaux dans toute la Grande-Bretagne ***. Ainsi toute la portion méridionale de cette île jusqu'à la Tweed et au Cumberland relevait des rois d'Angleterre. Toutes les parties de ce royaume communiquaient facilement entre elles à l'aide de quatre grandes chaussées construites, disait-on, par les anciens Bretons, et qui avaient été réparées par les Romains: c'étaient l'*Ichenild*, dirigée d'orient en occident; l'*Erningestrate*, qui allait du S. au N.; la *Watlingestrate*, qui conduisait de *Dorobernia* (aujourd'hui Canterbury) dans la *Cestrie* (aujourd'hui Chestershire); et celle nommée *Fossa*, qui conduisait du Cornwall, *Cornu-Galliæ*, aux frontières de l'Écosse****. — LONDRES, *Londonia*, sur la Tamise, embellie et agrandie par Alfred le Grand, était la capitale du royaume, et se faisait déjà remarquer par son commerce et par son opulence. — *Canterbury* ou *Cantorbéry, Dorobernum* ou *Dorobernia*, au S.-E. de Londres. Confirmée dans ses priviléges de métropole ecclésiastique par le roi Edgard en 958 *****, elle conservait en cette qualité une importance dont ses archevêques ne la laissaient pas déchoir. — *Oxford*, au N.-O. de Londres, était déjà célèbre par son université. — *York* (143), était toujours la ville principale du N. — *Brunanburgh* ou *Brunesbury*******, le Bourg des Fontaines, au N.-O. d'York, est remarquable par une grande bataille gagnée en 938 par le roi d'An-

---

* Conf. Buchanan, *Rerum Scoticarum historia*, lib. ı et v.
** Conf. Th. Gale, *Historiæ Britannicæ scriptores* xv, t. ı. — Twysden, *Historiæ Anglicæ scriptores*, t. ı. — Hume, *Hist. de la Maison de Plantagenet*, trad. fr., t. ı.
*** Willem. Malmesb., lib. ıı, cap. 6.
**** Henr. Huntingd., *Hist.*, lib. ı, p. 471, *in* Rer. Angl. script. post Bedam præcip.
***** Labb. *Concil. coll.*, t. ıx, p. 658.
****** Henr. Huntingdon *Hist.*, lib. v, p. 204.

gleterre sur celui d'Écosse, qui soutenait contre lui les Danois révoltés du *Northumberland*.

Les îles SCILLY ou *Sorlingues*, anciennes *Cassitérides*, étaient tombées vers la même époque sous la domination des rois d'Angleterre.

IV. ROYAUME DE DANEMARK.

235. ÉTENDUE ET VILLES REMARQUABLES. — Le royaume de Danemark *, dont les auteurs nationaux ** font remonter fort haut la fabuleuse antiquité, mais qui ne commençait que depuis peu de temps à prendre une forme régulière, se composait, à l'époque qui nous occupe, des îles de la mer Baltique jusqu'à celle *de Borgundarholm* (aujourd'hui Bornholm), auxquelles les Danois donnaient le nom d'*Eygothland*; de la péninsule du *Jutland*, qu'ils nommaient *Reithgothland*; de la *Skanie*, la province la plus méridionale de la Suède actuelle; et de la côte S.-E. de la Norvége actuelle. Le Jutland ou Reithgotland était défendu du côté de la Germanie par un rempart muni de tours et de fossés, nommé *Danne-Wirk*, qui existait déjà au temps de Charlemagne ***, mais qui n'empêcha pas Otton de pénétrer dans cette presqu'île jusqu'au golfe étroit et profond appelé *Liim-Fiord*, et qui prit alors le nom d'*Otten-Sund* ou détroit d'Otton ****. Les villes les plus remarquables étaient : LEÏTHRA ou *Leïre* (144), ville située dans la partie occidentale de l'île de *Seeland*, qui conservait encore à cette époque le titre de capitale, qu'elle portait depuis les temps les plus anciens *****, et qu'elle céda à la fin du xe siècle à *Ræskilde*, située sur la côte orientale de la même île. — RIPEN, près de la côte occidentale du Jutland, — AARHUS, sur la côte orientale, et SLESWIG, au S. de la presqu'île, avaient des évêchés fondés par Otton après la conquête qu'il avait faite de cette province, et soumis à la métropole de Hambourg ******.

V. ROYAUME DE NORVÉGE.

236. ÉTENDUE ET VILLES REMARQUABLES.—Le royaume de Norvége ******* comprenait toutes les côtes occidentales de la péninsule

---

* Conf. Langebeck, *Scriptores rerum Danicarum medii ævi*, t. 1. — Mallet, *Histoire du Danemark*, t. III.
** Consulter surtout la curieuse histoire de Saxon le Grammairien.
*** Reginon. *Chronicon*.
**** Dithmar. Merseb., lib. III, p. 342.
***** Torfæus, *Series regum et dynastarum Daniæ*.
****** Pfeffel, *Nouv. abrég. chron. de l'Hist. et du Droit public d'Allemagne*, t. I, p. 123.
******* Conf. Torfæi *Hist. rerum Norvegicarum*, part. II, lib. II.

Scandinave; mais, divisé en contrées indépendantes et en pays soumis à la suprématie du Danemark, il était moins remarquable, à l'époque qui nous occupe, par son importance propre, que par les découvertes faites par ses habitants, qui, sans une grande utilité, il est vrai, pour la mère-patrie, portèrent le nom norvégien jusque sur les rivages d'un nouveau continent. La première capitale de la Norvége tira son nom du vaste palais ou édifice fondé par Harald-Haarfager dans la province de *Thrand* (aujourd'hui de Drontheim), et appelé *Lada*, c'est-à-dire le magasin ou la Grange *, et qui fût remplacé par *Nitharos* (aujourd'hui Trondhiem ou Drontheim), qui ne fut fondée qu'à la fin du xe siècle. C'était dans cette même province de Thrand que se trouvaient les temples les plus célèbres des divinités norvégiennes. — *Froste*, au N.-E. de Drontheim, est connue par les diètes nationales qui s'y sont tenues à cette époque. — *Toensberg*, port sur la côte méridionale, était dès l'origine de la monarchie le port le plus commerçant de la contrée.

237. Conquêtes et Découvertes. — Parmi les conquêtes et découvertes remarquables faites par les Norvégiens à l'époque qui nous occupe, on doit citer :

Les îles Hialtaland (aujourd'hui Shetland), les Orkney ou *Orcades*, les Soder-Oer (aujourd'hui Western ou Hébrides), et celle de Man, conquise à la fin du ixe siècle et au commencement du xe par le roi Harald Haarfager **.

Les Fær-oer ou îles aux Brebis, ainsi nommées à cause des brebis qu'y portèrent ceux qui les découvrirent en 861, et qui en font encore la richesse. — L'Islande ***, nommée d'abord *Sneeland* ou terre de la neige, découverte en 870 et peuplée treize ans après par des Norvégiens et des Suédois, qui, à la fin du xe siècle, découvrirent encore le Groenland et le Vinland ou les côtes N.-E. de l'Amérique ****.

VI. royaume de suède.

238. Étendue et villes principales. — Le royaume de Suède ***** s'étendait, dans la seconde moitié du xe siècle, sur toute la

---

* Catteau Calleville, *Hist. des Révolutions de Norwége*, t. I, p. 83.
** Conf. Snorrii *Hist. regum Norvegiæ*, part. VI.
*** Conf. Jonæ *Specimen historicum Islandiæ*, et *Crymogœam sive Rerum Islandic.* Libr.
**** Conf. Th. Torfæi *Groenlandiam antiquam et Historiam Vinlandiæ antiquæ*, et surtout le savant travail publié en 1837 par la *Société des Antiquaires du Nord*, dans le recueil des *Antiquitates americanæ sive Scriptores in Americâ*. La découverte par les Scandinaves au xe siècle de toute la portion de l'Amérique comprise entre le Groenland et le quarante-cinquième degré de latitude nord s'y trouve démontrée par des preuves si multipliées qu'elles ne laissent aucune place au doute.
***** Conf. J. Magni *Gothorum Sueonumque Historiam*.

partie centrale et orientale de la péninsule Scandinave, et même sur
les côtes opposées de la *Finlande* et de l'*Estland* ou Esthonie, avec
les îles d'*OEland* et de *Gottland*. — SIGTUNA (144), fondée, dit-on,
par Odin, sur un golfe du lac *Mælar*, avait été remplacée comme
capitale par UPSALA ou *Upsal*, située plus au N., et dans laquelle
s'élevait un temple fameux en l'honneur des divinités Scandinaves ;
mais cette seconde capitale avait elle-même cédé plus tard la suprématie à BIORKO ou *Birka*, située dans cette même partie de
la Suède, et qui en était encore la capitale à l'époque qui nous
occupe.

VII. GRAND-DUCHÉ DE RUSSIE.

239. ÉTENDUE ET VILLES REMARQUABLES. — Le Grand-Duché,
ou pour mieux dire, la Grande-Principauté de Russie *, fondée
dans la seconde moitié du ix⁰ siècle, s'étendait, à la mort
d'Otton le Grand, depuis les bords du lac Ladoga jusque vers les
cataractes du Dniepr **. Ses villes remarquables étaient : — NOVGO-
ROD, au N. du lac Ilmen, la première capitale de la Russie. —KIEV,
vers le S., sur la rive droite du Dniepr. Cette dernière était depuis
un siècle la résidence des Grands-Princes ou souverains de la Russie.
— On peut y ajouter encore : — POLOTZK, capitale des *Polotschanes,*
au S.-O. de Novgorod ; — ZASLAV ou *Isiaslavl*, capitale des *Slo-
nenses*, plus au S.-O. encore ; — SMOLENSK, à l'E. d'Isiaslavl ; —
TCHERNIGOV, au N.-E. de Kiev ; — PÉRÉJASLAVL, au S.-E. de la
même ville, sur la rive gauche du Dniepr ; — MOUROM enfin, beaucoup plus au N.-E., capitale du peuple dont elle portait le nom.

240. CONTRÉES SEPTENTRIONALES. — Au N. des états Scandinaves et de la Grande-Principauté de Russie s'étendaient deux
contrées que nous n'avons pas cru devoir mentionner parmi les états
de l'Europe, parce qu'elles ne nous sont connues que de nom ; c'é-
taient : le FIN-MARK *** (aujourd'hui la Laponie), qui occupait les
portions les plus septentrionales de l'Europe, et la BIARMIE**** ou
Permie, au S.-E. du Fin-mark et du golfe de l'océan Glacial que
nous nommons aujourd'hui la *mer Blanche*. — Plus au S., sur les
bords de la Baltique, habitait une autre nation que nous n'avons
pas cru devoir mentionner non plus, parce que son gouvernement
n'avait pas pris encore une forme régulière ; c'était celle des PRUS-
SIENS, *Prussi* ou *Prutheni*****, qui s'étendaient de la Vistule jusque
vers les bords du golfe de Livonie.

---

* Conf. Ch. Lévesque, *Hist. de Russie*, t. 1.
** Karamsin, *Hist. de l'Empire de Russie*, trad. fr., t. 1, note 249.
*** Conf. Ol. Rudbekil filii *Laponiam illustratam.*
**** Conf. Ol. Magni *Hist. de gentibus septentrionalibus.*
***** Conf. Æneam Sylvium *De Situ et origine Pruthenorum.*

§ II. EUROPE CENTRALE.

VIII. FRANCE.

241. SES DIVISIONS *depuis la mort de Charlemagne.* — Le vaste
empire fondé par Charlemagne avait commencé à se diviser à la
mort même de ce prince (230). Vingt-neuf ans après, en 843, le
traité conclu à Verdun * entre les fils de Louis le Débonnaire
fixa les bases d'un nouveau partage en trois royaumes, qui subsistaient encore, mais avec des limites différentes, à l'époque qui
nous occupe. Ces royaumes étaient : 1° celui de *France*, composé
des pays situés entre l'Océan, la Manche, le Pas-de-Calais, la mer
du Nord, l'Escaut, la Meuse, la Saône, le Rhône, la Méditerranée
et l'Èbre; 2° celui d'*Italie*, qui comprenait la péninsule dont il
portait le nom jusqu'aux limites du duché de Bénévent (212), et de
plus, la longue bande de pays renfermée entre l'Escaut, la Meuse,
la Saône et le Rhône à l'O., et le Rhin avec les Alpes à l'E., depuis les embouchures de ce même fleuve du Rhin au N. jusqu'à la
Méditerranée au S. ; 3° enfin le royaume de *Germanie*, composé de
toute la partie orientale de l'empire de Charlemagne, du Rhin à
l'Elbe, et de la mer du Nord aux Alpes. Mais le démembrement
ne s'arrêta pas là : en 888, après la mort de Charles le Gros, il
existait dans l'ancien empire carlovingien jusqu'à sept royaumes.
Les quatre nouveaux s'étaient formés successivement aux dépens
de ceux que nous venons de nommer, et qui se trouvèrent ainsi
portés au nombre de sept. Ces quatre nouveaux royaumes furent :
4° celui de *Navarre* **, qui subsistait encore à l'époque qui nous occupe, et formé, dans le milieu du IXe siècle, du comté de ce
nom et de l'ancienne Marche espagnole de *Gascogne* (210), démembrée du royaume de France; 5° le royaume de *Lorraine*, formé,
ainsi que les deux suivants, des pays que le royaume d'Italie avait
possédés au delà des Alpes, et qui, en 835***, dans un partage
opéré entre les fils de Lothaire Ier, avaient formé le royaume de *Lotharingie* ou *Lorraine* au N., et celui de *Provence* ou de *Bourgogne,*
qui finit, comme nous l'allons voir, par se subdiviser lui-même en
888. Celui de *Lorraine*, qui était, à l'époque qui nous occupe,
réuni à l'empire d'Allemagne (261), dont il formait alors un des
duchés, avait été formé des contrées comprises entre l'Escaut, la
Meuse et le Rhin; 6° le royaume de *Bourgogne Cisjurane* ou *Inférieure*, composé de la portion du royaume de Provence ou de Bour-

---

* Annal. Berlin., *apud* D. Bouquet. *Hist. des Gaul. et de la Fr.*, t. VII, p. 44, 55, 62.
** Conf. J. Moret, *Annales de Navarra*, t. 1.
*** D. Bouq. *Hist. des Gaul. et de la Fr.*, t. VII, p. 44, 54, 71, etc.

gogne renfermée entre la Saône et le Rhône à l'O., le Jura et les
Alpes à l'E., jusqu'à la Méditerranée. Le jeune Louis, fils de
Boson, fondateur du royaume de Bourgogne, fut reconnu roi par
le concile de Valence* en 890 ; 7° enfin, celui de *Bourgogne Transjurane* ou *Supérieure***, formé, en 888, de la partie N.-E. de ce
même royaume de Bourgogne, et compris entre le Jura et les Alpes
Pennines à l'O., et la Reuss à l'E., suivant les limites tracées
autrefois par Charlemagne lui-même (223). A l'époque qui nous
occupe, ces deux royaumes étaient, comme nous le dirons plus
loin (259), réunis de nouveau en un seul sous le nom de royaume
de Bourgogne ou *royaume d'Arles*. Quant au royaume d'Italie,
duquel les précédents avaient été démembrés, comme nous venons
de l'indiquer, il était lui-même réuni, depuis 964, à l'empire d'Allemagne.

242. LIMITES DE LA FRANCE en 973. — Le royaume de France,
dont nous avons à nous occuper maintenant ici d'une manière
spéciale, s'étendait, à l'époque où nous décrivons l'Europe, du N.
au S. depuis les embouchures de l'Escaut jusqu'à *Barcelone*, dont le
comte ne se rendit indépendant des rois de France qu'à la fin
du xe siècle : de l'O. à l'E., il comprenait les pays renfermés
entre l'Océan et les fleuves ou rivières de l'Escaut et de la Meuse
supérieure, qui le séparaient de la Lotharingie, et ceux de la
Saône et du Rhône, qui, dans une grande partie de leur cours, le
séparaient du royaume de Bourgogne.

243. DIVISIONS POLITIQUES. — A l'époque qui nous occupe, le
royaume de France avait éprouvé un morcellement qui exige que
nous nous arrêtions quelques instants à en exposer les divisions
politiques telles que la féodalité les avait faites. On y distinguait
le *Domaine royal*, composé des possessions immédiates de la couronne, et réduit, comme nous l'allons voir, à bien peu de chose,
et un nombre considérable de *fiefs* plus ou moins importants, dont
le roi était à la vérité considéré comme seigneur suzerain, mais
qui formaient en réalité autant de petits états, dont les chefs devenus, sous les noms de ducs, comtes, vicomtes, barons ou sim-
plement sires ou seigneurs, possesseurs héréditaires des provinces
ou fragments de provinces, dont ils n'avaient été autrefois que les
gouverneurs, pouvaient être considérés de fait comme les vérita-
bles souverains***. Au moment où la race carlovingienne tomba du

---

* H. Bouche, *Hist. de Provence*, liv. vi, p. 773.
** D. Plancher, *Nouv. hist. de Bourgogne*, liv. iv, p. 163.
*** Conf. Guizot, *Histoire de la Civilisation en France*, t. ii, p. 432 et suiv., et surtout le
tome iv du même ouvrage, où ce savant publiciste a tracé le tableau le plus vrai et le plus
complet de la féodalité. — Cayx, *Précis de l'Histoire de France*, p. 125 et suiv.

trône, où elle fut remplacée par le plus puissant de ces grands vassaux (en 987), c'est-à-dire quatorze ans après l'époque à laquelle nous décrivons l'Europe, ces fiefs étaient au nombre de soixante que nous ferons connaître * après avoir indiqué ce qui restait au domaine royal.

244. DOMAINE ROYAL. — Le domaine royal, réduit presque à rien par les donations successives des rois qui avaient précédé sur le trône Louis le Fainéant, ne se composait plus, sous le règne de ce dernier héritier des Carlovingiens, que du *comté de* LAON, dont la capitale, située sur une montagne escarpée, était la résidence de ce prince. — La ville de COMPIÈGNE, sur l'Oise, où il fut couronné et enterré, n'est jamais sortie du domaine royal **.

245. FIEFS. — Nous nous bornerons à indiquer ici les noms, la position et la capitale, lorsque son nom n'était pas celui du fief lui-même, des soixante fiefs dont l'existence, à l'époque de l'avénement de Hugues Capet au trône, se trouve constatée par les historiens ***. Ces fiefs étaient du N. au S.:

246. I. Le COMTÉ DE FLANDRE, qui occupait toute la partie septentrionale de la France jusques et y compris le pays d'*Artois*, qui ne fut érigé lui-même en comté que deux siècles et demi plus tard. — *Bruges, Gand* et *Arras* étaient à cette époque les villes les plus importantes de la Flandre. — II. Le comté de GUINES, III. celui de BOULOGNE, IV. celui de PONTHIEU, situés tous les trois le long de la côte du Pas-de-Calais et de la Manche, au S. l'un de l'autre : le dernier avait depuis peu de temps pour capitale *Abbeville, Abbatis villa*, ainsi nommée parce que ce lieu avait appartenu jusque-là à la riche abbaye de *Saint-Riquier*, située un peu au N.-E. Le duc de France, Hugues Capet, la lui ayant enlevée, la fortifia, afin d'opposer une barrière aux invasions des Normands, dont les barques remontaient la Somme, sur les rives de laquelle s'éleva cette nouvelle forteresse, et il en donna le gouvernement à son gendre Hugues, comte de Ponthieu, avoué ou défenseur de Saint-Riquier ****.

---

* Consulter, pour plus de détail, le chap. IX de cet ouvrage, et surtout le chapitre spécialement consacré à la *Géographie de la France féodale*, et placé comme *Supplément* à la suite de la *Géographie historique moderne*.

** Longuerue, *Description historique et géographique de la France ancienne et moderne*, part. I, liv. I, p. 48.

*** Afin de ne pas multiplier inutilement les citations, nous renverrons ici, pour tout ce qui concerne les fiefs, à l'*Art de vérifier les dates*, t. IX—XIV de la nouv. édit. in-8. Cet ouvrage, auquel nous avons dû nous en rapporter pour une foule de points, renferme des recherches spéciales, que nous nous sommes toutefois efforcé de compléter, à l'aide des histoires particulières, comme on pourra le voir dans ce chapitre, et surtout dans celui que nous avons consacré à faire connaître dans ses détails la *Géographie de la France féodale*.

**** Valois, *Notit. Galliæ*, p. 1; mais ce savant auteur se trompe en attribuant à cette donation

247. V. Le comté de VERMANDOIS, au S. de celui de Flandre, et dont les villes principales étaient : *Saint-Quentin*, l'ancienne *Augusta Veromanduorum*, qui avait donné son nom au pays avant l'époque où elle en changea elle - même pour prendre celui d'un saint qui y avait souffert le martyre; et *Amiens*, située comme Saint-Quentin sur la rivière de la Somme. — VI. Le comté de SOISSONS, au S. du Vermandois. — VII. Celui de VALOIS, au S.-O. de celui de Soissons, capitale *Crespy* ou *Crépi*, près de laquelle se trouvait le château de *Vez*, *Vadum*, antique résidence des seigneurs de ce pays, et du nom duquel s'était formé celui qu'on lui donnait en latin, *comitatus Vadensis* *.

248. VIII. Le comté de RÉTHEL, à l'E. de celui de Vermandois, et qui comprenait tout le N. de la Champagne actuelle. — IX. Celui de REIMS et de ROUCY, au S. du précédent, dans le centre de la Champagne. — X. Celui de TROYES, appelé aussi comté de CHAM-PAGNE, quoiqu'il ne comprît que la partie méridionale de cette vaste province. — XI. Celui de SENS, à l'O. de celui de Champagne, et par conséquent à l'extrémité S.-O. de cette même province.

249. XII. Le DUCHÉ ET MARQUISAT DE FRANCE, qui comprenait tout le pays compris entre la Seine et la Loire, depuis les limites de la Normandie et de la Bretagne** jusqu'à celles de la Bourgogne, et qui comprenait par conséquent plusieurs des comtés que nous avons déjà nommés dans la Champagne, et plusieurs de ceux que nous allons indiquer. Celui de PARIS, le plus important de tous, ne doit pas être séparé du duché de France, dont il renfermait la capitale, qui allait, à l'avénement de Hugues Capet, redevenir celle de la monarchie. — ORLÉANS, capitale d'un comté important dont les terres s'étendaient même au S. de la Loire, était, après Paris, la ville la plus importante du duché de France. Il faut y ajouter encore, outre celles qui étaient les capitales de comtés déjà héréditaires à cette époque : — *Beauvais*, dont le territoire, quoique situé au N. de la Seine, dépendait aussi du duché de France ; — *Chartres*, *Tours*, etc. — XIII. Le petit comté de CORBEIL, au S.-E. de celui de Paris ; — XIV. Celui de MEULENT ou *Meulan*, au N.-O. de ce même comté de Paris ; — XV. Celui du VEXIN, qui reconnaissait la suzeraineté de l'église de Saint-Denis, dont le comte de Vexin avait, en qualité

---

de Hugues l'origine des comtes de Ponthieu, qui remonte au viie siècle, comme l'ont prouvé les Bénédictins dans l'*Art de vérifier les dates*, t. xii, p. 347, nouv. édit. in-8.

* Longuerue, *Descript. de la France*, part. i, p. 24.

** C'est ce que prouve le titre de marquis donné, avec celui de duc de France, à Robert le Fort dans le parlement de Compiègne de l'an 861, par Charles le Chauve, qui voulait l'opposer aux Bretons, avec lesquels confinait la Marche ou frontière de France, qui formait ainsi l'extrémité orientale de ce duché. *Annal. Met.* et *Bertin.*

de premier vassal, le droit de porter la bannière*; *Pontoise,* au N.-E. de Meulan, était la capitale de ce comté.

250. XVI. Le DUCHÉ DE NORMANDIE, qui s'étendait le long des côtes de la Manche depuis la petite rivière de la Bresle, au N.-E., jusqu'à celle du Couesnon, au S.-O., et qui avait pour borne, du côté du Vexin, la petite rivière de l'Epte, qui lui avait été assignée comme limite par le traité de *Saint-Clair-sur-Epte*, conclu en 911 entre Charles le Simple et Rollon **; *Rouen* était la capitale de ce duché. — XVII. Le comté de DREUX, au S.-E. de la Normandie, et qui se trouvait, à l'époque qui nous occupe, entre les mains du duc de Normandie Richard Ier. — XVIII et XIX. La seigneurie ou le comté de BELLESME, au S.-O. du Perche, et le comté d'ALENÇON, au S.-E. de la Normandie, réunis entre les mains de seigneurs qui étaient vassaux des rois de France, pour le premier, et des ducs de Normandie pour le second.

251. XX. Le COMTÉ DE BRETAGNE, occupant toute la péninsule de ce nom, au S.-O. de la Normandie, dont ce comté est souvent donné comme un arrière-fief; *Rennes*, à l'O., en était la capitale. — XXI. La baronnie de FOUGÈRES, au N.-E. de la Bretagne.

252. XXII. Le comté du MAINE, au N.-E. de la Bretagne : capitale, *Le Mans.* — XXIII. Le comté d'ANJOU, au S. du Maine; capitale, *Angers.* — XXIV. Celui de VENDÔME, au N.-E. de l'Anjou, et qui était, à l'époque qui nous occupe, possédé par le même seigneur. — XXV. Celui de BLOIS, au S.-E. du Vendomois. — XXVI. La vicomté de BOURGES, composée seulement de la ville de ce nom, capitale du Berri, avec son territoire et l'abbaye de *Saint-Gondon-sur-Loire.* — XXVII. La seigneurie ou sirerie de BOURBON, au S.-E. du Berri, et qui avait pour capitale le château de *Bourbon,* surnommé depuis *l'Archambaud*, du nom des seigneurs qui gouvernèrent ce pays pendant près de trois siècles.

253. XXVIII. Le DUCHÉ DE BOURGOGNE, qui ne doit pas être confondu avec le royaume de ce nom, ou royaume d'Arles, au N. duquel il était situé. Henri le Grand, qui ne le possédait qu'à titre de bénéfice, en obtint la propriété de son frère Hugues Capet, lorsque celui-ci fut devenu roi de France; *Dijon* était, dès cette époque, la capitale de ce duché, dont les souverains résidaient habituellement au château de *Pouilli,* sur la Saône. — Le *comté de Bourgogne*, nommé depuis la *Franche-Comté*, faisait, à l'époque qui nous occupe, partie du royaume d'Arles, et était partagé entre plusieurs comtes

---

* Félibien, *Hist. de Saint-Denis.*
** Willelmi Gemeticensis *Histor. Normann.*, lib. iī, cap. 17, p. 257.

dont il serait difficile de distinguer les propriétés. — XXIX. Le
comté de TONNERRE, au N.-O. de la Bourgogne. — XXX. Celui de
NEVERS, à l'O. de cette même Bourgogne. — XXXI. Celui de CHA-
LONS sur Saône, vers le centre du même pays. — XXXII. Celui de
MACON, plus au S. et sur la limite du royaume d'Arles. Sur le
territoire de ce comté, près de la petite rivière de *Graona* (auj. la
Grône), affluent de la Saône, avait été fondé, en 910, par Guillaume
le Pieux, comte d'Auvergne et duc d'Aquitaine, le célèbre monastère
de *Cluni*, *Cluniacense monasterium*, dont ce prince fit don à saint
Pierre et saint Paul, de sorte qu'il relevait directement du Saint-
Siége *.

254. XXXIII. Le comté d'AUVERGNE, au S. du Bourbonnais;
capitale, *Clermont.* — XXXIV. La vicomté de LIMOGES, qui comprenait le N. du Limosin. — XXXV. Celle de TURENNE, qui en
occupait le S. — XXXVI. Le comté de la BASSE-MARCHE ou *Marche Limosine*, ainsi nommée parce qu'elle a fait, jusqu'au commencement du X⁰ siècle, partie du Limosin, au N.-O. duquel elle
est située; capitale, *Bellac.* — XXXVII. Le comté de la HAUTE-
MARCHE; capitale, *Guéret*, à l'E. de la Basse-Marche, et réuni, à
l'époque qui nous occupe, à celui de PÉRIGORD; capitale, *Périgueux*,
qui s'en trouvait séparé par le Haut-Limosin.—XXXVIII. Le comté
d'ANGOULÊME, au N.-O. du Périgord. — XXXIX. Le comté de
POITIERS, au N. de l'Angoumois, possédé à cette époque par
Guillaume II, duc d'Aquitaine.

255. XL. LE DUCHÉ D'AQUITAINE ou de GUYENNE, au S. du Périgord et du Limosin, et auquel se trouvaient réunis, outre le comté
de *Poitiers*, dont nous venons de parler, la *Saintonge*, l'*Aunis* et
même la plus grande partie du *Limosin*.—*Bordeaux* ou *Bourdeaux*,
la principale ville de la Guyenne, était, à l'époque qui nous occupe,
réunie, avec son comté, au duché de Gascogne.

256. XLI. LE DUCHÉ DE GASCOGNE, au S. de la Guyenne; la principale ville de ce duché était *Auch*, capitale du comté d'Armagnac,
dont nous allons parler. — XLII. La sirerie d'ALBRET, dans l'O.
de la Gascogne, ayant pour capitale la petite ville du même nom. —
XLIII. Le comté d'ARMAGNAC, le plus puissant de la Gascogne,
dont il occupait le centre. — XLIV. Celui de FEZENZAC, à l'E. de
l'Armagnac. — XLV. Celui de LECTOURE et LOMAGNE, au N.-E.
du Fezenzac. —XLVI. Celui d'ASTARAC, capitale *Mirande*, auquel
se trouvait réuni celui de *Pardiac*, au S. du Fezenzac. —XLVII. La
vicomté de BÉARN, plus au S.-O.; capitale, *Pau.* — XLVIII. Le

---

* Annales de Cluni, *Init.* — Labb. *Concil. collect.*, t. IX, p. 565.

comté de BIGORRE, à l'E. du Béarn ; capitale, *Tarbes.* — XLIX. Celui de COMMINGES, à l'E. du Bigorre ; capitale, *Saint-Bertrand.*

257. L. Le comté de TOULOUSE, à l'E. du duché de Guyenne, avec lequel il tenait le premier rang dans la France méridionale, puisqu'il comprenait, outre le comté de Toulouse proprement dit : celui de QUERÇI ; capitale, *Cahors,* qui formait l'E. de la Guyenne ; celui d'ALBIGEOIS ; capitale, *Alby,* au N.-E. de Toulouse ; et la partie méridionale de celui de *Nîmes,* connue sous le nom de comté de *Saint-Gilles,* qu'il tirait de l'abbaye de ce nom, située sur les bords du Rhône et qui s'y trouvait renfermée [*]. — LI. Le comté de ROUERGUE, à l'E. du Querci, et possédé par la branche cadette de la maison de Toulouse ; capitale, *Rhodez.* — LII. La seigneurie de MONTPELLIER, au S.-E. du Rouergue. — LIII. Le comté de MELGUEIL, nommé aussi de *Substantion,* et dont la capitale était située au S.-O. de Montpellier, sur les bords du lac de Thau. — LIV. La vicomté de NARBONNE, au S.-O. du comté de Melgueil. — LV. Le comté de CARCASSONNE, à l'O. du précédent, et qui comprenait, à cette époque, celui de *Foix,* situé plus au S.-O. — LVI. Celui de ROUSSILLON, au S.-E. de celui de Carcassonne ; *Perpignan* ne remplaça probablement qu'à une époque un peu postérieure à celle qui nous occupe la ville d'*Elne,* dans la dignité de capitale du Roussillon.

258. LVII. Le comté de BARCELONE ou de la *Marche d'Espagne,* qui, bien que situé au delà des Pyrénées, limites naturelles de la France, lui appartenait depuis les conquêtes de Charlemagne (210), et resta sous la mouvance de la France jusqu'au milieu du XIIIe siècle. — LVIII. Le comté d'AMPURIAS, situé entre celui de Roussillon et celui de Barcelone, et qui était, comme ce dernier et les deux suivants, un démembrement de l'ancienne *Marche d'Espagne.* — LIX. Celui de CERDAGNE et de BÉZALU, à l'O. du précédent. — LX. Celui d'URGEL enfin, à l'O. de la Cerdagne.

IX. ROYAUME DE BOURGOGNE.

259. **ÉTENDUE ET VILLES PRINCIPALES.** — Le royaume de Bourgogne (241) [**], auquel on donnait aussi le nom d'ARLES, sa capitale, s'étendait entre la Saône et le Rhône, à l'O., et les Alpes, à l'E., depuis les environs de *Bâle,* qui y était comprise, jusqu'à la

---

* On trouve des détails curieux sur la composition des états des comtes de Toulouse, dans le testament de Raymond Pons III, père de Guillaume Taillefer, qui possédait le comté de Toulouse à l'époque qui nous occupe. Il s'y qualifie *comte de Toulouse et de Rhodez, marquis de Gothie,* etc. V. D. Mabillon, *De Re Diplomaticâ,* lib. VI, p. 572.

** Conf. D. Plancher, *Nouvelle histoire de Bourgogne,* t. I.

Méditerranée. Ses villes les plus remarquables étaient : — LYON, cédée en 955 par le roi Louis d'Outre-mer, comme dot de sa fille, au roi Conrad, qui paraît en avoir fait sa capitale; *Besançon, Genève, Lausanne, Grenoble, Valence, Avignon, Embrun, Forcalquier, Aix* et *Marseille.—Vienne* (122) était la capitale d'un comté placé sous la mouvance de la France, et qui ne doit par conséquent pas être considéré comme appartenant au royaume de Bourgogne, quoiqu'il s'y trouvât enclavé.

X. EMPIRE ROMAIN GERMANIQUE.

260. ÉTENDUE. — L'Empire Romain Germanique * était, à la mort d'Otton le Grand, la puissance prépondérante en Europe, dont il occupait toute la partie centrale depuis les rives de l'Escaut et de la Meuse, et depuis les Alpes et la Méditerranée, à l'O., jusqu'au delà de la Vistule, jusqu'aux montagnes de la Hongrie et jusqu'à la mer Adriatique, à l'E., et depuis l'Eyder et la mer Baltique, au N., jusqu'au golfe de Tarente, au S. La chaîne des montagnes du *Harz* renfermait les mines d'argent les plus riches de l'Europe, et dont l'exploitation, commencée sous le règne d'Otton **, contribua puissamment à la prospérité de ces contrées.

261. DIVISIONS ET VILLES PRINCIPALES. — Cette vaste monarchie était en réalité moins puissante que son étendue ne le ferait supposer, parce qu'elle se composait d'un grand nombre de peuples différant entre eux de mœurs et même de langage, et gouvernés presque souverainement par des ducs souvent révoltés contre les empereurs. Nous nous bornerons à indiquer les grandes subdivisions de cet Empire, qui n'étaient pas au nombre de moins de neuf, savoir *** :

I. Le ROYAUME DE LORRAINE ou de *Lotharingie*, au N.-O., entre l'Escaut, la Meuse et le Rhin, et subdivisé en deux duchés, savoir : celui de la *Lotharingie Inférieure*, où l'on distinguait *Aix-la-Chapelle* et *Cologne*, dont le siége archiépiscopal était occupé par Brunon, frère de l'empereur Otton, et celui de la *Lotharingie Supérieure* ou *Mosellane*, où se trouvaient : — *Metz*, sa capitale; *Strasbourg*, qui était celle de l'*Alsace*; *Trèves*, que nous avons déjà eu occasion de nommer,et *Luxembourg*, ou, comme l'ap-

---

* Burc. Getth. Struvii *Corpus historiæ Germanicæ*, t. 1, p. 275 et suiv. — Pfeffel, *Nouv. abrégé chron. de l'Hist. et du Droit public d'Allemagne*, t. 1, p. 42 — 135.
** Pfeffel, *Op. cit.*, t. 1, p. 432.
*** Consulter, pour les détails de la géographie politique et féodale de l'Allemagne à cette époque, une Charte donnée en 038 par Henri I, *ap.* Dumont, *Corps univers. diplomatiq.*, t. 1, part. 1, p. 30 et suiv.

pelle une vieille chronique *, *Luzilinburch*, château fort sur le bord de l'*Alsuntia* (auj. Alzette), cédé par les moines de Saint-Maximin de Trèves au comte Sigifrid, qui fut ainsi le premier des comtes de Luxembourg.

II. Le DUCHÉ DE FRISE, vers les embouchures du Rhin, n'avait qu'une importance secondaire. — *Deventer* et *Utrecht* en étaient les principales villes.

III. Le DUCHÉ DE SAXE, au N. de la Germanie, dont il était le plus puissant état, circonstance qui lui avait procuré l'avantage de donner des souverains à l'Empire. — *Osnabruck, Munster, Goslar, Magdebourg*, érigé en archevêché sous le règne d'Otton **, *Merse-bourg* et *Stettin*, en étaient les villes les plus remarquables. — Au N.-E., la Marche de SLESWIG était destinée à servir de barrière à la Germanie contre les incursions des Danois, et renfermait, outre sa capitale, l'importante ville de *Hambourg, Hamaburgum*, érigée en archevêché au commencement du IXe siècle, et dont on voit l'archevêque souscrire au concile tenu à Rome en 963 pour la déposition du pape Jean XII ***. — La *Thuringe*, située au S. de la Saxe, en était considérée comme une dépendance.

IV. Le DUCHÉ DE FRANCONIE, ou de la *France Rhénane*, au S.-O. de celui de Saxe, sur les bords du Rhin. Villes principales : *Mayence, Francfort-sur-le-Main, Tribur* et *Wurzbourg*.

V. Le DUCHÉ DE SOUABE ou d'*Alémannie*, au S. de celui de Franconie. Villes remarquables : *Augsbourg, Constance* et *Zurich*.

VI. Le DUCHÉ DE BAVIÈRE, au S.-E. de celui de Souabe, qui comprenait aussi à cette époque la *Carinthie*, située plus au S.-E. encore et qui en fut démembrée plus tard. — *Ratisbonne, Passau, Salzbourg*, en étaient les villes les plus remarquables.

VII. Le DUCHÉ DE BOHÊME, au N.-E. de celui de Bavière, et qui comprenait celui de *Moravie*, au S.-E. Villes principales : *Prague*, en Bohême, et *Olmutz*, en Moravie.

VIII. Le DUCHÉ DE POLOGNE, au N.-E. de celui de Bohême. Villes remarquables : *Breslau, Posen, Gnesne, Plotzk* et *Cracovie*.

IX. Le ROYAUME D'ITALIE (152) ****, dont Otton avait été couronné roi à MILAN au commencement de l'an 962, était, depuis cette époque, considéré comme partie intégrante de l'empire Ger-

---

* Flodoard., *Chron.*, ap. Dumont., *Corps diplomatiq.*, t. 1, part. 1, p. 37 et 38, l. vi.

** Pfeffel, *Op. cit.*, t. 1, p. 131.

*** Pfeffel., *Op. cit.*, t. 1, p. 45. — Labb. *Concil. coll.* — Dumont, *Corps diplomat.*, t. 1, part. 1, p. 38. l. vi.

**** Conf. Sismondi, *Hist. des répub. italiennes du moyen âge*, t. 1, chap. ii.

manique. Les papes eux-mêmes, possesseurs de *Rome* et de l'*Exarchat* (211), reconnaissaient la suzeraineté de l'Empereur, dont la domination s'étendait ainsi sur toute la presqu'île, à l'exception de quelques petites provinces au S.-O. et au S.-E., surtout depuis qu'Otton eut été reconnu pour suzerain par les princes Lombards de *Bénévent* et de *Capoue* * en 967. — Outre ces deux villes, les plus remarquables étaient : — *Mantoue*, érigée, dit-on **, en marquisat par l'empereur Otton en 962 ; — *Parme*, à l'évêque de laquelle ce même empereur avait accordé, la même année, d'importants priviléges *** ; — *Ivrée*, *Florence*, *Ravenne* et *Spolète*. On pourrait citer encore la ville de *Forcone*, *Furconium*, chef-lieu d'un comté qu'Otton Ier donna, avec beaucoup d'autres terres, en 952, à l'église de cette même ville ****.—Il faudrait nommer encore *Vérone*, si le marquisat n'en avait été, ainsi que la *Marche d'Aquilée*, démembré par l'empereur du royaume d'Italie pour être réunis à la Bavière *****. — Nous indiquerons plus bas (270) les portions de l'Italie qui n'étaient pas soumises aux empereurs.

XI. HONGRIE.

262. ÉTENDUE ET VILLES PRINCIPALES. — Le pays occupé par les Hongrois ******, qui ne devint un royaume que l'an 1000 de notre ère, n'avait pas encore de limites bien fixes en l'an 973 ; il touchait au N.-O. et à l'O. l'empire Germanique, au S.-O. la Croatie, au S. la Bulgarie, à l'E. les Petchénègues, et au N.-E. la Russie. La plupart de ses villes ne datent que d'une époque postérieure à celle qui nous occupe ; nous croyons cependant pouvoir y citer : *Strigonie* ou *Gran*, qui semble en avoir été la ville principale, et peut-être *Bude* et *Albe-Royale*.

XII. PETCHÉNÈGUES.

263. PAYS QU'ILS OCCUPAIENT. — Les Petchénègues ou *Patzinakites*, arrivés en Europe au commencement du IXe siècle, s'étendaient, depuis la fin de ce même siècle, des bords du Don à ceux du Danube, jusqu'à l'*Aluta* ou Alt, affluent de ce fleuve ; ils essayèrent même de pénétrer en Russie, où ils firent le siége de

---

* Pfeffel, *Op. cit.*, t. I, p. 133.

** Cette création fut faite en faveur de Gonthier de Gonzague, si l'on en croit deux diplômes rapportés par Donesmond, *Hist. eccles. mant.*, et Possevin, *Hist. dom. Gonzag.*, mais dont l'authenticité parait fort douteuse.

*** Ughelli, *Italia sacra*.

**** *Id.* Mais la Charte qu'il cite porte par erreur la date 956.

***** Pfeffel, *Op. cit.*, t. I, p. 125.

****** Conf. G. Pray, *Annales veteres Hunnorum, Avarum et Hungarorum*.

Kiev en 968 * ; mais ils furent repoussés à plus de cinquante lieues
au S. de cette ville. Ils n'en avaient eux-mêmes aucune que l'on
puisse citer.

§ III. EUROPE MÉRIDIONALE.

XIII. ROYAUME DE LÉON.

264. ÉTENDUE ET VILLES PRINCIPALES. — Le royaume de
Léon, un des quatre entre lesquels se partageait le territoire de
l'Espagne **, occupait l'angle N.-O. de cette péninsule jusqu'à la
Pisuerga, affluent du Douro, à l'E. Du côté du S., les souverains
chrétiens de Léon et de Navarre avaient enlevé aux Maures presque
tout le pays jusqu'au *Tage*, et s'étaient emparés de *Lisbonne* et de
Madrid; mais ces conquêtes ne furent pas durables, et le *Douro*
resta encore pendant assez longtemps la limite méridionale des états
chrétiens. Outre LÉON, qui était devenu en 913 la résidence des
souverains de ce pays, on y distinguait : *Oviédo*, l'ancienne capitale, *Saint-Jacques de Compostelle*, *Braga* et *Astorga*.

XIV. COMTÉ DE CASTILLE.

265. ÉTENDUE ET CAPITALE. — La Castille, qui devait son nom
aux nombreux châteaux, *Castella* ***, élevés pour défendre le pays
contre les Maures, était gouvernée par des comtes qui s'étaient
rendus indépendants des rois de Léon dans la première moitié du
Xe siècle. Elle s'étendait à l'E. de ce royaume, des bords de
la Pisuerga jusqu'aux limites de la Navarre à l'E., et avait BURGOS
pour capitale.

XV. ROYAUME DE NAVARRE.

266. ÉTENDUE ET VILLES PRINCIPALES. — Le royaume de Navarre (241) ****, qui comprenait la *Biscaye* ou *Vizcaya*, au N., et
l'*Aragon*, à l'E., s'étendait le long du golfe de Biscaye et des Pyrénées, depuis les sources de l'Èbre jusqu'à celles de l'*Aragon*,
affluent de ce même fleuve, à l'E. Ses villes principales étaient :
PAMPELUNE, qui en était la capitale, *Logrono*, *Calahorra*, et
Jacca, capitale de l'Aragon à cette époque.

---

* Karamsin, *Hist. de l'Emp. de Russie*, trad. fr., t. I, p. 246.
** Conf. J. Mariana, *Hist. génér. d'Espagne*, liv. VII et VIII, trad. fr., t. II, p. 75—183.
*** Conf. And. Schott, *Hispaniæ illustratæ*, t. I.
**** Conf. Moret, *Annales de Navarra*, t. I.—P. de Marca, *Marca Hispanica*.—Çurita, *Annales
de la corona de Aragon*, t. I.

XVI. KHALIFAT DE CORDOUE.

267. ÉTENDUE ET VILLES PRINCIPALES. — Les Khalifes de Cordoue (154) avaient éprouvé, depuis la fin du IXᵉ siècle, plusieurs défaites successives qui rendirent les monarques chrétiens maîtres de la plus grande partie des provinces de *Saragosse* et de *Tolède* *. Mais les Musulmans ne tardèrent pas à reprendre le dessus, et conservèrent encore longtemps la possession de toute l'Espagne méridionale jusqu'au Douro, au N.-O., et jusqu'au pied des Pyrénées, du côté de la province de Saragosse, qui se prolongeait au N. entre la Navarre et le comté de Barcelone. Outre Cordoue, où le khalife Al-Hakkam venait d'instituer une école savante, on peut citer parmi les nombreuses villes du khalifat d'Occident : *Saragosse, Tolède, Valence* et *Séville*, capitales d'autant de grandes provinces. — Au commencement de ce siècle, les Arabes s'étaient mis à exploiter des mines d'or et de pierres précieuses aux environs de *Béja* et de *Malaga*.

XVII. ÉTATS MUSULMANS.

268. ILES QU'ILS COMPRENAIENT. — Les grandes îles de la Méditerranée (153) étaient encore, à l'époque de la mort d'Otton le Grand, au pouvoir des Musulmans, soumis eux-mêmes à diverses dynasties. — La SICILE, avec *Palerme*, devenue sa capitale depuis la conquête de la Sicile par les Arabes en 827 et 828 **, et l'île de *Malte*, étaient restées aux *Fatimites*; tandis que la *Sardaigne*, et à ce qu'il paraît la *Corse* et les *Baléares*, étaient tombées au pouvoir des *Zéirites*, qui avaient succédé à la puissance des Fatimites sur la côte septentrionale de l'Afrique.

XVIII. GRAND-DUCHÉ DE CROATIE.

269. ÉTENDUE ET VILLES PRINCIPALES. — Le grand-duché de Croatie***, dont le souverain prit le titre de roi vers l'an 970 suivant les uns, et seulement en 994 suivant d'autres, avait acquis sous le prince qui le gouvernait à la mort d'Otton une puissance telle, qu'il pouvait, dit-on, mettre sous les armes soixante mille cavaliers et cent mille fantassins. Il comprenait les contrées renfermées entre la côte de la mer Adriatique, la Drave et le Danube

---

* Conf. Salazar, *Historia de las guerras succedidas entra christianos y infieles.*
** Johan. Diac., *Chronic.*, apud Muratori, t. I, part. II, p. 343. — Continuator Theophani, p. 51 et 52.
*** Conf. Katancsich, *Specimen philologiæ et geographiæ Pannoniorum.*

jusqu'à son confluent avec la *Save*. *Poséga*, dans l'Esclavonie, et *Dresnec*, plus au S.-O., en étaient les villes les plus remarquables. — Celle de *Narenta*, au S.-E., était habitée par des pirates indépendants qui infestaient tous les parages de la mer Adriatique.

XIX. EMPIRE ROMAIN D'ORIENT.

270. ÉTENDUE ET DÉPENDANCES. — L'Empire Romain d'Orient (153), en y comprenant la *Bulgarie*, qui venait d'être réunie à l'Empire, et la *Servie*, qui était sous sa dépendance depuis le milieu du xe siècle, comprenait encore, en Europe, la vaste péninsule bornée par la mer Adriatique, à l'O. et au S.-O.; par l'Archipel, dont il possédait toutes les îles, par la Propontide avec ses détroits et par le Pont-Euxin, au S.-E. et à l'E.; par le cours du Danube au N., et par la Save inférieure et le cours du Drin, son affluent, vers le N.-O.—L'Empire possédait de plus : les villes maritimes et commerçantes de *Spalatro*, *Trau*, *Zara*, sur la côte orientale de l'Adriatique; les duchés de *Gaëte*, de *Naples*, d'*Amalfi*, sur la côte occidentale de l'Italie; les deux péninsules qui terminent cette même Italie, au S.-E. et au S.-O., désignées alors sous le nom de thème de *Lombardie* et de *Calabre*; la partie occidentale de la *Sicile*; la suzeraineté sur la république de *Venise*, encore renfermée à cette époque dans ses lagunes, d'où elle allait bientôt s'élancer sur le continent voisin; et enfin la partie occidentale de la *Tauride*, dont l'E. était occupé par les faibles restes de la nation fugitive des *Khazars* ou *Khozars*. Nous n'avons point à parler ici de ses possessions asiatiques, qui ne dépassaient pas de beaucoup les bornes de l'ancienne Asie-Mineure.

Nous nous dispenserons aussi de nommer de nouveau les villes principales de cet empire, que nous avons déjà plusieurs fois décrit avec détails (6-40 et 136-140).

---

* Conf. Leon. Diacon. *Historia*, p. 126. et seq. — Cedreni *Compendium historiarum.* — Zonaræ *Annales*, t. ii. — Muratori, *Ann. d'Ital.*, t. 5.

CHAPITRE VIII.

EUROPE,
ASIE OCCIDENTALE ET AFRIQUE SEPTENTRIONALE.

LEUR GÉOGRAPHIE POLITIQUE AVANT LA PREMIÈRE CROISADE.

271. DIVISION. — A l'époque célèbre où le grand mouvement re-
ligieux des croisades précipita l'Europe sur l'Asie, c'est-à-dire à la
fin du XIᵉ siècle de notre ère, les états qui existaient en Europe
et dans les autres contrées qui participèrent à ces importants événements étaient au nombre de trente principaux, dont huit dans
l'*Europe septentrionale*, qui ne prit presque aucune part à la première croisade ; cinq dans l'*Europe centrale*, six dans l'*Europe méridionale*, huit dans l'*Asie occidentale*, et trois dans l'*Afrique septentrionale*. Nous allons les décrire brièvement, en nous bornant
à indiquer leur position respective et quelquefois les lieux qui y ont
acquis une grande célébrité. Nous compléterons ce chapitre en faisant connaître en peu de mots les *royaumes et principautés fondés
par les Croisés*.

I. EUROPE SEPTENTRIONALE.

272. ÉTATS PRINCIPAUX. — Les huit principaux états de l'Europe septentrionale à l'époque des croisades étaient :

I. L'IRLANDE (232) *, toujours partagée entre les Danois et les
anciens habitants, dont la barbarie devenait chaque jour plus pro-
fonde.

II. Le royaume d'ÉCOSSE (233) **, dont les limites se trouvaient
resserrées du côté du S., par suite de la perte qu'il avait faite tout
récemment du *comté de Cumberland*.

III. Le royaume d'ANGLETERRE (234) ***, conquis par les Normands-Français, à la suite de la sanglante bataille livrée à *Hastings*,

---

* Pour ce pays, comme pour tous ceux qui suivent, consulter les auteurs déjà cités au chapitre précédent, lorsque je ne donne pas d'indications nouvelles, et, dans mon ATLAS HISTORIQUE,
la carte de l'*Europe à la fin du onzième siècle*.
** Conf. Buchanan, *Rer. Scotic. historia*, lib. I et VII, et Boethius. *Scotorum historiæ*. l. XII.
*** Conf. Chroniq. de Normandie, ap. D. Bouquet, *Hist. de France*, t. XIII —Willel. Malmesb.
— Snorre's *Heimskingla*, t. II et III, et Aug. Thierri, *Hist. de la Conq. de l'Angleterre par
les Normands*, t. I et II.

au S.-O. de *Douvres*. — *Stamfordbridge*, où le roi de Norvége Harald avait été vaincu et tué quelques jours auparavant, était situé un peu au N.-E. d'*York*. Vers le N.-O., la forteresse de *Carlisle* fut élevée par Guillaume Ier, pour protéger contre l'Écosse le comté de Cumberland qu'il venait de lui arracher ; à l'O., les *Gallois* restaient indépendants dans leurs montagnes.

273. IV. Le royaume de DANEMARK (235), comprenant à cette époque, outre le *Jutland* : les *îles Danoises* et la *Scanie*, le duché de *Sleswig* et une sorte de suzeraineté sur le royaume suivant. —LUNDEN, en *Scanie*, était un des principaux repaires des pirates de ces contrées ; son évêché fut érigé en archevêché vers la fin du xie siècle *.

V. Le royaume des VENDES, ou de SLAVONIE, qui s'étendait au S. du précédent, le long de la côte de la Baltique, depuis le Sleswig jusqu'aux embouchures de l'Oder : — LIUBICE ou *Lubeck* en était la capitale. — A l'E. de ce royaume, dans une île formée par l'Oder à son embouchure (aujourd'hui Wollin), se trouve la ville de JULIA ou *Jomsbourg*, fondée par une colonie danoise, et dont les habitants étaient à cette époque les pirates les plus redoutés du N. de l'Europe **.

274. VI. Le royaume de NORVÉGE (236) ***, occupant toute la Scandinavie occidentale, avait alors pour capitale NIDAROS, fondée par le roi Olaüs, et qui devait à sa position à l'embouchure de la *Nid* son nom, ensuite changé en celui de *Trondhiem*, la ville du Thrond ou *Thrand* ****, du nom de la province où elle était située (aujourd'hui Drontheim). — *Bergen*, au S.-O. de Drontheim, et *Opslo*, près des frontières de la Suède et du Danemark, furent fondées dans la seconde moitié du xie siècle. La première, qui était depuis longtemps connue comme l'entrepôt du commerce du poisson, des bois et des fourrures, reçut, ainsi que *Konghell* et *Stavanger*, situées plus au S.-E., du roi Olaüs le Pacifique le titre et les priviléges de ville. — *Opslo*, fondée par ce même prince en 1054, a été remplacée depuis par *Christiania*, qui est aujourd'hui capitale de la Norvége *****.—*Swolder*, lieu situé sur la côte méridionale (non loin de Stralsund), est célèbre par une sanglante bataille navale livrée au commencement du xie siècle. — *Stiklastadt*, ferme peu éloignée de Drontheim, est remarquable par une autre bataille dans

---

* Adam de Brème, *Hist. eccles.*
** Conf. Snor. Sturlesou, part. ix. — Torfæus, part. iii, l. iii el iv.
*** Adam de Brème, *Hist. eccles.*— Dithm. Merseb., *Vita Suenonis.*
**** Catteau Calleville, *Hist. des Révol. de Norvége*, t. 1, p. 155, note.
***** Catteau Calleville, *Révol. de Norv.*, t. 1, part. iii.

laquelle périt le roi Olaüs Haraldson *. — L'embouchure de la *Nissa*
est également célèbre par un combat naval entre les Danois et les
Norvégiens, et suivi de la paix qui fut signée à *Konghell*, près de
la frontière norvégienne, en 1064.

Les souverains de Norvége possédaient encore le royaume de
MAN ou des ILES, formé de l'île de *Man*, de celle d'*Anglesey*, des
Hébrides et de quelques-unes des péninsules de la côte de l'Écosse,
et particulièrement de celle de *Cantyre* : ce royaume, après avoir été
quelque temps indépendant, était rentré sous la souveraineté de la
Norvége, qui étendait encore sa domination sur les îles *Orcades*,
Shetland et *Fær-oer*, sur l'*Islande*, où sont fondés les évêchés de
Skalholt et de *Holum*, et même sur le *Groenland*, qui a reçu aussi
la lumière de l'Évangile. Enfin, si l'on en croit les historiens nationaux **, le roi Magnus III, qui régnait à l'époque qui nous occupe, avait jeté dans les fers le roi de *Dublin*, qui s'était emparé
des Hébrides et de Man, et avait forcé le roi de la province de *Kon-
naught* à se reconnaître son vassal.

VII. Le royaume de SUÈDE (238) ***, conservant les limites
qu'il avait vers la fin du X° siècle : l'idolâtrie y lutte encore
contre le christianisme ; mais le grand temple d'UPSAL, sa capitale (238), a été brûlé, et un évêché est établi à *Skara*, au S.-O. du
royaume.

275. VIII. Le grand-duché de RUSSIE (239), conservant aussi à
peu près les mêmes limites : les villes y sont devenues plus nombreuses, mais les partages entre les princes russes et leurs dissen-
sions affaiblissent l'état, partagé ainsi en un grand nombre de
principautés, parmi lesquelles nous citerons seulement celle de *Kiev*,
toujours regardée comme la première, et embellie par ses princes
de monuments qui lui méritaient aux yeux de ses habitants le nom
de rivale de Constantinople **** ; de *Péréjaslavl*, de *Vladimir*, de
Tchernigov, de *Smolensk*, de *Polozk* et de *Novgorod*.

Les contrées les plus septentrionales de l'Europe restent encore
étrangères à la civilisation et au christianisme, ainsi que les fé-
roces PRUSSIENS (240) ; mais sur les limites N.-E. de ces derniers
commençait à s'élever une nouvelle puissance qui n'a pas été sans
importance : c'est celle des LITTUANES *****, ou *Lithuaniens*, na-

---

* Conf. Sturleson, *Hist. Olaf Haraldson.* — Torf., part. III, l. III. — Suorre's *Heimskingla*,
t. II et III.
** Sturleson, part. XI, et Torfæus, part. II, lib. VII.
*** Conf. *Scriptores rer. Succic. medii œvi*, t. I.
**** Karamsin, *Hist. de l'Emp. de Russie*, trad. fr., t. II, p. 46.
***** Conf. Sturleson, *Hist. reg. septentr.*, t. I, p. 517.

tion d'origine slavo-germanique qui s'était créé, entre le Niémen
et la Duna, un petit état formé de terres enlevées en grande partie
aux Russes.

II. EUROPE CENTRALE.

276. ÉTATS PRINCIPAUX. — Les cinq principaux états de l'Europe centrale, à l'époque des croisades, étaient les suivants :

IX. La FRANCE, conservant à peu près les mêmes limites qu'elle
avait sous les derniers Carlovingiens (242); mais le domaine royal
s'est augmenté par l'élévation au trône du puissant duc de France
et par la réunion des comtés de *Sens* (248, XI) et du *Vexin* (249, XV),
auxquels allait bientôt (l'an 1100) s'ajouter celui de *Bourges* (252,
XXVI). Mais d'un autre côté le nombre des seigneuries féodales s'é-
tait accru aussi par l'érection en souverainetés héréditaires des baronnies de *Couci* (316)* et de *Montfort l'Amauri* (334) et des comtés
d'*Eu* (318), d'*Évreux* et de *Foix* (257). Par compensation la *Gascogne* (256, XLI) a été réunie à la *Guyenne* et le *Rouergue* (257, LI)
au comté de Toulouse. — La France est le pays de l'Europe qui
fournit le plus de guerriers à la croisade prêchée dans son sein, au
concile de *Clermont* en Auvergne**. — PARIS, capitale des domaines
de Hugues Capet, était redevenu, depuis l'élévation de ce prince
sur le trône de France, la capitale de la monarchie.

X. L'EMPIRE ROMAIN GERMANIQUE (260)***, dont le royaume
d'*Arles* ou de *Bourgogne* est devenu partie intégrante; mais il a
perdu ses possessions les plus méridionales dans l'*Italie,* où sa suzeraineté commence à être vivement contestée partout : du côté
du N., le royaume de *Slavonie* (273) et celui de *Pologne* (277) se
sont formés à ses dépens. — *Sleswig* et *Hambourg* ayant été brû-
lés par les Vendes en 1069, l'archevêque de la dernière de ces
villes s'était vu forcé de transférer son siége à *Brême* ****. — *Lipsk*
(aujourd'hui Leipzig), avait été donné, en 1021, par Henri II à
l'évêque de *Mersebourg* *****. En Italie presque toutes les villes, et
notamment *Ravenne, Vérone, Padoue, Parme, Florence,* avaient

---

* Voir, pour les détails sur ces nouvelles souverainetés féodales, les chiffres auxquels nous
renvoyons, et le chapitre sur la *Géographie de la France féodale ;* consulter aussi l'*Art de
vérifier les dates*, passim.
** Il faudrait ajouter encore que la France donna l'exemple de ces *trèves de Dieu*, publiées
dès l'an 990 par onze évêques, et renouvelées au pré de *Tuiutes* dans le Roussillon, en 1027 et
1045, et à Narbonne en 1054. Mabillon, *de re Diplomat.*, l. VI, p. 577. — Labb. *Concil. coll.*,
t. IX, p. 1072 et 1249.
*** Conf. Struvii *Corpus histor. German.*, t. I, p. 301—402.
**** Adam de Brême, *Hist. eccles.*, l. IV, c. 11, 12 et 13.
***** Vogels *Annal. Lipsiens.*, ano. 1021 ; ap. Dumont, *Corp. diplom.*, t. I, part. 1, p. 42,
LXIII.

obtenu d'importants priviléges *. — *Canossa*, où Grégoire VII
reçut Henri IV humilié, était située un peu au S.-E. de Parme.

277. XI. Le royaume de POLOGNE, récemment formé du duché
de ce nom (261). Il s'étend des bouches aux sources de la *Vistule*,
entre l'Empire Germanique, à l'O., et le grand-duché de Russie, à
l'E., et il a CRACOVIE pour capitale.

XII. Le royaume de HONGRIE (262), situé au S. du précédent,
et qui s'était définitivement constitué l'an 1000 de notre ère. Ses
rois ayant, depuis cette époque, fait la conquête de *Sirmium* et
de tout le pays jusqu'à la chaîne de montagnes qui longe le rivage
de la mer, ajoutèrent à leurs titres celui de rois de *Croatie* (269)
et de *Dalmatie*, provinces qui avaient conservé jusqu'en 1091 leur
souverain national, feudataire du Saint-Siége **. Ils ne possédaient pas cependant les villes maritimes, qui se donnèrent aux Vénitiens (279). — ALBE ROYALE, *Alba Regalis*, était la capitale de ce
royaume, lorsqu'il fut traversé par les premières bandes des Croisés,
qui y commirent des excès que les habitants se virent contraints
de réprimer par la force des armes.

XIII. Les UZES et les COMANES ou *Cumans*, connus sous le nom
de *Polovtzes* par les Russes ***, auxquels ils livrent de vives attaques :
ils remplacent à peu près dans les mêmes limites la nation des *Petchénègues* (263), qu'ils ont asservie.

III. EUROPE MÉRIDIONALE.

278. ÉTATS PRINCIPAUX. — L'Europe méridionale, sans y comprendre l'Espagne musulmane, qui sera nommée plus loin (284),
renfermait six états remarquables, savoir :

XIV. Le royaume de LÉON et CASTILLE **** (264-265), comprenant, outre ces deux pays, les *Asturies* au N., le royaume de *Galice*
à l'O., le comté de *Portugal* à l'E., et le royaume de *Tolède* ou de
la *Nouvelle-Castille*, au S. — Capitale : LÉON, au N.-O.

XV. Le royaume de NAVARRE et ARAGON, au N.-E. du précédent. Il possède de plus qu'à la fin du xᵉ siècle (266) le territoire de *Huesca* : il a pour vassal le roi musulman de *Saragosse*, au

---

* Dumont, *Corp. diplom.*, t. 1, p. 1, LIX, LXVII, LXX, LXXII, LXIV et LXXIII.
** Baron. *Annales*, ann. 1076. — Gregor. pap. *Epistolæ* in Concil. coll. reg., t. XXVI,
p. 387.
*** Karamsiu, *Hist. de l'Emp. de Russie*, trad. fr., t. II, c. 4.
**** Cont. Mariana, *Hist. génér. d'Espagne*, l. VIII, IX et X, trad. fr., t. II, p. 184—427.

S., et comprend à l'E. le *comté de Barcelone*, placé toutefois sous la suzeraineté de la France. — Capitale : PAMPELUNE, au N.-O.

XVI. Le petit royaume de VALENCE, récemment conquis sur les Maures par le Cid, et dont l'existence devait être aussi courte que brillante : il s'étendait sur la côte de la Méditerranée, dans une étendue d'environ trente lieues, et jusqu'à *Murviedo* (l'ancienne *Sagonte*), dernière conquête du Cid dans l'intérieur.

279. XVII. Le duché de POUILLE, de CALABRE et de SICILE *, formé de toute la partie méridionale de l'Italie, soumise par les Normands-Français, et des îles de *Sicile* et de *Malte* **, conquises par Roger, qui les gouverne sous la suzeraineté de son frère Robert Guiscard, avec le titre de *grand-comte* : — *Capoue* et *Tarente* forment aussi deux principautés sous la dépendance des Normands ; — *Bénévent* reste sous celle du pape, et *Naples* demeure à l'empire d'Orient.

XVIII. Les RÉPUBLIQUES ITALIENNES ***, qui commencent à cette époque à jouer un rôle important en Europe. — PISE, la plus puissante d'entre elles, possède, sous la suzeraineté du Pape ****, la *Corse* et la *Sardaigne*, qu'elle vient d'arracher aux Génois. — GÊNES elle-même ne conserve, outre son territoire, que celui de *Bonifacio*, dans la Corse, et de *Cagliari*, dans la Sardaigne. — VENISE, la troisième des républiques commerçantes de l'Italie, a porté sa domination hors de ses lagunes, et l'étend sur la plus grande partie de la côte de la *Dalmatie*, et notamment sur les villes de *Zara*, *Trau*, *Spalatro*, *Narenta*. Sa nombreuse marine doit être d'un puissant secours aux Croisés. — MILAN et un grand nombre de cités de l'Italie s'érigent ou sont prêtes à s'ériger en républiques désormais trop nombreuses pour que nous puissions les indiquer toutes.

280. XIX. L'EMPIRE ROMAIN D'ORIENT (270) *****, augmenté : 1° depuis le commencement du XIᵉ siècle, de la *Bulgarie Macédonienne* ******, qui était redevenue vers la fin du Xᵉ siècle un royaume, dont *Okhrida* était la capitale ; et 2° depuis peu d'années, de la *Servie*, qui s'était soumise à l'Empereur, tout en conservant cependant un roi dont *Scodra* (aujourd'hui Scutari) était la rési-

---

* Conf. Muratori, *Antiquit. italic. medii œvi.* — Sismondi, *Hist. des Rép. italiennes du moyen âge*, t. I, c. 4. — Gautier d'Arc, *Conquêtes des Normands dans l'Italie méridionale.*
** Fazelli Sicull *Hist. rerum Sicular.*
*** Conf. Sismondi, *Hist. des Républ. italiennes du moyen âge*, t. I, c. 5.
**** Concil. collect. reg., t. XXVI, p. 303.
***** Conf. Cedren., p. 683 et suiv.—Zonar., t. II, p. 215 et suiv.—Leon. Diacon., p. 165 et seqq. — Ann. Comm., lib. XI. — Ducange, *Ann. Byz.* — Banduri *Imper. orient.*, etc.
****** Cedrenus, p. 712 et seqq. — Zonar., t. II, p. 227 et seqq.

dence. Cet Empire avait ainsi pour limites, du côté de l'Europe, le Danube et la Save jusqu'à l'endroit où elle reçoit l'Unna, la mer Adriatique et la mer Ionienne ; du côté de l'Asie, ses possessions ne comprenaient plus que les côtes occidentales de l'Asie-Mineure et quelques villes fortifiées. — CONSTANTINOPLE, sa capitale, était encore à cette époque la ville la plus riche et la plus magnifique du monde.

IV. ASIE OCCIDENTALE.

281. ÉTATS PRINCIPAUX. — Les états de l'Asie occidentale dont l'existence à l'époque des croisades mérite d'être signalée ici à cause de leurs rapports avec les nations européennes, étaient tous musulmans et gouvernés par des dynasties d'origine turke *. Ils étaient au nombre de huit, dont les six premiers n'étaient que des démembrements du vaste empire des *Seldjoukides,* qui, après s'être étendu pendant quelques années sur toute l'Asie occidentale **, s'était divisé, en 1092, en une foule de petits états dont nous nommerons seulement les six plus remarquables. Les deux derniers avaient pour chefs des princes *Ortokides*, ainsi nommés de leur père *Ortok*, chef d'une autre tribu turke qui était venue en 1082 fonder un empire en Syrie et en Arménie, et avait même obtenu du sultan Seldjoukide la ville de JÉRUSALEM ; mais elle leur avait été enlevée, peu de temps avant l'arrivée des Croisés, par le khalife d'Égypte.

282. Les six états SELDJOUKIDES étaient :

I. La *Sultanie* de ROUM, ainsi nommée parce qu'elle se composait de contrées enlevées aux Romains, c'est-à-dire aux Grecs, par les Turks eux-mêmes ; on la nommait aussi *Empire* d'ICONIUM, parce que cette ville en était la capitale. C'était la plus puissante des Sultanies Seldjoukides. Ce fut sur son territoire que se passèrent les premiers événements remarquables des croisades. — *Nicée*, qui avait été la conquête et la résidence de Soliman, fondateur de la Sultanie de Roum, fut la première ville assiégée par les Croisés ***. — La plaine de *Dorylée* ****, située plus au S.-E., fut le champ de bataille sur lequel ils remportèrent sur les Turks leur première victoire signalée, mais chèrement achetée. — *Tarse*,

---

* Conf. De Guignes, *Hist. génér. des Huns, des Turcs*, etc., l. x.

** De Hammer, *Hist. de l'Empire Ottoman*, t. 1, p. 12 et suiv. de la trad. franç.

*** Ann. Comm., l. xi. — Guill. de Tyr, l. iii, ch. 1 et suiv. — Alb. d'Aix, l. ii, et les autres historiens des croisades réunis dans la *Collection des Mémoires relatifs à l'histoire de France* de M. Guizot, t. xvi-xxiii. — Michaud, *Hist. des Croisades*, t. 1, p. 201 et suiv.

**** Auteurs déjà cités. — Pour la position des lieux traversés par les Croisés, consulter la savante *Notice bibliographique, critique et géographique* de M. Walckenaër, sur l'*Itinéraire de Bordeaux à Jérusalem*, insérée dans le t. 1 de l'*Hist. des Croisades* de M. Michaud, p. 525.

en Cilicie, vit les Croisés combattre entre eux pour sa possession *.

II. La *Sultanie* d'IRAN ou de *Perse*, la plus puissante après celle de ROUM, et le siége de l'empire des Seldjoukides, qui s'était étendu de ce côté jusqu'aux frontières de la Chine. Outre *Bagdad*, où végétait toujours un Khalife entièrement soumis au Sultan, on remarquait encore dans cette Sultanie : *Ispahan*, qui devint le siége de la littérature.—*Nichabour*, capitale du Khorassan, et qui l'avait été de l'empire des Gaznévides, etc.

III. La *Sultanie* de MOSSOUL, au N.-O. de celle de Bagdad et autour de la ville dont elle portait le nom.

IV. Celle de HALEB ou *Alep* (ancienne Bérée), entre l'Oronte et l'Euphrate, et s'étendant même sur la rive gauche de ce dernier fleuve.

V. Celle d'ANTIOCHE, au S.-O. de celle de Haleb, et comprenant toute la Syrie septentrionale.

VI. Celle de DAMAS, au S. de la précédente, composée de toute la Célésyrie.—Toutes ces Sultanies avaient pour capitales les villes dont elles portaient les noms.

283. Les deux états ORTOKIDES, fondés par les deux fils d'Ortok, étaient :

VII. Celui de MARDIN, sur les rives du Tigre supérieur, et où l'on distinguait, outre la ville capitale dont il portait le nom, celle de *Méjafarékin*, l'ancienne *Martyropolis;*

VIII. Celui d'AMIDA ou *Diarbékir,* au S.-O. du précédent, et qui portait comme lui le nom de sa capitale.

V. AFRIQUE SEPTENTRIONALE.

284. ÉTATS PRINCIPAUX. — On peut réduire à trois, tous gouvernés par des dynasties arabes, les états de l'Afrique septentrionale ** qui avaient une importance réelle à l'époque des croisades ; ces états étaient de l'E. à l'O. :

I. Le Khalifat d'ÉGYPTE, gouverné par les Fatimites, qui résidaient au *Caire*, ville fondée depuis l'an 980. Le khalife d'Égypte était, comme nous l'avons dit (281), en possession de JÉRUSALEM, qu'il avait enlevée avec toute la *Palestine* aux Ortokides.

---

* Michaud, *Op. cit.*, p. 243. — Albert d'Aix, Collect. de M. Guizot, t. xx, p. 121.
** Conf. de Cardonne, *Hist. de l'Afrique et de l'Espagne sous la domination des Arabes.* — D'Herbelot, *biblioth. orient.* — De Guignes, *Hist. des Huns.*

II. Le royaume de KAÏRVAN, ou de MAHADIA, gouverné par la dynastie des Badissides, qui fut détrônée, en 1149, par Roger Ier, roi de Sicile ; il comprenait tout le centre de l'Afrique septentrionale et avait pour capitales *Kaïrwan* (173) et *Mahadia*, situées plus au S.-E., sur la côte de la mer.

III. L'empire des ALMORAVIDES ou des *Morabeth*, fondé au milieu du XIe siècle dans l'Afrique occidentale ou *Magreb*, où cette secte arabe bâtit en 1070 la ville de *Maroc*, qui devint sa capitale. — *Fez* tomba la même année en son pouvoir, et *Ceuta* en 1084. La même année ils passèrent en Espagne, où les appelaient les divisions des princes Musulmans, et, à la fin du siècle, ils étaient devenus les maîtres de toute la partie méridionale de la péninsule jusqu'au Tage et jusqu'aux limites du petit royaume de *Valence* (278), que la valeur du Cid ne leur enleva que pour quelques années. — Les *Baléares* mêmes furent soumises par eux. — Le royaume de *Saragosse* fut le seul de l'Espagne qui resta sous la puissance des anciennes dynasties Arabes.

VI. ROYAUMES ET PRINCIPAUTÉS FONDÉS PAR LES CROISÉS.

285. LEUR NOMBRE.—Parmi les royaumes et principautés fondés par les princes chrétiens pendant le cours des croisades, on peut distinguer dix-neuf états principaux que nous indiquerons successivement en suivant l'ordre dans lequel ils ont été fondés.

286. I. Le COMTÉ D'ÉDESSE (13), dans l'ancienne Mésopotamie ou *Al-Djéziréh*, fut le premier état chrétien fondé en Asie par les Croisés[*]. Outre le territoire de sa ville capitale, dont les habitants, qui n'avaient pas cessé de pratiquer le christianisme, s'empressèrent de se soumettre à Baudouin, comte de Flandre, aussitôt qu'il approcha de leurs murailles, cette principauté comprenait encore *Samosate*, située au N.-O. d'Édesse, qui fut vendue avec son territoire à Baudouin par un émir Turk, et *Séroudje*, autre ville importante, au S.-O. d'Édesse, qu'il conquit par la force des armes ; elle reçut ensuite des accroissements tels, qu'elle devint plus importante que le royaume même de Jérusalem.

II. La principauté d'ANTIOCHE[**], fondée par les Croisés en 1098, en faveur de Bohémond, prince de Tarente, qui leur donna les moyens de s'emparer de cette ville importante qu'ils assiégeaient depuis neuf mois. — *Tarse* et *Mamistra*, dans l'ancienne Cilicie[***] ;

---

[*] Michaud, *Hist. des Croisades*, t. I, p. 259.
[**] *Id., ib.*, t. I, p. 320.
[***] *Id., ib.*, t. I, p. 366. — Albert d'Aix, Collect. de M. Guizot, t. XX, p. 191.

Laodicée, plus au S., sur la côte de la mer, et quelques autres villes, agrandirent par la suite cette principauté.

287. III. Le royaume de JÉRUSALEM *, fondé l'an 1099 de J.-C., après la prise de cette ville, qui en devint la capitale; il comprenait en outre une grande partie de l'ancienne *Phénicie* et de l'ancienne *Palestine,* où furent successivement créés de nombreux états feudataires, parmi lesquels nous citerons seulement:

La principauté de GALILÉE et de TIBÉRIADE **, fondée par le vaillant Tancrède, dans la contrée dont elle portait le nom, au N. de Jérusalem; — le comté de TRIPOLI et de TORTOSE ***, qui renfermait ces deux ports de mer, au N.-O. de la principauté de Galilée : il tenait, après le comté d'Édesse et la principauté d'Antioche, le troisième rang entre les baronnies du royaume de Jérusalem, et finit par être réuni à celle d'Antioche; — les seigneuries de MARKAB, l'ancienne *Marathus,* et de GÉBILEH ou *Giblet ****, Gibellum,* l'ancienne *Gabala,* situées aussi sur la côte au N. des précédentes; — celle de BAÏROUT *****, l'ancienne *Béryte,* au S. de Tripoli; — celle de TYR, au S. de la précédente : elle fut une des dernières fondées par les Croisés et possédées par eux en Orient ******; — celle de CÉSARÉE (11), beaucoup plus au S. encore; — celle de NAPLOUSE, l'ancienne *Sichem,* au S.-O. de la précédente, dans l'intérieur des terres; — le comté de JOPPÉ *******, sur la côte, au N.-O. de Jérusalem. On y réunit, en 1153, la ville d'*Ascalon,* située un peu plus au S., et la dernière des villes maritimes tombée au pouvoir des Croisés. Cette forteresse, que les Infidèles nommaient la *Fiancée de la Syrie,* avait été témoin d'une célèbre bataille gagnée sous ses murailles, en 1099, par le roi Godefroy de Bouillon, sur l'armée envoyée par le khalife d'Égypte. — La seigneurie de KRAK ou *Carac,* l'ancienne *Petra,* et de *Montréal ********,* au S. de la Palestine, dans l'Arabie Pétrée.

Outre les villes que nous venons de nommer, le royaume de Jérusalem, au moment de sa splendeur, comprenait la plus grande partie de la Syrie, de la Phénicie et de la Palestine, où les Infidèles ne possédaient plus que les principautés de *Haleb* et de

---

* Michaud, *Hist. des Croisades*, t. I, p. 452 et suiv.
** *Id., ib.,* t. II, p. 5.
*** *Id., ib.,* t. III, p. 12.
**** *Id, ib.,* t. v, p. 154 et 155.
***** *Id., ib.,* t. II, p. 55.
****** *Id., ib.,* t. v, p. 195.
******* *Id., ib.,* t. I, p. 419.
******** Foulcher de Chartres, chap. 43, dans la Collect. de M. Guizot, t. XXIV, p. 183. Lire dans le chap. 44 la curieuse dissertation géographique composée sur les contrées voisines par cet auteur souvent assez crédule, mais qui s'est livré avec soin à ce genre de recherches.

Damas (282), avec les villes d'*Émèse* et de *Hamath*, sur les bords de l'Oronte.

288. IV. La fondation de l'EMPIRE LATIN DE CONSTANTI-NOPLE [*] fut le résultat principal de la quatrième croisade; mais cet empire, déjà réduit à une si faible étendue, fut encore diminué par suite des démembrements opérés par quelques princes grecs qui fondèrent en Asie les deux petits empires de NICÉE et de TRÉBIZONDE, et en Europe la DESPOTIE D'ÉPIRE, qui comprenait, DURAZZO, l'ancienne *Dyrrachium* (38), ARTA, sur le golfe de son nom, qui en devint la capitale, et la plus grande partie des provinces anciennes d'*Épire*, d'*Acarnanie* et d'*Étolie*, c'est-à-dire l'occident de la Grèce centrale et septentrionale. Les Latins se partagèrent le reste des provinces, où l'on vit s'élever, outre l'empire de Constantinople, réduit à une partie de la capitale et de l'ancien diocèse de *Thrace* (29 et 30), les états suivants :

Le royaume de THESSALIE, qui comprenait, outre la Thessalie, dont il portait le nom, une grande partie de l'ancienne *Macédoine*; il avait pour capitale *Thessalonique*.

La principauté d'ACHAÏE, nommée ensuite la *Morée*, composée de tout l'ancien Péloponnèse : — le duché d'ATHÈNES et de THÈBES était le principal des fiefs placés sous sa dépendance.

Le duché de BITHYNIE, qui ne renfermait que la partie septentrionale de cette ancienne province de l'Asie-Mineure (28), au N.-O. de laquelle elle était située.

289. Les POSSESSIONS VÉNITIENNES [**], qui comprenaient près de la moitié de la ville de *Constantinople*, et particulièrement le faubourg de *Péra*; l'ancienne *Chersonèse de Thrace*, où fut fondé le duché de *Gallipoli*; plusieurs ports sur les côtes de la Propontide et de l'ancienne Phrygie; les villes de *Coron* et de *Modon*, dans le S.-O. de la Morée; l'île de *Candie* et presque toutes celles de l'Archipel, où des aventuriers vénitiens allèrent fonder le duché de *Naxos*, qui comprenait, outre cette île, celles de *Paros*, *Mélos*, *Engia* (ancienne Égine) et *Santorin* (ancienne Théra); la principauté d'*Andros*, celle de *Théonon*, comprenant *Tine*, *Myconi* et *Skyro* (ancienne Scyros); celle de *Céos*, le *grand-duché de Lemnos*, etc. — *Corfou* (ancienne Corcyre), sur la côte occidentale de la Grèce, fit aussi partie des possessions qu'acquit cette puissante république maritime.

---

[*] Conf. Villehardouin, c. 141 et seqq.— Gregoras, l. 1, c. 2, etc.
[**] Conf. Daru, *Hist. de la Rép. de Venise.*

CHAPITRE IX.

FRANCE.

SA GÉOGRAPHIE POLITIQUE A L'ÉPOQUE DE SA RIVALITÉ AVEC L'ANGLETERRE.

(Année 1560—1455).

290. DIVISIONS.—La lutte de cent ans que fit éclater, au milieu du XIVᵉ siècle, la rivalité de la France et de l'Angleterre, devint, pour notre patrie, par suite des désastres dont elle fut accompagnée pour elle, la cause de déchirements et de démembrements intérieurs qui [modifièrent complétement, à plusieurs reprises, la géographie politique de la France. Ces modifications eurent elles-mêmes pour causes les alternatives de revers et de succès qui signalèrent cette longue guerre, et que nous réduirons à quatre principales, indiquées par les quatre époques suivantes, savoir : I. *Époque du traité de Brétigny*, l'an 1360 ; II. *Époque de la mort de Charles V*, l'an 1380 ; III. *Époque de l'arrivée de Jeanne d'Arc au siége d'Orléans*, l'an 1429; IV. Enfin *Époque de l'expulsion définitive des Anglais*, l'an 1453. Après avoir exposé avec quelque détail la géographie politique de la France à la première de ces époques, nous indiquerons brièvement les changements les plus importants qu'elle subit à chacune des trois autres.

§ I. ÉPOQUE DU TRAITÉ DE BRÉTIGNY,
l'an 1560.

291. INDICATIONS HISTORIQUES. — L'époque du traité de Brétigny est la plus désastreuse que présente notre histoire. Les malheurs qui accablèrent la France à la suite de la désastreuse bataille de *Maupertuis* ou de *Poitiers*, en 1356, la réduisirent à la triste nécessité de souscrire à ce traité humiliant, qui, en élevant dans son propre sein et au profit de sa rivale une souveraineté indépendante, devint la source de calamités plus déplorables encore, et dont l'effet continua à se faire sentir longtemps même après que cette cause eut cessé d'exister. Nous allons nommer successivement les provinces dont se composaient, après le traité de Brétigny, 1° les *Possessions du roi de France*, et 2° les *Possessions du roi*

d'Angleterre. En décrivant les premières, nous distinguerons les provinces qui formaient le domaine royal proprement dit de celles qui étaient possédées par les grands vassaux, dont plusieurs firent trop longtemps cause commune avec les Anglais. Enfin nous mentionnerons les villes dont les noms se rattachent aux événements les plus remarquables de cette époque.

I. POSSESSIONS DU ROI DE FRANCE.

292. DOMAINE ROYAL. — Les provinces de France qui composaient le domaine royal après le traité de Brétigny en 1360, étaient les suivantes, que nous nommerons en procédant du N. au S. :

La PICARDIE, moins la petite province du *Ponthieu* (246, IV), située vers l'embouchure de la *Somme*, et qui appartenait à l'Angleterre : au N.-O. d'*Amiens*, sur la Somme, sa capitale, se trouve *Crécy*, célèbre par la désastreuse bataille de 1346.

L'ILE-DE-FRANCE, au S. de la Picardie ; capitale, PARIS, sur la Seine : le château de *Vincennes*, au N.-E. de cette ville, était alors la résidence ordinaire des rois.

L'ORLÉANAIS, au S. de l'Ile-de-France ; capitale, *Orléans*, sur la Loire. — *Brétigny*, village à deux lieues de Chartres *, est devenu célèbre par le traité qui y fut signé le 8 mai 1360 par les plénipotentiaires des rois de France et d'Angleterre.

293. Le duché de NORMANDIE (250), donné en 1351 par le roi Jean en apanage à son fils aîné, qui devint roi lui-même en 1364 sous le nom de Charles V. Trois ans auparavant **, la Normandie avait été réunie à la couronne par un édit du roi Jean.

Le MAINE (252, XXII), à l'O. de l'Orléanais ; capitale, *Le Mans*, sur la Sarthe. — L'ANJOU (252, XXIII), au S. du Maine ; capitale, *Angers,* sur la Maine. Ces deux provinces, qui avaient été, ainsi que la *Normandie*, réunies au domaine de la couronne par l'accession au trône de Jean, fils de Philippe de Valois, en 1350, avaient été données, en 1356, par ce prince en apanage à son second fils, avec la baronnie de *Château-du-Loir,* sur la frontière du Maine et de la Touraine, et la seigneurie *Chantoceaux,* sur celle de l'Anjou et de la Bretagne.

---

* Il résulte des termes mêmes du traité que c'est bien celui qui est *près de Chartres,* et non celui qui se trouve à cinq lieues de Paris, comme le prétend, dans son *Dictionnaire géographique,* Baudrand, dont j'avais cru pouvoir adopter l'opinion dans la première édition de cet ouvrage.
** L'édit du roi Jean, qui réunit à la couronne les duchés de *Bourgogne* et de *Normandie,* et les comtés de *Toulouse* et de *Champagne,* est du mois de novembre 1361. *Art. de vérifier les Dates,* t. XIII, p. 38 ; nouv. édit. in-8.

La TOURAINE, à l'E. de l'Anjou; capitale, *Tours*, sur la Loire, donnée, à l'époque même de la ratification du traité de Brétigny, par le roi Jean, en apanage avec le titre de duché, à son quatrième fils Philippe le Hardi, auquel il la retira en 1363, pour lui donner en échange le duché de Bourgogne.

Le BERRI, à l'E. de la Touraine; capitale, *Bourges*, entre la Loire et le Cher, donné par le roi Jean en apanage, avec le titre de duché, à son troisième fils, nommé Jean comme lui.

Le DAUPHINÉ, sur la rive gauche du Rhône, réuni au domaine de la couronne depuis l'an 1343, par suite de la cession qui en avait été faite par Humbert II, dernier dauphin de Viennois, à Philippe d'Orléans, fils puîné du roi Philippe de Valois, et qui avait été renouvelée solennellement en 1349 * en faveur de Charles de France, depuis Charles V, et confirmée en 1357 par l'empereur Charles IV, de qui le Dauphiné dépendait comme fief de l'Empire. *Vienne*, sur le Rhône, et *Grenoble*, sur l'Isère, étaient les villes principales du Dauphiné.

La seigneurie de MONTPELLIER (257, LII), vendue au roi de France par celui de Majorque en 1349.

294. PROVINCES POSSÉDÉES PAR LES GRANDS VASSAUX DE LA COURONNE. — Ces provinces, dont le roi Jean réunit plusieurs à la couronne, en compensation des pertes que la France faisait par suite du traité de Brétigny, étaient les suivantes :

295. Le comté de FLANDRE (246), au N. de la France. Villes principales : *Bruges* et *Gand*, patrie du brasseur Artevelle, qui disputa quelque temps la souveraineté au comte de Flandre. Plus au S. se trouvaient : *Mons-en-Puelle*, où Philippe le Bel avait vaincu les Flamands en 1304, et *Cassel*, où ils avaient été battus de nouveau en 1328. — Le comte de Flandre possédait encore en France, avec le titre de pairie, les comtés de *Réthel* (248, VIII) et de *Nevers* (253, XXX), avec la baronnie de *Donzi* (313) **.—Le comté de HAINAUT, à l'E. de celui de Flandre; capitale, *Valenciennes*. — Le comté de CAMBRAI, situé au S. du Hainaut, avait été donné par Henri II à l'évêque de *Cambrai* en 1007 ***.

296. Le duché de BOURGOGNE ****, qui, outre le *duché de Bour-*

---

* Valbonnais, *Histoire du Dauphiné*, t. I, p. 349 et suiv.

** Les lettres-patentes de Philippe de Valois données à Moncel-les-Ponts, le 27 août 1347, accordent cette faveur au comte de Flandre Louis III de Male, mais pour sa vie seulement et celle de sa mère. *Art de vérifier les dates*, t. XI, p. 235.

*** Aubert Lemire, *Diplom. Belgic.*, t. I, c. 27, p. 55.

**** Conf. de Barante, *Histoire des ducs de Bourgogne de la maison de Valois*, t. I, p. 101.

gogne proprement dit, situé à l'E. du Nivernais et du Bourbonnais,
comprenait les comtés de *Boulogne* (246, III) et d'*Artois*, situés au
N. de la Picardie, et celui d'*Auvergne* (254), au S.-O. de la Bourgogne. — *Dijon* était la capitale du duché de Bourgogne. — *Clermont*, près de la montagne du Puy-de-Dôme, était celle de l'Auvergne, et *Arras* celle de l'Artois. — Le duché de Bourgogne fut
une des provinces réunies à la couronne par l'édit du roi Jean en
1361.—Quant à la *Franche-Comté de* BOURGOGNE, dont *Besançon*,
sur le Doubs, était la capitale, quoique considérée comme faisant
partie de la Bourgogne, elle relevait de l'empire d'Allemagne, qui
possédait également le pays situé au S. de cette province, jusqu'au
Rhône au S. et la Saône à l'O. La *Lorraine* et l'*Alsace* (261) étaient
aussi au nombre des provinces de l'Empire.

Le comté de CHAMPAGNE et de BRIE (248, x), à l'E. de l'Ile-de-
France, et réuni, en même temps que la Bourgogne, au domaine
royal. Outre *Troyes*, sa capitale, on y distinguait la ville de *Reims*,
assiégée vainement en 1359 par le roi Édouard, qui avait peut-être
le dessein de s'y faire couronner roi de France.

297. Le BOURBONNAIS, ancienne sirerie ou baronnie de *Bourbon*
(252, XXVII), érigée en duché-pairie par Charles le Bel en 1327 *.
Le duc Louis le Bon, qui le gouvernait à l'époque qui nous occupe,
possédait de plus le comté de *Clermont* en Beauvaisis, augmenté
en 1358 par les libéralités du dauphin Charles, régent du royaume,
en compensation des ravages que les Anglais y exerçaient alors **.
Moulins, sur l'Allier, était devenue depuis quelque temps la capitale
des ducs de Bourbon.

Le comté de la MARCHE, au S.-O. du Bourbonnais, érigé en pairie
par Philippe le Long en 1316, et devenu, depuis l'an 1342, l'héritage de la branche cadette de la maison de Bourbon ***, à laquelle
avait été aussi donné, par Philippe de Valois, le comté de *Ponthieu* (292 et 303), confisqué par ce prince sur l'Angleterre, qui le
recouvra par le traité de Brétigny.

Le comté de LYONNAIS et de FOREZ, au S.-E. du Bourbonnais,
et séparé de l'Auvergne par la petite rivière d'*Anse*, affluent de la

---

* Le 27 décembre. *Art de vérifier les dates*, t. x, p. 334.
** Le dauphin Charles lui adjugea, par ses lettres du 26 novembre 1358, toutes les terres et
tous les fiefs voisins de ce comté confisqués sur les partisans des Anglais, pour y être unis à
perpétuité. *Art de vérifier les dates*, ibid., p. 337.
*** Ce comté, donné en apanage par Philippe le Long à son frère Charles le Bel, fut échangé
en 1327 par ce prince devenu roi avec Louis I, duc de Bourbon, contre le comté de Clermont
en Beauvaisis, que Philippe de Valois rendit en 1331 à ce duc, qui le laissa en 1342 à son second
fils. *Art de vérifier les dates*, t. x, p. 23 et 24.

Loire, reconnue, en 1358, comme la limite des deux comtés*. Villes capitales : *Lyon*, au confluent de la Saône et du Rhône, et *Montbrison*, plus au S.-O. Le comte de Lyonnais périt, en 1361, avec le connétable Jacques de Bourbon, dans une bataille qu'ils livrèrent aux brigands connus sous le nom de *Grandes Compagnies* ou *Tardvenus*, près de *Brignais,* situé à trois lieues au S.-O. de Lyon.

298. Le comté de Toulouse (257), qui comprenait alors tout le *Languedoc*, depuis les rives de la Garonne jusqu'à celles du Rhône ; capitale, *Toulouse*, sur la Garonne. Cette province, qui appartenait à la France depuis l'année 1224, ne fut réunie au domaine de la couronne qu'en 1361, en même temps que la Bourgogne et la Champagne.

Le duché de Bretagne (251), à l'E. du Maine et de l'Anjou, que se disputaient, à l'époque du traité de Brétigny, les comtes Jean de Montfort et Charles de Blois, était toujours considéré comme un des grands fiefs du royaume de France. Le traité de Brétigny assurait à Jean, celui des deux compétiteurs que soutenait l'Angleterre, le comté de Montfort, à l'O. de Rennes, avec toutes ses appartenances, mais à la charge d'hommage lige. — *Rennes*, *Nantes* et *Vannes* étaient les villes les plus importantes de cette province, où l'on doit encore citer à cette époque : — *La Roche-Dérien*, au N., où Charles de Blois fut vaincu et pris par les Anglais en 1347, et *Auray*, où se livra, en 1364, la bataille dans laquelle ce même Charles de Blois perdit la vie ; cette dernière ville est située à l'O. de Vannes, sur un petit golfe formé par celui du Morbihan.

II. POSSESSIONS DU ROI D'ANGLETERRE.

299. PROVINCES ET VILLES QU'ELLES COMPRENAIENT. — Le traité de Brétigny** érigea en souveraineté indépendante, en faveur du roi d'Angleterre***, le *duché d'Aquitaine*, c'est-à-dire la *Guyenne* et la *Gascogne,* que ses prédécesseurs avaient tenues en fiefs de la France, et dont *Bordeaux*, sur la Garonne, et *Auch,* sur le Gers, étaient les capitales. A cette souveraineté étaient annexées les provinces suivantes :

---

* Valbonnais, *Hist. du Dauphiné*, t. II.
** Voir ce traité, imprimé en français et en latin, dans Rymer, *Fœdera, conventiones*, etc., t. VI, p. 175 et suiv., et reproduit d'après lui par Dumont, *Corps univ. diplomat.*, t. II, part. I, p. 7, VI. Voir aussi Froissart, *Chroniq. de France*, c. 446 et 447. — *Chroniq. de Saint-Denis*, c. 126, etc. En reproduisant ici les articles de ce traité qui ont un rapport nécessaire avec la géographie de cette époque, j'ai cru pouvoir rétablir entre ceux un ordre plus régulier, et ne conserver que l'orthographe des noms propres seulement.
*** Art. 1 dudit traité.

300. La *cité*, le *châtel* et *comté* de POITIERS (254, XXXIX) et tout le *Poitou*, ensemble les fiefs de *Thoart* (Thouars), ville située au N. du Poitou, et la terre de *Belleville*, située aussi dans la même province. Le refus fait par le roi Jean de livrer cette dernière aux Anglais donna lieu à de longues contestations. — Le champ de *Maupertuis*, où se donna, en 1356, la funeste bataille dans laquelle ce même roi Jean avait été fait prisonnier, se trouve à deux lieues au N.-E. de Poitiers, dont cette bataille porte souvent le nom.

La *cité* et le *châtel* de XAINCTES (Saintes), et toute la SAIN-TONGE *par deçà et par delà la Charente*, c'est-à-dire, en y comprenant le grand fief d'AUNIX où *Aunis* (255), qui n'avait point encore été démembré de la Saintonge à cette époque, mais qui ne comprenait pas alors la ville de *La Rochelle*, port de mer défendu par un château-fort qui fut cependant cédé aussi à l'Angleterre par le traité de Brétigny *.

La *cité* et le *châtel* d'ANGOLESME (Angoulême), sur la Charente, et le *comté* d'ANGOLESMOIS (Angoumois) (254, XXXVIII), à l'E. de la Saintonge.

La *cité* et le *châtel* de LIMOGES, sur la Vienne, et tout le LIMO-SIN (254 et 255), au S.-E. de l'Angoumois.

301. La *cité*, le *châtel* et tout le *comté* de PIERREGORT (le Périgord) (254, XXXVII), au S.-O. du Limosin, et tout le pays de PIERREGUYS (Périgueux), sur l'Isle **.

La *cité* et le *châtel* de CAOURS (Cahors), sur le Lot, et le pays de CAOURCIN (Querci) (257), au S.-E. du Périgord.

La *cité* et le *châtel* de RODEIS (Rhodez), près de l'Aveyron, et le pays de ROVERGUE (Rouergue) (276), à l'E. du Querci.

La *cité* et le *châtel* d'AGEN, sur la Garonne, et le pays d'AGÉNOIS, à l'O. du Querci, au centre de la Guyenne.

Le *comté* de GAURE ***, démembrement de celui d'Armagnac (256, XLIII), au N.-E. duquel il était situé, et qui avait pour capitale la petite ville de *Florence*, sur le Gers, entre Lectoure et Auch.

La *cité*, le *châtel* et le *pays* de TARBES, sur l'Adour, et le *comté* de BIGORRE (256, XLVIII), dans lequel cette ville était située, et qui s'étend jusqu'aux Pyrénées.

---

* Rymer, *Fœdera*, t. VI, p. 213, 284, 285 et 301.— Dumont, *Corps diplom.*, t. II, part. I, p. 20.
** Dans cet article le *Périgord* semble pris pour la ville de *Périgueux* et réciproquement.
*** Il est difficile de comprendre pourquoi le traité fait une mention particulière de ce petit comté, qui finit par retourner à la maison d'Armagnac.

Ces derniers pays faisaient partie de la Gascogne, cédée elle-même tout entière, par le traité de Brétigny, comme nous l'avons vu plus haut; aussi ce même traité ajoute-t-il que les seigneurs dont les domaines se trouvent renfermés dans les bornes fixées par le traité devront l'hommage au roi d'Angleterre, et parmi eux il cite nommément, outre le vicomte de *Limoges* et le comte de *Périgord*, 1° le comte d'Armagnac (256, XLIII), dont une des branches possédait, comme nous venons de le dire, le comté de *Gaure*; 2° celui de l'Ile Jourdain, dont les domaines, situés à l'E. de l'Armagnac et érigés en comté par Philippe de Valois*, s'étendaient jusqu'aux environs de Toulouse; 3° celui de Foix (276), dont la seigneurie, démembrement du comté de Carcassonne, était elle-même érigée en comté depuis l'an 1050. La mention que l'on crut devoir faire de ces seigneurs, dans un article du traité, avait sans doute pour cause l'indépendance qu'ils affectaient; ils réussirent en effet, à la faveur des guerres, à se maintenir à peu près indépendants des rois d'Angleterre comme des rois de France. La vicomté de *Béarn* et le comté de *Comminges* (256, XLVII et XLIX), dont le traité ne parle pas, étaient aussi au nombre des provinces cédées, puisqu'elles étaient comprises dans la Gascogne.

302. Outre ces provinces situées dans le S.-O. de la France, les rois d'Angleterre obtenaient encore dans le N.-O., sur les côtes de la Manche et du Pas-de-Calais, deux pays de peu d'étendue, mais dont la possession était pour eux d'une grande importance, à cause de leur situation en face des côtes de l'Angleterre, c'étaient:

I. Le comté de Ponthieu ** (246, IV) en son entier, et tout ce que les rois d'Angleterre avaient autrefois possédé dans la ville de Monsterell *sur la mer* *** (Montreuil), avec son territoire, qui touchait le Ponthieu au N., c'est-à-dire les embouchures de la *Somme*, de l'*Authie* et de la *Canche*, où s'étaient plus d'une fois réunies les forces navales destinées aux expéditions contre l'Angleterre.

II. Le second pays, séparé du premier par le *comté de Boulogne* (246, III), qui restait à la France, comprenait toute la portion de la côte du Pas-de-Calais qui s'étend de *Calkally* (sans doute Escalle), village à deux lieues et demie au S.-O. de Calais, à la *rivière par devant* Gravelinghes ****, c'est-à-dire l'*Aa*, qui passe à Gravelines. Cette lisière de pays, longue de sept lieues environ, n'en devait

---

* Longuerue, *Descrip. hist. et géogr. de la France*, part. I, p. 197.]
** Art. 3 du traité.
*** Art. 2 du traité.
**** Art. 4 du traité.

avoir en largeur que trois environ jusqu'à *Frethun*, et jusqu'à la rivière qui tombe dans le *grand lac de Guines* (probablement * la rivière de Haut-Banc). Les principaux lieux cités par le traité dans ce pays, le plus à la convenance des Anglais pour opérer des débarquements sur le continent, étaient du S.-O. au N. E. :

La *ville, châtel* et *seigneurie* de SANGATTE, au S.-O. de Calais.

Le *châtel* et la *ville* de CALAIS, illustrée peu de temps auparavant par le dévouement d'Eustache de Saint-Pierre.

Les *villes, châteaux* et *seigneuries* de COULOIGNE ou *Coulogne*, au S.-E. de Calais; de HAMES, au S.-O. de Coulogne; de MERCH ou *Marck*, au N.-E. de Coulogne; de WALE (probablement *Walde* ou *Waldun*), au N. de Marck; et d'OYE, au N.-E. de Marck.

Le *châtel*, la *ville* et tout le *comté* de GUINES (246), au S. de Calais.

A tous ces pays, le traité ajoutait encore les *îles* ** dépendantes de toutes les provinces cédées, c'est-à-dire *Noirmoutier* et *Dieu*, dépendant du Poitou; *Ré*, de l'Aunis; et *Oleron*, de la Saintonge.

303. L'exécution des conventions comprises dans ce traité devait être suivie de l'évacuation par les Anglais et de la restitution successive au roi de France de toutes les places occupées par eux dans les provinces de *Champagne* et de *Brie*, de *Nivernais*, d'*Auxerrois* et de *Bourgogne*, d'*Orléanais* et *Gâtinais*, de *France* ou *Ile-de-France*, de *Perche*, du *Pays Chartrain* et du *Drouais* (comté de Dreux), de *Berri* et de *Bourbonnais*, des comtés de *Mâcon* et de *Lyon*, d'*Auvergne* et de *Touraine*, de *Normandie*, d'*Anjou* et du *Maine*. Le nombre de ces places, assez peu importantes, il est vrai, pour la plupart, mais dont les traités *** nomment jusqu'à quatre-vingt-deux, répandues dans toutes les provinces que nous venons de citer, prouve quels progrès les Anglais avaient faits jusqu'aux extrémités du royaume.

---

* Les changements survenus dans les localités ne permettent pas d'y retrouver avec une entière certitude les indications contenues dans cet article du traité, rédigé d'ailleurs d'une manière assez obscure, comme on va le voir : « De Calais, y est-il dit, jusques au fil de la rivière par devant Gravelinghes, et aussi par le fil de même la rivière tout entour Langle, et aussi par la rivière qui va par delà Poll, et aussi par même la rivière qui chiet au grand lac de Guignes et jusques à Freton, et d'illeuc par la vallée entour la montagne de Calkally, enclôant même la montagne et aussi jusques à la mer. »

** Art. 0.

*** Conf. Litteram super liberatione fortalitium, ap. Rymer, *Foedera, conventiones, litteræ*, etc., t. VI, p. 272 et 295.

§ II. ÉPOQUE DE LA MORT DE CHARLES V.

304. POSSESSIONS ANGLAISES EN FRANCE. — Le mécontentement qu'éprouvèrent les seigneurs gascons de l'administration du
prince de Galles fut la première cause du retour à l'autorité du roi
de France de la plupart des provinces perdues. Les comtes d'*Arma-*
gnac, de *Périgord* et de *Comminges,* le sire d'*Albret* (256, XLII), et
beaucoup d'autres seigneurs de la *Haute-Gascogne* (301), furent les
premiers à se soulever contre l'Angleterre. La guerre éclata bientôt
dans le *Ponthieu* (303), où *Abbeville* ouvrit ses portes aux Français,
qui reprirent en une semaine toute cette province.—Le *Quercy* (301)
se révolta à l'instigation de son évêque en 1369. —L'*Angoumois* et
la *Saintonge* (300) furent soumis par Duguesclin en 1372. — Le
Limosin et le *Rouergue* rentrèrent en même temps sous la puissance
de la France. — La soumission de *La Rochelle,* qui eut lieu aussi,
en 1372, à des conditions avantageuses pour ses libertés, compléta
la soumission de l'*Aunis* (300). — La prise de *Thouars,* à la fin de
la même année, la défaite des Anglais à *Chizé,* au S.-E. de *Niort,*
et la reddition de cette dernière ville, au commencement de la suivante, amenèrent la soumission entière du *Poitou* (300). — La *Bre-*
tagne (298), dont les Anglais étaient devenus les maîtres, fut
reprise presque tout entière par Duguesclin, en 1373, à l'exception
toutefois de quelques villes, et particulièrement du port important
de *Brest.*—*Nantes,* que les Anglais, favorisés par le duc de Bretagne,
tenaient assiégée, était vaillamment défendue par les seigneurs bretons, ennemis prononcés des Anglais, qui se virent forcés, l'année
suivante, d'abandonner cette province, dont le duc lui-même fit alors
sa soumission au nouveau roi. — Les seigneurs de la *Haute-Gas-*
cogne rendirent hommage au roi de France en 1374. — Après une
trève de deux ans, qui avait été signée, en 1375, à *Bruges* (295),
ville de la Flandre septentrionale, les hostilités recommencèrent
pour se prolonger sans résultats fort importants jusqu'à la mort de
Charles V. La prise par les Français de la petite ville d'*Ardres,* à
l'E. de Guines (302), et de quelques châteaux voisins, resserra
de plus en plus les garnisons de *Guines* et de *Calais* (302), les seules
places qui restassent alors aux Anglais dans cette partie de la
France.

305. Les Anglais possédaient en outre dans les autres provinces :

La forteresse de *Cherbourg,* au N.-O. de la Normandie, dont les
Français faisaient inutilement le siège depuis plusieurs années ;

Celle de *Brest,* à l'extrémité occidentale de la Bretagne ;

Celle de *Mortagne,* sur la Gironde, dans la Saintonge ;

La ville de *Bordeaux* (299), capitale de leurs possessions en France ; celle de *Bayonne*, à l'embouchure de l'Adour, et enfin quelques autres places et châteaux dans la Guyenne et la Gascogne.

§ III. ÉPOQUE DE L'ARRIVÉE DE JEANNE D'ARC
AU SIÈGE D'ORLÉANS.

306. NOTIONS HISTORIQUES. — La démence du roi Charles VI, les révoltes et le mécontentement excités dans les provinces par la conduite odieuse des oncles du roi, la guerre civile suscitée par les querelles des Bourguignons et des Armagnacs, enfin l'assassinat du duc de Bourgogne Jean-sans-Peur sur le pont de *Montereau*, avaient laissé la France sans défense contre les entreprises ambitieuses du jeune roi d'Angleterre Henri V. Il en profita pour demander la restitution de toutes les provinces cédées à l'Angleterre par le traité de Brétigny. Bientôt après, sa flotte entre dans l'embouchure de la *Seine*, et vient jeter une puissante armée sur le rivage de *Harfleur*, ville commerçante et riche, l'une des plus importantes de la Normandie, qui fut emportée d'assaut cinq semaines après, sans que le gouvernement royal eût rien fait pour la sauver. Cependant les maladies qui se mirent dans les troupes anglaises allaient délivrer la France de cette invasion ; déjà Henri V, sentant sa faiblesse, cherchait à gagner *Calais* (304) ; déjà sorti de *Harfleur* avec le gros de son armée, il avait suivi la côte de la mer jusqu'à la petite ville d'*Eu* (276), située à l'embouchure de la Bresle, sur la limite de la *Normandie* et de la *Picardie*, et pénétrant dans cette dernière province, il s'était dirigé vers le gué de *Blanquetaque* ou *Blanche-tache*, au-dessous d'Abbeville, où son aïeul Édouard III avait franchi la *Somme*, soixante-neuf ans auparavant, et où il espérait la passer à son tour. Mais les Picards, instruits par l'expérience, avaient fortifié ce passage. Forcé de remonter la rivière pour en chercher un autre, Henri V se présente aussi vainement devant *Pont-de-Remy*, au-dessus d'Abbeville ; partout il trouve tous les ponts coupés et tous les gués gardés par les Français : il lui fallut donc continuer à remonter la Somme pour la passer près de sa source. Enfin, après douze jours d'une marche pénible, il la franchit à *Béthencourt*, un peu au-dessus de *Péronne*, dans un endroit qu'on avait négligé de garder. De là il reprend sa route au N.-O. vers *Calais*, et, cinq jours après, il parvient, sans avoir été arrêté dans sa marche par les Français, jusqu'au village de *Blangy*, sur les bords de la petite rivière de la *Ternoise**, à six lieues au N.-E. de *Montreuil*. Sachant que les Français arrivaient, il se hâte de franchir cette rivière, dont le passage, très-difficile, eût été fort

---

* Appelée *rivière de Blangy*, par M. de Barante, *Histoire des ducs de Bourgogne*, t. IV, p. 232.

dangereux pour lui en présence de l'ennemi; et, dès qu'il l'a tra-
versée, il aperçoit l'armée française occupant les villages de *Tramecourt*, d'*Azincourt* et de *Ruisseauville**; il vint lui-même se poster à
Maisoncelle, à moins d'un quart de lieue de ses ennemis. Ce fut là,
dans un espace resserré entre deux bois, sur un terrain fangeux
et nouvellement ensemencé, que se livra (le 25 octobre 1415) la
funeste bataille d'*Azincourt*, dont la perte, jointe à l'assassinat du
duc de Bourgogne sur le pont de *Montereau*, quatre ans après,
devint pour notre patrie la source des malheurs qui l'accablèrent
pendant les années suivantes, et qui réduisirent le roi de France,
chassé de Paris, à n'être plus, comme ses ennemis l'appelaient par
dérision, que le *roi de Bourges*. Nous allons voir qu'il s'en fallait
toutefois encore qu'il méritât réellement ce titre.

I. PROVINCES SOUMISES A L'AUTORITÉ DU ROI.

307. **LEURS NOMS ET LEUR SITUATION.**— A l'époque où l'apparition de Jeanne d'Arc vint relever le courage des Français, le roi
Charles VII possédait encore la plus grande partie des provinces
situées au midi de la Loire; savoir :

La TOURAINE (293), qui lui avait été donnée en apanage du vi-
vant même de son père, alors qu'il n'était encore que comte de
Ponthieu**. Outre la ville de *Tours*, capitale de la province, il faut
y mentionner encore *Chinon*, plus au S.-O., sur la Vienne, où le
roi tenait sa cour lorsque Jeanne d'Arc lui fut présentée. —
Loches, plus au S.-E., sur l'Indre, patrie de la belle Agnès Sorel.

L'ORLÉANAIS (292), au N.-E. de la Touraine, envahi en grande
partie par les Anglais, qui pressaient vivement le siége de sa capitale *Orléans*, lorsque Jeanne d'Arc arriva pour la délivrer. — *Rou-
vray Saint-Denis*, où les Français furent battus à la *Journée des
Harengs*, est à huit lieues environ au N. de cette ville.

308. Le BERRI (293), au S. de l'Orléanais, qui avait été donné
avec le Poitou à Charles VII, au moment où il avait hérité du titre
de dauphin, l'an 1417, pour les tenir comme pairie ***. — *Bourges*,
sa capitale, était, par ce motif, désignée alors comme celle du petit
royaume de Charles VII.

Le POITOU (304), à l'O. du Berri, compris, comme nous venons
de le dire, dans l'apanage que Charles VII avait reçu comme dau-

---

* *Tramecourt* est appelé, par suite d'une faute d'impression, *Framecourt* dans Sismondi,
Histoire des Français, t. XII, p. 480, et *Ruisseauville* est nommé à tort *Rousseauville* par M. de
Barante, loc. cit. Consulter la *nouvelle carte de la France*, feuille *Arras*.
** Ordonnances de France, t. x, p. 368–371.
*** Ordonn. de France, t. x, p. 419.

phin, et qu'il réunit à la couronne, dont il n'a plus été séparé depuis. Cette province était restée, comme la précédente, exempte
des malheurs de la guerre, qui n'avaient point atteint non plus
celles de la MARCHE (297), du LIMOSIN (304), de l'AUNIS et de la
SAINTONGE.

Le titulaire du comté-pairie de la MARCHE, Jacques II de Bourbon, nommé, en 1424, gouverneur du LANGUEDOC, où il possédait
le comté de *Castres*, avait consenti à se démettre, l'année suivante, de ce gouvernement en faveur du comte de FOIX (301), que
Charles VII ne pouvait détacher qu'à ce prix du parti de ses ennemis. Ces deux dernières provinces, avec celle de BÉARN (301), réunie,
depuis l'année 1290, au comté de Foix, et le comté de BIGORRE (301),
donné aussi, en 1425, par Charles VII au comte de Foix, doivent
donc être comptées encore parmi celles où était reconnue l'autorité
du roi. — Il en était de même de la vicomté de NARBONNE (257,
LIV), qui devait aussi passer dans la maison de Foix, en 1447, par
l'achat qu'en fit le comte Gaston IV.

309. La GUYENNE (299), à l'exception du *Bordelais* (305), occupé par les Anglais, était, ainsi que la GASCOGNE (276), gouvernée avec une indépendance presque absolue par ce même comte
de Foix et par son frère le comte de COMMINGES (301), qui se maintenaient dans une sorte de neutralité vis-à-vis de leurs voisins les
Anglais. — Le comte d'ARMAGNAC (301), dont les possessions
étaient situées dans la Gascogne, reconnaissait aussi, mais à peu
près de la même manière, l'autorité du roi, ce qui ne l'empêchait
pas de se dire comte d'Armagnac *par la grâce de Dieu*, mots qui
emportaient méconnaissance de fiefs, comme le roi le lui reprocha[*].
— Le comté de RODEZ, qui formait environ un tiers du *Rouergue*,
avait passé par alliance, en 1302, dans la maison d'Armagnac : elle
avait acquis par le même moyen, en 1325, les deux vicomtés de LO-
MAGNE ou de *Lectoure* et d'AUVILLARS, situées au N.-E. du comté
de Fezenzac, placé lui-même à l'E. de l'Armagnac. Ce dernier
comté et la vicomté de FEZENZAGUET, à l'E. du Fezenzac, étaient
aussi l'un et l'autre réunis à l'Armagnac, le premier depuis l'an 1140,
et le second depuis 1403. — Le comté de PARDIAC (256, XLVI),
situé au S.-E. de l'Armagnac, et qui y avait aussi été réuni en 1403,
avait été, peu de temps après, donné par le comte d'Armagnac à son
second fils. — Le comté de l'ILE JOURDAIN (301), situé plus à l'E.,
faisait aussi partie des domaines du comte d'Armagnac, qui l'avait
acquis, vers l'an 1405, du duc de Bourbon, auquel son dernier comte

---

[*] Voir les lettres de grâce et de rémission qui lui furent accordées en 1443, dans la *Collect. de*
Ménant, t. VIII, fol. 92.

l'avait vendu peu de temps auparavant.—Le comte d'Astarac (256, XLVI), chef d'une ancienne famille dont les domaines étaient situés à l'E. du comté de Pardiac, s'était toujours montré un des fidèles serviteurs de Charles VII. Il en était de même du sire d'Albret (256, XLII), qui, outre la seigneurie ou vicomté de ce nom, située dans les landes de la Gascogne, possédait la vicomté de Tartas, au S.-O. de Mont-de-Marsan, et le comté de Dreux (250, XVII), alors au pouvoir des Anglais, et dans lequel il ne rentra qu'en 1441 ; mais déjà il avait reçu, comme une sorte de dédommagement, le comté de Gaure (301), démembrement de celui de Fézenzac, au N.-E. duquel il était situé.

Nous ne parlerons pas ici du *Roussillon*, qui, à cette époque, relevait de la couronne d'Aragon, et qui était ainsi étranger à ce qui se passait en France.

310. Le Bourbonnais, l'Auvergne, le Beaujolais et le Lyonnais (296 et 297), que nous réunissons ici, parce qu'ils appartenaient au duc de Bourbon, prisonnier des Anglais depuis la bataille d'Azincourt, étaient gouvernés par son fils le comte de Clermont, qui, bien qu'observant une sorte de neutralité, avait combattu dans les rangs des Français à la journée des Harengs.

311. Le Dauphiné (293), où Charles VII avait eu la pensée de se retirer pour s'éloigner du théâtre de la guerre qu'il avait à soutenir contre les Anglais, était celui d'une lutte presque aussi acharnée entre les partisans du roi et ceux du duc de Bourgogne.

II. Provinces conquises par les Anglais.

312. Noms et indications diverses. — Les provinces conquises par les Anglais s'étendaient de la Somme à la Loire. Ces provinces étaient :

L'Ile-de-France (292), sur les deux rives de la Seine. *Paris,* sa capitale, tombée, en 1420, au pouvoir des Anglais, était dans un état de décadence tel qu'il s'y trouvait, dit-on, 24,000 maisons abandonnées et tombant en ruine *. Avant la bataille d'Azincourt, elle avait offert dix mille soldats, qui furent refusés par la présomptueuse confiance des chevaliers. — *Meaux* avait envoyé à cette bataille sa milice bourgeoise, qui y périt avec son bailli **, ainsi que celle de *Senlis* et du *Vermandois.*—*Saint-Denis*, le sanctuaire de la royauté, avait entendu, en 1422, à la suite des funé-

---

* Journal d'un Bourgeois de Paris, Collect. de Buchon, t. XL, p. 339.
** Monstrelet, *Chroniques*, t. III, p. 454. Lefèvre de Saint-Remi, c. 04.

railles de Charles VI, proclamer Henri VI roi de France et d'Angleterre.

La NORMANDIE (293), à l'O. de l'Ile-de-France, était la première province conquise par les Anglais à la suite de la bataille d'Azincourt. *Rouen,* sa capitale, prise, en 1419, par Henri V, après un siége pénible, recouvra les priviléges dont elle avait joui sous les ducs normands. — *Caen* avait eu son bailli tué à la bataille d'Azincourt avec les bourgeois qu'il y avait conduits*.

La CHAMPAGNE avec la BRIE (296), situées à l'E. de l'Ile-de-France, avaient été évacuées, en 1424, par La Hire, qui s'était jusque là efforcé de la défendre contre les Anglais. —*Troyes,* capitale de cette province, avait vu signer dans ses murs, en 1420, le traité qui, en déclarant le dauphin, depuis Charles VII, indigne de la couronne, livrait la France au roi d'Angleterre Henri V **.

La PICARDIE (292), ou du moins la partie de ce pays qui ne se trouvait pas comprise dans les possessions du duc de Bourgogne, et notamment les comtés de *Ponthieu* et de *Boulogne,* avec le *Calésis* (302).

Le BORDELAIS, enfin, ou comté de *Bordeaux,* et quelques places répandues dans la *Guyenne* et la *Gascogne* (299).

III. PROVINCES ALLIÉES DES ANGLAIS.

313. DÉSIGNATION. — Nous comprenons sous l'indication de provinces alliées des Anglais les états du duc de Bourgogne, qui, surtout depuis l'assassinat commis sur son père au *pont de Montereau,* avait été jeté par le désir de la vengeance dans le parti des Anglais. Les états de ce puissant vassal, outre les prétentions fondées qu'il avait, depuis 1427, sur les comtés de HAINAUT, de HOLLANDE, de ZÉLANDE et FRISE, comprenaient en France les provinces suivantes, savoir *** :

Les DEUX BOURGOGNES, c'est-à-dire le *duché* et le *comté* de ce nom (296) ou la Franche-Comté, fief de l'Empire Germanique. Le comté de MACON (253,XXXII), renfermé dans le duché de Bourgogne, était un de ceux dont la milice bourgeoise avait péri avec son bailli à la bataille d'Azincourt ****.

---

* Monstrelet, *Chroniques,* t. III, p. 154. — Lefèvre de Saint-Remi, c. 64.
** Ordonnances de France, t. XI, p. 86.
*** Conf. De Barante, *Histoire des ducs de Bourgogne de la maison de Valois.*
**** Monstrelet, *Chroniques,* t. III, p. 154. — Lefèvre de Saint-Remi, c. 64.

Les comtés de FLANDRE (295) et d'ARTOIS (296), au N.-O. de la France, et le marquisat de NAMUR, situé un peu plus à l'E.

Le comté de RÉTHEL (248 et 295), composé du N. de la Champagne; celui d'ÉTAMPES, au S. de celui de Paris, et celui de NEVERS (253 et 295), au S.-O. de la Bourgogne, qui formaient avec la baronnie de DONZI (295), située aussi dans le Nivernais, au N. du comté de Nevers, l'héritage de la branche cadette de la maison de Bourgogne, suivant le partage fait, en 1401, par Philippe le Hardi, duc de Bourgogne, et sa femme Marguerite, entre leurs enfants.

IV. PROVINCES NEUTRES.

314. DÉSIGNATION. — Nous comprenons sous ce titre les provinces dont les seigneurs, afin de préserver leurs états des malheurs de la guerre, s'étaient efforcés de se maintenir dans un état de neutralité entre la France et l'Angleterre. Ces provinces étaient :

La BRETAGNE (304), dont le duc Jean V, quoique allié des Anglais *, resta étranger à la lutte.

L'ANJOU, le MAINE (293) **, la PROVENCE (332) et le BARROIS ou duché de BAR, composé de la partie occidentale de la LORRAINE (261), province dont le reste devait revenir aussi à la puissante maison d'Anjou, qui possédait toutes ces provinces. — Le village de *Domremy*, où Jeanne d'Arc naquit en 1409, était situé dans cette dernière province, sur les bords de la Meuse, au S.-O. de Nancy.

Nous ne nommons point ici l'ALSACE (296), qui, bien que comprise dans les limites naturelles de la France, n'en faisait point partie alors, mais était une des provinces de l'Empire germanique, et se trouvait, à l'époque qui nous occupe, gouvernée, pour les terres qui dépendaient immédiatement de l'Empire, par l'électeur palatin Louis le Barbu, en qualité de langvogt ou avoué de la province.

§ IV. ÉPOQUE DE L'EXPULSION DES ANGLAIS.

315. INDICATIONS HISTORIQUES. — Les vingt-quatre années comprises entre l'an 1429 et l'an 1453 furent encore pour la France une époque de calamités dont l'excès même amena les peuples fatigués de tant de maux à faire un dernier effort pour délivrer le sol de la patrie de la présence des étrangers. L'apparition et les succès de Jeanne d'Arc avaient ranimé le courage des Français. Sa

---

* Rymer, *Fœdera, conventiones, litteræ*, etc., t. IX, p. 541.
** *Id.. Op. cit.*, t. IX, p. 543.

captivité et sa mort, et de nouveaux déchirements intérieurs, retardèrent cependant l'expulsion des Anglais; mais la haine que suscitait contre eux l'insolence de leur conduite dans les provinces occupées par eux, et le traité d'*Arras,* qui rattacha à la cause royale le puissant duc de Bourgogne, finirent par amener la délivrance de la France ; de sorte que des nombreuses provinces qu'ils avaient possédées dans ce royaume, il ne leur restait plus, en 1453, que la ville de *Calais*, qu'ils devaient conserver plus de cent ans encore, et les petites forteresses de *Guines* (304), chef-lieu du comté de ce nom, et de *Hames* (302), situées au S. et au S.-E. de Calais. Les détails que nous avons donnés pour les époques précédentes rendant inutiles de nouveaux développements, nous nous contenterons d'indiquer brièvement ici comment la France se trouvait partagée, en 1453, entre le roi et les grands vassaux de la couronne *.

I. DOMAINE ROYAL.

316. DÉSIGNATION DES PROVINCES. — Les provinces dont se composait, en 1453, le domaine royal étaient les suivantes, savoir :

Le comté de PARIS (249), domaine primitif de la maison régnante, reconquis, avec toute l'ILE-DE-FRANCE, sur les Anglais, en 1429, époque à laquelle Jeanne d'Arc fut blessée sous les murs de *Paris,* et en 1436, année dans laquelle cette capitale vit enfin les Français rentrer dans ses murs. — Le comté d'ÉTAMPES (313), situé au S. de cette province, était possédé par une branche de la maison de Bourgogne (328). — La baronnie de MONTMORENCI, au N. de Paris, appartenait à une des plus anciennes et des plus illustres maisons de France, qui, un siècle plus tard (en 1554), acquit aussi le comté de DAMMARTIN, situé au N.-E. de Paris.

La PICARDIE méridionale (312), c'est-à-dire la partie de cette province située au S. de la Somme; la portion qui s'étend au N. de cette rivière, et les villes mêmes situées sur ses bords, ayant été laissées au duc de Bourgogne (327) **. Cette province, dont l'étendue était, à l'époque qui nous occupe, bien plus grande vers le S. qu'elle ne le fut depuis, comprenait alors le comté de VALOIS (247, VII), capitale *Crépi,* au N.-E. de Paris. Ce comté et la sirerie de *Couci,* composée de possessions disséminées dans le *Vermandois,* la *Thiérache* et le *Soissonnais,* tels que *Ham, La Fère, Saint-Gobin, Marle, Couci-le-Château,* etc., étaient au nombre des vastes do-

---

* Voir, pour plus de détails, le chapitre que j'ai consacré à la *Géographie de la France féodale*, et placé comme *Supplément* à la suite de la *Géographie historique moderne*.
** Dumont, *Corps univers. diplomatiq.*, t. II, part. II, p. 309.

maines possédés par une des branches de la maison de France, celle
de *Valois-Orléans*, et ne furent réunis au domaine royal qu'à l'avénement au trône de Louis XII, en 1498. — Le comté de Soissons (247), situé à l'E. de cette même province, appartenait à
Jeanne de *Bar*, épouse de Louis de Luxembourg, comte de *Saint-
Pol* en Artois, de *Brienne* en Champagne, et de *Ligny* dans le
Barrois, l'un des plus illustres seigneurs de France. — Le comté
de CLERMONT (297), dans le Beauvaisis ou Beauvoisis, faisait partie
des domaines de la maison de Bourbon (330). — *Compiègne*, où
Jeanne d'Arc fut prise en voulant la défendre contre les Anglais,
était située dans la Picardie, sur les bords de l'*Oise*, un peu
au-dessus de son confluent avec l'*Aisne*.

317. Les comtés de CHAMPAGNE et de BRIE (312). C'est dans le
premier que se trouvait *Reims*, sur la petite rivière de la *Vesle*, où
Jeanne d'Arc conduisit, en 1429, Charles VII pour y recevoir
l'onction royale. — Le comté de RÉTHEL, situé au N. de cette
province, était, comme nous l'avons dit (313), possédé par une
branche de la maison de Bourgogne (328). — La principauté de
SEDAN, à l'E. du comté de Réthel, faisait, avec la terre de *Rau-
court*, qui en est voisine, et le duché de BOUILLON, enclavé dans le
Luxembourg, partie des domaines de la puissante maison des
comtes de *La Marck*, ducs de *Clèves*. — Le comté de JOIGNY, au S.
de cette même province, appartenait à cette époque à Louis de
La Trémoille, qui jouissait, en cette qualité, du titre de doyen des
sept comtes-pairs de Champagne, qui étaient ceux de *Joigny,
Réthel, Brienne, Portien, Grandpré, Rouci* et *Braine-Valéon*. —
Au S.-E. de la province se trouvait la sirerie de JOINVILLE, l'une
des possessions de la maison de *Vaudemont* (333).

318. La NORMANDIE (312), reconquise sur les Anglais en une
année (1449—1450) par le brave Dunois, avait vu avec joie rentrer
successivement sous l'autorité du roi toutes ses places fortes: *Pont-
de-l'Arche*, à quatre lieues au-dessus de Rouen; *Pont-Audemer,
Lisieux, Saint-Lô, Coutances*, au S.-O. de Rouen; *Vernon*, au
S.-E.; *Gournay*, à l'E.; *Verneuil, Évreux, Louviers, Alençon*, vers
le S.; enfin la capitale elle-même, *Rouen*, vainement défendue par
le brave Talbot. Charles VII y fit son entrée (le 20 novembre 1449)
près de huit ans et demi après le jour où l'héroïne à laquelle il
devait sa couronne y avait péri du plus horrible des supplices. —
Harfleur (306), la place d'armes des Anglais, avait succombé à son
tour un mois après; *Honfleur*, sur l'autre rive et à l'embouchure
de la Seine, la suivit de près. Enfin la perte de la bataille de *For-
migny*, à l'O. de Bayeux, non loin du rivage de la Manche, livra
aux Français la *Basse-Normandie : Vire, Bayeux, Avranches*;
Caen, capitale de cette partie de la province, assiégée, ainsi que

Falaise, par le roi Charles VII en personne ; *Domfront*, appartenant
au duc d'Alençon (*voy.* ci-dessous) ; et enfin *Cherbourg,* défendu en
vain par la mer et par une garnison nombreuse, tombèrent successivement au pouvoir des Français. — ALENÇON (250, XVIII),
ville importante, située dans le S. de la Basse-Normandie, était la
capitale d'un duché auquel était réuni, depuis 1404, le comté du
PERCHE, qui le touchait à l'E.; mais le duc d'Alençon, fait prisonnier par les Anglais à la bataille de *Verneuil,* en 1424, avait vendu
au duc de Bretagne, pour se procurer les moyens de payer sa
rançon *, la baronnie de FOUGÈRES (251, XXI), située assez loin
à l'O. de son duché. — Les comtés d'AUMALE, sur la limite de la
Normandie et de la Picardie, d'HARCOURT, au S. de Rouen, et de
MORTAIN, au S.-O. de la Normandie, se trouvaient, à l'époque
qui nous occupe, réunis entre les mains de Marie, veuve du comte
de *Vaudemont,* qui les transmit, en 1476, à son petit-fils René II,
duc de Lorraine. — Le comté d'EU (306), au N.-O. de celui
d'Aumale, était possédé par Charles d'Artois, en faveur duquel
Charles VII l'érigea en pairie, en 1458 **. — Celui d'ÉVREUX (276)
était rentré, depuis l'an 1404, dans le domaine royal ***.

319. L'ORLÉANAIS (307), reconquis sur les Anglais à la suite de
la bataille gagnée par Jeanne d'Arc et les généraux de Charles VII
à *Patay,* au N.-O. d'*Orléans.* Cette dernière ville avait elle-même
dû son salut à la jeune héroïne, qui en a gardé le nom. — Le duché
d'ORLÉANS, donné en 1392, comme apanage, par Charles VI à son
frère Louis Ier d'Orléans-Valois, fut, comme le VALOIS (316),
réuni au domaine de la couronne par l'avénement au trône de
Louis XII, fils du précédent. — Le comté de CHARTRES (249),
situé au N.-O. de cette province, la vicomté de CHATEAUDUN, au
S. du pays Chartrain, et le comté de BLOIS (252, XXV), plus au S.
encore, avaient passé, depuis l'an 1234, de la suzeraineté des
comtes de Champagne sous celle du roi. — Le comté de DREUX
(250, XVII), situé au N.-O. de celui de Chartres, et qui avait fait
en dernier lieu partie des possessions de la maison d'Orléans, avait
été rendu, en 1441, par le roi Charles VII à la maison d'Albret (309),
à laquelle il avait été donné, en 1382, par Charles VI ****.

Le BERRI (308), dont la situation politique n'avait pas changé
depuis l'époque précédente, mais qui fut, cette même année 1453,
donné en apanage par le roi à Charles, son second fils, qui le céda

---

* *Art de vérifier les dates*, t. XIII, p. 165, d'après une *Chronique manuscrite des; ducs d'A-
lençon.*
** Les lettres royales sont du mois d'août 1458. *Art de vérifier les dates*, t. XII, p. 161.
*** *Trésor des Chartes*, 9 juin 1404.
**** *Art de vérifier les dates*, t. XI, p. 469 et 470.

pour la Normandie au roi Louis XI, son frère, en 1463. — Le comté de Sancerre, situé au N.-E. de cette province, et devenu, depuis 1234, un fief de la couronne, était possédé par le comte Jean IV, l'un des plus braves généraux du roi, qui lui avait donné la charge d'amiral.

320. La Touraine (307), que Charles VII avait donnée, en 1424, au duc d'Anjou (332), mais en s'y réservant les droits royaux avec la ville et le château de *Chinon*.

Le Poitou, la Marche, le Limosin, l'Aunis et la Saintonge (304), dont la situation politique n'avait pas changé depuis l'époque précédente. — La vicomté de Limoges appartenait à Jean de Blois, qui possédait encore le comté de Penthièvre dans le N. de la Bretagne, et le comté de Périgord, composé du N. de la Guyenne, et vendu, en 1437, au comte de Penthièvre par Charles d'Orléans.— La vicomté de Turenne, au S. du Bas-Limosin, venait de passer par alliance, en 1444, dans une branche de la maison de la Tour d'Auvergne.

Le comté d'Angoulême (300), enclavé entre ces provinces, faisait partie des domaines de la puissante maison d'Orléans (324).

321. La Guyenne et la Gascogne (309), dont la partie occupée par les Anglais avait été reconquise une première fois par Dunois en 1451, étaient alors rentrées tout entières sous l'autorité du roi. — *Fronsac* sur la Dordogne, *Bordeaux* sur la Garonne, *Dax* sur la Midouze, et enfin *Bayonne* à l'embouchure de l'Adour, avaient successivement ouvert leurs portes aux Français. Toutes ces villes, à l'exception de Bayonne, qui seule s'était défendue avec opiniâtreté, avaient traité aux conditions les plus avantageuses ; *Bordeaux* avait même obtenu une cour souveraine ou un parlement et un hôtel des monnaies *. Cependant, dès l'année suivante, les mécontents de ces provinces avaient rappelé les Anglais : mais le temps de leur domination en France était passé sans retour. Le vieux et brave Talbot fut tué, le 17 juillet 1453, à la bataille de *Castillon* ** de *Périgord*, sur la Dordogne, suivie bientôt de la reddition de *Castillon de Médoc* ***, à six lieues au-dessous de Bordeaux, sur la Gironde ; de *Fronsac* et de *Cadillac*, plus au S.-E., sur la Garonne. *Bordeaux*, défendue par une forte garnison et une flotte nombreuse, essaya vainement de résister au roi, qui vint l'assiéger en personne, et qui la reçut à composition le 19 octobre 1453. —

---

* J. Chartier, p. 232. — Berry, p. 460. — Sismondi, t. XIII, p. 346.
** Appelé à tort *Châtillon* par Sismondi, t. XIII, p. 354.
*** Appelé également à tort par le même auteur, t. XIII, p. 555, *Châteauneuf de Médoc.*

Le reste de ces provinces n'avait éprouvé, depuis l'époque précédente, aucun changement politique de quelque importance.

322. Le BÉARN et le comté de FOIX (308) étaient aussi restés dans la même situation politique.

Le LANGUEDOC n'avait pas changé non plus de situation politique. On y distinguait toujours les cinq sénéchaussées de *Toulouse*, à l'O.; de *Carcassonne* et de *Narbonne*, au S. ; de *Béziers*, au S.-E., et de *Beaucaire*, sur le Rhône, à l'E. ; et de plus la seigneurie de *Montpellier* (293) , les comtés d'*Alby*, de *Lodève*, de *Nîmes*, d'*Uzès*, etc.

Le DAUPHINÉ enfin (311), avec les comtés de VALENTINOIS, capitale *Valence*, sur le Rhône , et de DIOIS, capitale *Die*, un peu plus au S.-E., était aussi dans la même situation politique, et formait l'apanage du dauphin, depuis Louis XI.

II. DOMAINES DES GRANDS VASSAUX.

323. LEUR ÉTENDUE. — Les provinces que nous venons de nommer, et dans lesquelles se trouvaient pourtant déjà compris, comme nous l'avons vu , des domaines étrangers à la couronne, ne formaient cependant point encore la moitié de l'étendue de la France : tout le reste se trouvait partagé entre les vassaux, dont nous nous bornerons à nommer ici les plus puissants. Nous distinguerons d'abord parmi eux cinq grandes maisons, dont les quatre premières touchaient de fort près à la couronne. Ces maisons étaient :

324. I. La maison de VALOIS-ORLÉANS , dont nous avons déjà eu occasion de mentionner presque toutes les possessions, savoir : — Le *duché* d'*Orléans* (319), dont cette branche de la famille royale portait le titre depuis que Charles VI en avait investi son frère, en 1392. — Le *comté de Valois* (316), dont ce même prince, second fils de Charles V, avait reçu le titre à sa naissance , en 1372. — Le *comté de Blois* (319), acheté par ce même prince, en 1391, de Guy de Châtillon, pour 200,000 francs d'or, avec le *comté de Dunois*, situé plus au N., et les *seigneuries de Château-Renaud* à l'O. de Blois, et de *Romorantin* au S.-E. de cette même ville. L'acquisition que ce même prince fit encore, en 1393, de la *vicomté de Châteaudun* (319), jusque là séparée du Dunois, dont cette ville était pourtant la capitale, réunit entre ses mains toute cette province. — La *sirerie de Couci* (316) enfin , qui était l'une des plus belles et des plus puissantes baronnies du royaume, ayant dans ses dépendances cent cinquante bourgs ou villages,

outre un grand nombre de terres et de châteaux, lorsque ce même duc d'Orléans l'acheta, en 1400, pour 400,000 livres; mais, en 1411, près de la moitié de cette riche seigneurie avait passé dans la maison des ducs de Bar, et, en 1431, avec ce dernier duché, dans la maison d'Anjou. — Nous avons déjà rappelé que toutes les possessions de la maison d'Orléans furent réunies, en 1498, au domaine royal par l'avénement au trône de Louis XII, l'héritier de cette maison.

325. Le comté d'ANGOULÊME (320), qui avait aussi été réuni à son apanage par le premier duc d'Orléans de la maison de Valois, était, depuis l'année 1407, possédé par la branche cadette de cette maison, celle de Valois-Angoulême, et devait, comme le reste de ses possessions, retourner au domaine royal par l'avénement au trône, en 1515, de l'héritier de cette branche, François Ier, arrière-petit-fils du chef de la maison de Valois-Orléans.

326. II. La MAISON DE BOURGOGNE, la plus près du trône après celle dont nous venons de parler, était devenue par ses alliances, ses acquisitions et ses conquêtes, bien plus puissante qu'elle encore, comme nous avons déjà eu occasion de l'indiquer à l'époque précédente (313); et pourtant, depuis cette époque, elle avait encore ajouté d'importantes acquisitions aux vastes domaines que nous avons mentionnés comme formant alors ses propriétés, et qui comprenaient, comme nous l'avons déjà vu (313) : — Le *duché de Bourgogne*, donné en 1363, avec le titre de premier pair de France, par le roi Jean à son quatrième fils Philippe le Hardi, auteur de la seconde race des ducs de Bourgogne; — les *comtés de Bourgogne*, de *Flandre*, d'*Artois*, de *Nevers* et de *Réthel*, que Marguerite, femme de ce même Philippe, avait reçus en héritage en 1384, et transmis au même titre à son fils Jean sans Peur en 1405; — le *marquisat de Namur*, acheté, en 1421, pour 132,000 couronnes d'or, par Philippe le Bon, de son dernier marquis Jean Thierri, qui en conserva l'usufruit jusqu'à sa mort, arrivée en 1429.

327. A ces vastes états Philippe le Bon avait encore ajouté : —Le duché de BRABANT, situé à l'O. du comté de Flandre, avec celui de LIMBOURG, qui y était réuni depuis 1282, et portait depuis cette époque le nom de *Pays d'outre Meuse*, parce qu'il était séparé du Brabant à l'O. par cette rivière. Ces deux duchés, qui étaient des fiefs de l'Empire, et le marquisat d'ANVERS, situé au N.-O. du Brabant, étaient échus par succession à Philippe le Bon, en 1430. — Le comté de HAINAUT, au S.-E. de celui de Flandre, dont ce même prince s'était fait reconnaître comme héritier par les États dès l'année 1427; ceux de HOLLANDE et de ZÉLANDE, situés au N. et au N.-O. de celui de Brabant, auquel ils étaient réunis depuis l'an 1300, et même la FRISE, située au N.-E. de la Hollande, dont elle

était, depuis l'an 1225, séparée par le golfe appelé *Zuider-Zée*, ou mer du midi, formé à cette époque par une irruption des eaux de la mer qui couvrit trente lieues de pays, et réunit à l'Océan septentrional l'ancien lac *Flevo*. Ce désastre se renouvela deux fois pour la Hollande vers l'époque qui nous occupe : la première en 1421, par suite de la rupture des digues de la Meuse, qui produisit le lac du *Bies-Bosch*, entre le Brabant et la Hollande, et engloutit 72 villages et 100,000 habitants, et la seconde un demi-siècle plus tard par la formation de la *mer de Harlem*, qui couvrit plus de douze lieues de pays. La Frise avait eu aussi un malheur semblable à déplorer, en 1277, lorsqu'une irruption de la mer forma sur sa frontière orientale le *Dollart*, vaste lac dans les eaux duquel furent engloutis 33 villages. Cette dernière et pauvre province était disputée aux comtes de Hollande par les Empereurs d'Allemagne; mais soumise à une forme de gouvernement à peu près républicaine, elle était par le fait presque indépendante des uns et des autres. Elle avait néanmoins été comprise, avec les trois comtés que nous avons nommés plus haut, dans la cession faite, en 1433, au duc de Bourgogne, par Jacqueline, leur dernière souveraine, et ratifiée par les États de ces quatre provinces.—Le comté de BOULOGNE (312), celui de PONTHIEU (312), les villes de *Saint-Quentin*, capitale du VERMANDOIS (247), de *Corbie*, aussi sur la Somme, mais plus au N.-O. d'*Amiens*, capitale de l'AMIÉNOIS et de toute la PICARDIE, d'*Abbeville*, capitale du PONTHIEU, avec toute la partie de la Picardie située sur la rive droite de la Somme, dont ces villes défendaient le passage, et même, au midi de la Somme, les villes de *Roye* et de *Montdidier*, dans le SANTERRE, lesdits comtés et villes réunis à la Flandre par le traité d'Arras en 1435 *.—Les comtés de MACON (313), sur les rives de la Saône, d'AUXERRE, sur celles de l'Yonne, et la châtellenie de BAR-SUR-SEINE, réunis par le même traité à la Bourgogne. — Le duché de LUXEMBOURG enfin, conquis, en 1443, par Philippe le Bon, qui prit d'assaut sa capitale, se le fit céder par la comtesse Élisabeth de Gorlitz, avec tous ses droits au comté de CHINI, au S.-O. du Luxembourg, et à l'avouerie d'ALSACE (314), en prit possession, en 1444, sous le titre de *mambour* ou gouverneur, mais ne s'en fit reconnaître comme souverain qu'après la mort de cette princesse, en 1451.

328. Les comtés de RÉTHEL (317), d'ÉTAMPES (316) et de NEVERS avec la baronnie de DONZI, au N. de Nevers (313), continuaient à former l'héritage de la branche cadette de la maison de Bourgogne **.

---

* Dumont, *Corps univers. diplomat.*, t. II, part. II, p. 399.
** Cette branche avait alors pour ;chef le comte Charles, dont le père, l'Philippe II de Bour-

329. III. La Maison de Bourbon, dont l'origine remontait à Robert, sixième fils de saint Louis, investi par son père, en 1269 *, du comté de Clermont en Beauvaisis (316), auquel il ajouta, en 1283, la sirerie de Bourbon l'Archambaud, dans le *Bourbon-nais,* dont ce château fut la première capitale (252, xxvii). Quoique cette seigneurie fût l'héritage de son épouse, Robert en prit alors le nom : en 1327 **, elle fut érigée en duché-pairie en faveur de Louis, fils de Robert, par Charles le Bel, qui lui donna aussi le comté de la Marche (308), en échange de celui de *Clermont,* qui lui fut toutefois rendu en 1331, avec le titre de pairie, par Philippe de Valois. A la mort de ce prince, sa succession se partagea entre ses deux fils, qui devinrent les chefs des deux branches qui subsistaient encore à l'époque qui nous occupe.

330. La branche aînée, divisée elle-même en deux branches, celle des ducs de *Bourbon* et celle des ducs de *Montpensier,* possédait alors, outre le comté de Clermont et le duché de Bourbon (329), domaines originaires de la famille : le comté de Forez, situé au S.-E. du Bourbonnais, et la baronnie de Roannais, au N.-E. du Forez, dont Anne, femme du duc Louis le Bon, avait hérité en 1382 ; — La baronnie de Combrailles, située au S. du Bourbonnais, entre la Marche et l'Auvergne, dont elle était un démembrement, achetée, en 1400, par le duc Louis le Bon ; — La seigneurie de Beaujolais (310), au S. du Mâconnais, et celle de Dombes, à l'E. du Beaujolais, sur la rive opposée de la Saône, achetées aussi l'une et l'autre, en 1400, par ce même Louis le Bon, auquel l'ordre et l'économie avec lesquels il administrait ses finances permirent encore de faire, deux ans après, l'acquisition des ville et châtellenie de *Trévoux,* sur la rive droite de la Saône ; de celle du *Châtelard,* l'une et l'autre dans la principauté de Dombes, dont elles complétèrent pour lui la possession ; et de celle d'*Ambérieux,* plus à l'E. dans le *Bugey ;* — Le duché d'Auvergne (310), et le comté de Montpensier, situé dans la même province au N.-E. de Clermont, apportés l'un et l'autre en dot, en 1400, à ce même Louis le Bon, par Marie, fille du duc de Berri, qui avait obtenu du roi Charles VI l'autorisation, contraire à la loi des apanages, de disposer de cette partie du sien en faveur de sa fille, en considération de son union avec le duc de

---

gogne, avait obtenu du roi Charles VI, moyennant la somme annuelle de 100,000 livres, l'exemption à perpétuité pour tout son comté de Réthel, d'abord en 1404, du droit d'aides, et en 1408, de la gabelle du sel.
* La donation faite par ce prince comprenait : « Le chastel de *Clermont* avec toutes ses appartenances, la *Neuville en Bés*, la forest et les appartenances d'icelle, *Creicy* (Crécy) . . . *Sachy*. . . tout ce que nous avons à *Gournai-sur-Aronde,* dit le roi, et quelconques autres choses que nous avons et possessons en la *comté de Clermont et Mori*... Ordonnances du Louvre, t. xi, p. 342.
** Lettres du 27 décembre 1327.

Bourbon , mais à la condition que le duché de Bourbon deviendrait lui-même, à défaut d'héritiers mâles, réversible à la couronne.

331. C'est à la mort du duc Jean Ier, fils de Louis le Bon, en 1434, que la branche de *Bourbon Montpensier* se sépara de celle des ducs de Bourbon, qui conserva toutes les autres seigneuries de cette maison ; quant à celle de *Montpensier,* elle avait ajouté au comté dont elle portait le nom : en 1436, le DAUPHINÉ D'AUVERGNE, composé de la partie de cette province qui avait pour capitale *Vodablé* *, près d'Issoire, et le comté de SANCERRE (319), au N.-E. du Berri , que le comte Jean hérita de sa femme Jeanne, fille du dernier comte-dauphin d'Auvergne. — Outre le *duché* et le *Dauphiné* d'AUVERGNE, on distinguait encore dans cette province le comté d'AUVERGNE, apporté, en 1424, par Marie d'Auvergne, avec le comté de *Boulogne,* dont elle était aussi l'héritière, dans la maison des seigneurs de *La Tour.* — *Vic-le-Comte*, petite ville située sur l'Allier, au S.-E. de Clermont , paraît avoir été la résidence des comtes de La Tour d'Auvergne.—*La Tour* était située plus au S.-O.—La ville de *Moulins,* sur l'Allier (297), devenue depuis le commencement de ce siècle la résidence ordinaire des ducs de Bourbon et la capitale du *Bourbonnais,* avait été décorée par Louis le Bon d'un château qui subsiste encore, d'une église et d'un hôpital. — *Montbrison* avait succédé, en 1441, à la petite ville de *Feurs,* dans la dignité de capitale du *Forez.*

332. IV. La MAISON D'ANJOU, qui tirait son origine d'un frère de saint Louis, Charles , comte d'Anjou et roi de Naples , et qui conservait des prétentions à ce dernier royaume qu'elle n'avait possédé que vingt ans (1265-1285), avait en France de vastes domaines, comprenant : 1° les comtés de PROVENCE (314) et de FORCALQUIER, laissés par le testament de Raymond Bérenger IV, dernier comte de ces pays , à sa fille Béatrix, devenue, en 1240, l'épouse de Charles, frère du roi saint Louis; 2° le duché d'ANJOU, et 3° le comté du MAINE (314), ajoutés à la même époque par le saint roi à ceux que son frère acquérait par son mariage ; 4° le duché de TOURAINE, donné . comme nous l'avons dit (320), par Charles VII au duc d'Anjou. Ces états s'étaient transmis de génération en génération dans la même maison, à l'exception cependant du *Comtat Venaissin*, démembré, en 1274, de la Provence pour être donné au Saint-Siége, à la réserve toutefois de la ville d'*Avignon*, qui n'y fut réunie qu'en 1348, ayant été achetée par le pape Clément VI pour la somme de 80,000 florins d'or.

333. A la mort du comte Louis III, en 1434, ses états avaient été

---

* Longuerue, *Description historique et géographiq. de la France anc. et mod.*, l. II, p. 137.

partagés entre ses deux frères, et l'étaient encore à l'époque qui
nous occupe. René, l'aîné des deux, avait gardé pour lui, avec le
titre de roi de Naples, qui s'était toujours conservé dans sa maison,
le comté de PROVENCE et le duché d'ANJOU (332), et avait cédé à
son frère Charles le comté du MAINE ; mais déjà René lui-même,
avant de succéder à Louis III, avait acquis d'importantes possessions, savoir : en 1419, le duché de BAR (314), par la cession que
lui en fit, mais pour en jouir seulement après sa mort, arrivée en
1430, le cardinal de Bar, son grand-oncle maternel, à l'occasion de
son mariage avec Isabelle, héritière du *duché de Lorraine*, qui se
trouva ainsi réuni sur sa tête avec celui de Bar, après la mort du
père de cette princesse en 1431. Mais après la mort de sa femme,
René avait, l'année même où nous décrivons la France, remis le
duché de LORRAINE entre les mains de Jean II, duc de Calabre, son
fils aîné, qui en avait pris possession et avait fait son entrée à *Nancy*,
sa capitale, le 22 mai 1453. — *Metz*, qui ne le cédait guère en importance à la capitale du duché, avait quelques années auparavant
obtenu du duc la reconnaissance de son indépendance. — Le duché
de Lorraine devait, vingt ans après, en 1473, être porté par une
sœur de Jean II dans la maison des *comtes de Vaudemont*, qui possédait, à l'époque qui nous occupe, le comté dont elle portait le
nom, situé entre Toul et Nancy, dans cette même province, la sirerie de JOINVILLE (317) et d'autres terres considérables.

334. V. La MAISON DE BRETAGNE enfin, qui possédait le duché
de ce nom, dont nous avons déjà parlé plus d'une fois (298, 314),
et auquel elle avait récemment ajouté, comme nous l'avons dit
plus haut (318), la baronnie de FOUGÈRES. Son duc possédait encore, à l'époque qui nous occupe, le comté de MONTFORT L'A-
MAURY, au S.-O. de Paris, et la terre de *Néaufle*, au N.-O. de
Montfort.

335. AUTRES VASSAUX MOINS PUISSANTS. — Outre ces cinq
grandes maisons, on en remarquait encore en France plusieurs autres qui n'étaient pas sans importance, et parmi lesquelles nous
avons déjà mentionné plus haut celle de *Montmorenci* (316), celle
de *Foix* (309), celle d'*Armagnac* (309), celle d'*Astarac* (309), celle
d'*Albret* (309), celle de *Luxembourg* ou des comtes de Saint-Pol
(316), celle d'*Alençon* (318), celle de *Blois* ou de *Penthièvre* (320).
On peut y ajouter encore :

336. La MAISON DE CHALONS, qui possédait, 1° la baronnie
d'ARLAY, dans la Franche-Comté, au N. de Lons-le-Saulnier ;
2° la principauté d'ORANGE, enclavée dans le *Comtat Venaissin*,
et qui devait son nom à sa capitale (332), située près du Rhône,
au N. d'Avignon : elle avait été apportée par mariage dans la

maison de Châlons par Marie de Baux, qui en hérita en 1393;
3° enfin le droit de suzeraineté sur le comté de NEUFCHATEL
en Suisse*. Le comté de TONNERRE, au N.-O. de la Bourgogne,
qui avait été possédé par une autre branche de cette même maison,
avait été récemment porté par son héritière dans la maison de
Husson**.

337. La MAISON DE LAVAL, qui possédait dans le *Bas-Maine* la
seigneurie de ce nom, ayant dans sa dépendance cent cinquante
terres devant l'hommage, et érigée en *comté* par Charles VII le jour
même de son sacre (17 juillet 1429), en considération de l'ancien-
neté de cette maison et de son immuable fidélité à la couronne***.
—*Laval*, sa capitale, située à l'O. du Mans, n'avait été prise par les
Anglais, en mars 1428, qu'après une vigoureuse résistance orga-
nisée par la dame Anne de Laval, et leur fut reprise en septembre
1429.

---

* *Art de vérifier les dates*, t. xi, p. 162.
** *Ib.*, t. xi, p. 273.
*** Les lettres du roi relatives à cette érection donnent au nouveau comte le titre de *cousin*,
et lui assignent le même rang et les mêmes honneurs que ceux dont jouissaient alors les comtes
d'*Armagnac*, de *Foix* et de *Soissons*. *Art de vérifier les dates*, t. xiii, p. 426. ¡

FIN DE LA GÉOGRAPHIE DU MOYEN AGE.

TABLE DES CHAPITRES

DE LA

GÉOGRAPHIE HISTORIQUE

DU MOYEN AGE.

FIN DE LA TABLE DE LA GÉOGRAPHIE DU MOYEN AGE.

NOTA. La géographie de l'*Europe* et de l'*Empire des Turcs Ottomans à l'époque de la prise de
Constantinople*, par laquelle je m'étais d'abord proposé de terminer la Géographie du moyen
âge, m'a paru devoir se placer d'une manière plus convenable à la tête de la Géographie historique moderne, où on la trouvera.

La *Table alphabétique* de tous les noms de lieux cités dans la Géographie du moyen âge,
réunie à celle des noms cités dans la Géographie historique moderne, est placée à la suite de
cette dernière.